秦长城西首起地历史研究

张润平　石志平　白文科 ○著

兰州大学铸牢中华民族共同体意识研究培育基地资助成果

中国出版集团
研究出版社

图书在版编目（CIP）数据

秦长城西首起地历史研究/张润平，石志平，白文科著. --北京：研究出版社，2022.6
ISBN 978－7－5199－1223－9

Ⅰ.①秦… Ⅱ.①张… ②石… ③白… Ⅲ.①长城-历史-中国-秦代-文集 Ⅳ.①K928.77－53

中国版本图书馆 CIP 数据核字（2022）第 052591 号

出 品 人：赵卜慧
出版统筹：张高里　丁　波
责任编辑：安玉霞

秦长城西首起地历史研究
QINCHANGCHENG XISHOU QIDI LISHI YANJIU

张润平　石志平　白文科　著

研究出版社　出版发行

（100006　北京市东城区灯市口大街 100 号华腾商务楼）
北京中科印刷有限公司印刷　新华书店经销
2022 年 6 月第 1 版　2022 年 6 月第 1 次印刷
开本：787 毫米×1092 毫米　1/16　印张：13.5
字数：200 千字
ISBN 978－7－5199－1223－9　定价：68.00 元
电话（010）64217619　64217612（发行部）

版权所有·侵权必究
凡购买本社图书，如有印制质量问题，我社负责调换。

序

《秦长城西首起地历史研究》的出版发行是长城学术研究的新成果。

长城是具有突出意义且具有重要影响的文化资源，长城国家文化公园建设作为国家文化战略，是当前发展长城事业最为重要的内容，而学术研究和考察，则是其中很关键的基础工作。岷县在漫长的历史进程中，形成了厚重的文化积淀，一直以来，它的历史文化深刻地影响着区域社会政治、经济、文化的发展，今后也一定会在经济社会建设中发挥巨大的作用。本书作者张润平、石志平和白文科先生进行的相关研究，既是对秦长城历史认识开展的学术探索，也是推动区域社会发展的重要工作。从字里行间，我们可以体会到作者在学术上的孜孜以求和对家乡文化建设的炽热情感。

本书基于文献梳理和实地勘察，对秦长城西端起点问题提出了独到的见解。在书中，作者力求对秦长城西首起于岷县的依据进行深入剖析，并对政治、经济、军事、地理等方面的相关情况，从学术角度展开融汇研究。长城是由墙体、烽燧、堡寨、山险、沟堑等多种形式构成的复杂体系，历史上在政治、军事、文化、经济和民族关系等诸多领域都发挥了突出作用。我们研究秦长城的西首起问题时，须立足更广泛的视野，关注诸多维度，争取更多领域的人参与，形成合力，共同探索。秦始皇万里长城是中国第一条万里长城，这条长城的西部起点在哪里，一直存在很大争议，围绕这个问题进行的严谨考察和研讨，有助于我们接近真相，还原史实。

定西市和岷县政府部门非常重视长城工作，许多学者也都做了大量的努力，特别是对于长城的保护和长城历史文化资源的梳理。这些工作有助于我们立足新时代的要求，发掘并阐释长城价值和长城精神，讲好长城故事，打造中华传统文化的重要标志。

　　长城学术研究是科学工作，需要严谨缜密的态度，这是做好这项事业的前提。期待秦长城的研究更为深入，取得更进一步的成果。

董耀会

2021 年 12 月 25 日

中国长城学会副会长

河北地质大学长城研究院院长

Contents 目录

序 ……………………………………………… 董耀会 1

见证西首起秦长城
　　——漫笔岷县大一统秦长城西首起所在地考察与研究
　　……………………………………………………… 张润平 1

秦长城首起于岷县的文献梳理与调查考证
　　………………………………… 张润平　石志平　白文科 17

秦国临洮县与陇西郡地望及秦长城西首起关系考 ……… 张润平 45

秦国陇西郡郡治所在地考 …………………… 张润平　白文科 73

"犬丘"考 …………………………………………… 张润平 89

关于对秦长城西首起地在岷县被否定问题的检讨 ……… 张润平 102

秦长城西首起地在岷县原因探析
　　——兼议战国秦长城与大一统秦长城两个不同时期西首起地的问题
　　……………………………………………………… 张润平 131

"临洮"地名是因其特殊军事地位而起
　　——兼议秦国陇西郡治所在地等相关问题 ……… 张润平 140

附录1　杜甫发秦州具体行程新考 ………………… 张润平 149
附录2　解读岑参流寓岷县的诗作《宿铁关西馆》…… 张润平 163

附录3　岷县秦长城遗址考察座谈会综述 ·············· 168
附录4　秦长城遗址考察日志之一（1964—2015）······ 李　璘 192
附录5　秦长城遗址考察日志之二 ·············· 张润平 201
附录6　学术成果 ························· 张润平 207

后记 ····································· 209

见证西首起秦长城

——漫笔岷县秦始皇万里长城西首起所在地考察与研究

张润平

一、引子

自从司马迁《史记》之《秦始皇本纪》《蒙恬列传》《匈奴列传》等篇分别对秦始皇万里长城西首起于临洮的系列记载以来，《汉书》之《匈奴传》《西域传》《后汉书·西羌传》，及《水经注》《晋书》《隋书》《括地志》《元和郡县图志》《通典》《旧唐书》《新唐书》《元丰九域志》《方舆胜览》《资治通鉴》《读史方舆纪要》等文献均有独自视角的丰富记录，累次肯定了司马迁记录的可靠性。现当代以来的王国维、顾颉刚、张荫麟、雷海宗、钱穆、范文澜、白寿彝、谭其骧等顶尖史学家也无一例外肯定了司马迁记录的可靠性。但是 21 世纪初，国家文物局在确定秦长城西首起地遗址时，由于一时在岷县无法确定遗址遗存，就把秦长城首起地退而求其次，确定在了长城的过路段——秦时的狄道——现在的临洮县。出版于 2005 年的《西北通史》公然否定了司马迁的记载[①]，并言"迄今为止，未曾发现岷县有秦长城，说明岷县无长城"。果真如此吗？从十多年来徐卫民、史党社、侯丕显等多位学者继续撰写肯定司马迁《史记》记录岷县

[①] "秦汉临洮、狄道均城临洮水，既然今岷县无长城遗址，而今临洮所存长城遗址虽时断时续，一直可以向东北追溯，则长城起始点的临洮，不在今岷县，而在古狄道，即今之临洮县无疑。"详见刘光华主编《西北通史》（第一卷），兰州大学出版社，2005 年，第 292 页。

秦长城西首起地的研究论著来看,《西北通史》的结论并非成为定论。说明学术界对这个问题还是十分焦灼,确实存在心有余而力不足的困惑,唯一的软肋就是在岷县没有发现遗址。因为作为极其宏伟、震惊世界的秦始皇万里长城建筑物不论怎么说,不可能完全没有蛛丝马迹遗迹遗存。

笔者从 1997 年发表第一篇学术论文算起,已经有 24 年的学术生涯,发表论文 60 多篇,出版专著 5 部,编著 8 部,涉及的学科领域有民间文学、民间信仰、藏传佛教、秦汉史、马家窑文化、西北史地等,而且都是从各学科学术史着手进行学术发声的。有了这些积累和经验,对秦长城历史研究就有了方法与思想上的准备。本来很想在 2018 年 12 月 26 日由县委宣传部请来的原甘肃省长城文物普查队队长、定西市博物馆杨万荣馆长的关于《甘肃战国秦长城专题讲座》中取到经,但在听完讲座并咨询了有关问题后,反倒让我感到茫然,更主要的是还让我感到非常失落。茫然的是杨馆长所讲的例证全部是能够连接起来的长长的墙体,也谈及壕堑等其他长城形制,但没有图例说明,按照这样的思路在岷县找秦长城是绝对找不到的。失落的是与杨馆长私下交流中说在第三次全国文物普查中,整个甘肃段秦始皇万里长城遗址全缺。是司马迁记录错误,还是文物部门的普查认定有误?司马迁在《史记》中三次明确记录时临洮今岷县秦长城的重大事件,仅一次记录有可能是笔误,而三次分不同篇目不同位置记录同一件事,这对于司马迁来说,不仅仅是确凿无疑,更是文献上的互证,充分说明这件事在历史上的重要性和特殊性。那么,既然如此,岷县秦长城的遗迹就应该能够找到,而且由于是其西首起的特殊性和重要性,它的形制有可能更为特殊,也就是说岷县的秦长城形制有别于其他地方常规性的长城形制。

为了把事情的真相全面搞清楚,我做了两项工作:一是从历代原典文献检索资料,看原典文献是怎么描述秦长城形制的;二是检索现当代所有学者是怎么论证秦长城形制的,特别是否定岷县秦长城存在的文章。关于第一项工作,我不可能在短期内通读完那么多史书,于是就用关键词进行检索、排查,然后与纸质典籍认真核对校正、删减,留下可用的资料。关于第二项工作,先是自己检索,再是请在定西师专、兰州大学、西北师范大学等工作学习的朋友帮助下载,其中有一篇论文大陆网站没有原文本扫描件可下载，就请在台湾访学的一位同学尝试能否下载，果然如愿。剩下的就是对这些资料做披沙拣金的工作，看哪些资料可为我所用，哪些资料可以被永久抛到一边。为此我定了一个标准：利用第二、三手资料撰写的文章全部抛到一边，完全用第一手资料撰写的文章认真研读，用第一手与第二手资料兼顾撰写的文章也需细看，其余的均可以不予置理。这样的处置，让我省心了许多，不再在云里雾里穿梭了，更不可能丧失判断力，而且越来越接近事实。同时给我撰写秦长城研究文章确立了两个标杆：依靠第一手文献资料与第一手考古资料，其余资料能不用则尽可能不用，非用不可时，也仅作辅助。

还有就是考察与研究的方法问题也非常关键。如上是从原典文献中求证。这项工作在2019年第一季度用整整三个月时间完成了，剩下的就是对考古资料的收集与整理、判断与认定。

长城不是单纯的一面墙体或一尊烽燧抑或一座关城那么简单，而是特殊的历史、特殊的地理、特殊的人类、特殊的军事、特殊的材料综合作用的人类不可移动的物质文化遗产和可以移动的非物质文化遗产，因历经两千多年历史尘埃的侵蚀和人类的扰动，对其要有正确判断，就必须从历史学、地理学、人类学、民俗学、军事学等学科综合入手，才有可能达到预期的目的，取得预期的结果。这是从多学科求证的。

长城的建设，特别是要害部位的建设，往往伴随着两个功能：防御与划界，更多的时候宣示势力范围的界域意味更浓。因此建设地点多在人迹罕至的极其险要的地方，如果不从事大量田野调查，单凭学者自己感觉寻找，几乎是不可能发现的。从田野调查求证是这些年民俗学、人类学、社会学惯用的方法，特别是在秦长城遗迹的考察中，田野调查法更不应该缺位。

秦长城是两千多年前的伟大工程，不可能不受历史风雨的侵蚀和人类的扰动，绝大多数地方的遗址不能完整清晰呈现，仅剩残垣断壁或坍塌在地的遗迹可见。而且越是古老的遗址越难见到遗迹遗物。这就需要我们考古，用考古的方法求证。

这就需要运用四重证据法。

2016年出版的《岷县青苗会研究》一书我就成功运用四重证据法，这几年的西北史地探研包括对民歌"花儿"的研究均运用此法取得了多项学术性的突破,本次长城考察更是靠四重证据法做出的成就,可以说非常顺利,在一个多月时间内就基本调查清楚了岷县段包括相关县域延伸段的秦长城遗址遗存和长城分布图。因此方法正确非常重要。

二、历史文献中秦长城的形制

"据河为塞"①,"城河上为塞。……筑亭障以逐戎人。"②"秦小邑并大城,守险塞而军,高垒毋战,闭关据厄,荷戟而守之。"③"筑长城,因地形,用制险塞,起临洮④,……。"⑤ "于是汉遂取河南地,筑朔方,复缮故秦时蒙恬所为塞,因河而为固。"⑥ "……起塞以来百有余年,非皆以土垣也,或因山岩石,木柴僵落,溪谷水门,稍稍平之,卒徒筑治,功费久远,不可胜计。"⑦ "于是障塞亭燧出长城外数千里。……汉遂因山为塞,河西地空,稍徙人以实之。"⑧

如上七处文献中的关键词是"塞",其本义是:阻隔;堵住。用来阻隔、堵住的方式很多,或用土夯筑墙体,或用岩石顺山脊砌墙,或据守河流作为塞障,或顺着山势作为塞障,总之,"障""塞""亭""燧"等各种形制均有,依据具体地形和位置建筑所需设施。从"非皆以土垣也"来看,"土垣"是当时的基本形制,但在特殊地域和位置也有采用其他形制的,特别是早期的长城建筑,"因山岩石,木柴僵落,溪谷水门,稍稍平之,卒徒筑治"更为普遍。因为在早期应该说还没有建设"长城"的概念,仅仅是一时防守需求的若干个零散分布

---

① 二十四史(简体字版)《史记·秦始皇本纪》,中华书局,1999年,第170页。
② 二十四史(简体字版)《史记·秦始皇本纪》,中华书局,1999年,第179页。
③ 二十四史(简体字版)《史记·秦始皇本纪》,中华书局,1999年,第196页。
④ 本文引用或使用的"临洮"均指秦汉时期的临洮,即今岷县,今天的临洮即秦汉时期"狄道"。后文不再一一注明。
⑤ 二十四史(简体字版)《史记·蒙恬列传》,中华书局,1999年,第1995页。
⑥ 二十四史(简体字版)《汉书·匈奴传》,中华书局,1999年,第2787页。
⑦ 二十四史(简体字版)《汉书·匈奴传》,中华书局,1999年,第2811页。
⑧ 二十四史(简体字版)《后汉书·西羌传》,中华书局,1999年,第1944页。

的城障而已。当这种城障发展到一定程度,并形成一定的规模和势态,才会有"据亿丈之城,临不测之溪以为固"的"国家"防御概念的诉求和作为。

  "然后斩华为城,因河为津,据亿丈之城,临不测之溪以为固。"①"因河为塞,筑四十四县城临河,……因边山险,堑溪谷,可缮者治之,……。"②"堑山填谷,西起临洮,东至辽东,径数千里。"③"秦堑临洮之险,……。"④

如上四处文献正说明了国家防御的有效作为,"因河为津""因河为塞""因边山险""堑山填谷",显然,"河"是第一道防御屏障,"山"是第二道防御屏障,而"堑"是最基本的防御措施。"堑"比"垣"可能要省力得多,也便利得多。"堑"是秦长城的基本形制、基本特征,"堑"就是深挖长长的坑道。岷县维新镇卓坪村的"古城壕"地名传达的信息就是城与壕是相辅相成的,是一种配套的秦长城建筑模式。可惜历经2000多年岁月的消磨,"古城"已经消失殆尽,"壕堑"还存在着。"因河为塞"是顺着水系设置塞障,"因山为塞"是顺着山系设置塞障。有些段落以墙体相连,有些段落以河流相连,有些段落以山脉相连,把这无数个顺着水系设置的塞障和顺着山系设置的塞障串联起来就形成了"亿丈之城"——长城。而这,直到秦始皇有了建设万里长城的需要,才有了用长长的墙体相连接的长城形制。在之前,是不可能有万里长城的,因为不需要。弄清楚这一点,对正确认识和判断秦长城遗址极其关键。这就是长城的本来面目,早期长城更是如此。

  "秦始皇……,筑长城,界中国,然西不过临洮。"⑤"秦兼六国,设防止及临洮。"⑥

---

① 二十四史(简体字版)《史记·秦始皇本纪》,中华书局,1999年,第198页。
② 《史记·匈奴列传》,中华书局,1999年,第2210页。
③ 《汉书·五行志》,中华书局,1999年,第1192页。
④ 《晋书·载记》,中华书局,1999年,第1765页。
⑤ 《汉书·西域传》,中华书局,1999年,第2856页。
⑥ 《隋书·列传第三十二·裴矩》,中华书局,1999年,第1061页。

这两处文献透露的信息非常重要，第一条出于《汉书》，第二条出于《隋书》，都与秦长城建设时期相距不远。这对我们判定秦长城路线与起止极其关键。"西不过临洮""设防止及临洮"是我们认定秦长城西首起地的不二依据。秦长城不仅西首起于"临洮"，而且整个万里长城的最西端以"临洮"为终止，这是我们必须要清醒认识到的。"狄道"仅是西秦岭西北角的末梢地带，是"临洮"西北角的重要关卡，秦长城必须延伸设防。但是，"狄道"不等于"临洮"，"狄道"不可能取代"临洮"，秦国也不可能放弃对通向广袤草原地带羌人的设防。如果秦国放弃对通向广袤草原地带羌人的设防，肯定将永无宁日，何谈后来风风火火东向的发展。也正因如此，"秦兼六国，设防止及临洮"。"临洮"是秦国西部防御最经济最有效的门户，越过"临洮"就是广袤的大草原，地广人稀，根本无法设防，只有退而求其次，坚守"临洮"才是明智之举。秦国的政治家、军事家不可能不懂此理，历代史学家也不可能不懂此理。"临洮"即今岷县对于西部大草原的设防地位——马烨仓驻军，一直延续到中华人民共和国成立后的20世纪70年代才撤离。

"秦陇西临洮县，即今岷州城。本秦长城，首起岷州西十二里，延袤万余里，东入辽水。"[①] "溢乐县，本秦汉之临洮县也，属陇西郡，秦长城，首起县西二十里。"[②] "岷山，无树木，西有天女堆，天女祠在其上。秦筑长城，起于州界。"[③] "溢乐，秦临洮县，属陇西郡。今州西二十里长城，蒙恬所筑。岷山，在县南一里。崆峒山，县西二十里。"[④] "秦塞属于临洮"[⑤]，"有岷山，西有崆峒山。"[⑥] "岷州，……春秋及七国时并属秦，蒙恬筑长城之所起也。属陇西郡。长城在今郡西二十里崆峒山，自山傍洮而东，即秦之临洮境在此矣。"[⑦] "西和

---

① （唐）李泰：《括地志辑校》，中华书局，1980年，第223页。
② （唐）李吉甫撰《元和郡县图志》，中华书局，1983年，第995页。
③ （宋）王存等撰《元丰九域志》，中华书局，1984年，第591页。
④ 《旧唐书》，中华书局，1999年，第1123页。
⑤ 《旧唐书》，中华书局，1999年，第3082页。
⑥ 《新唐书》，中华书局，1999年，第685页。
⑦ （唐）杜佑：《通典·州郡典》，浙江古籍出版社，2000年，第922页。

州——在秦为陇西郡之临洮县。……秦城起于州界。……据南山建城。"①

根据如上八条文献，集中说明秦长城西首起地就是历代被称为"临洮""岷州""溢乐""西和"的岷县，并且具体到县城以西（郡西）二十里崆峒山。仅一条记载可以怀疑为孤证，不足为据，有不止八条记载就是凿凿有据了。

三、秦长城首起地遗址考古调查

有了如上文献梳理，我们的调查就胸有成竹，不至于如无头苍蝇横冲直撞。果然，我们按图索骥，考察崆峒山，按照历史地名所传递的信息顺藤摸瓜考察铁关门、墩上、墩背后、钉塞、王铁嘴、古城壕、铁城、关上、秦关等遗址，一查一个准儿。对首起地的岷县秦长城遗址总体布局有了全面认知后，再回过头将目光聚焦在崆峒山，经过前后十多天的田野调查与对传说相关联地点的深度勘察，彻底排摸清楚了秦长城首起地的布防格局与形制。

这里不求面面俱到，仅代表性概括介绍，足以证明司马迁记录正确为是。

（一）关于崆峒山的考察

崆峒山秦长城首起地遗址是一个区域性的遗址，而不是一个点的遗址，它是由若干个点组成的综合性防御体系。地处县城西南方，山势呈西南—东北走向，在西南山脊最高处也即阳巅沟梁与后沟梁相会合处，继续向西南方向下山出沟就到达秦许乡杀柴门村。崆峒山整座山梁现在分三段归属三个自然村使用，最高烽燧处山脚下就是骆驼巷村，因此从最高烽燧处及沿坡而下所在山体属骆驼巷村民众使用。从最高烽燧处山坡下又耸立起来的山脊及沿坡而下所在山体属铁关门村民众使用。从后寨子起以下山体及整条大沟均属大沟寨村民众使用。经过仔细调查和勘察，以阳巅沟梁

---

① （宋）祝穆撰，祝洙增订《方舆胜览》，中华书局，2003年，第1218页。

最高烽燧处为总摄，整条阳巅沟梁至五台山的山脊要害处均有城障、烽燧、石砌墙体遗存。从阳巅沟梁最高烽燧处至后沟梁的山脊要害处同样有城障、烽燧、石砌墙体遗存。从阳巅沟梁最高烽燧处顺山坡而下，至骆驼巷村一条线直至洮河边，有成体系的三个烽燧遗存，两条宽大高深的跑马巷。从阳巅沟梁最高烽燧处顺山坡而下，至铁关门村一条线直至洮河边，山脚下有一座烽燧遗存"墩上"。在中华人民共和国成立之前，尚有从"墩上"的山脚下南北向直至洮河边的黄土夯筑墙体残段，当地人世代传说叫"秦长城西大门"，经过20世纪70年代"农业学大寨"运动，全部平毁尽净了。但是若要勘察，就近东西向横断面开挖深槽就能够找出遗址。

（二）关于关上与秦关的考察

关上与秦关地处崆峒山西面也是县城西面，分属两个县的两个镇属辖，但其地相邻，西北角山脊处相通连，是防御的要害地段。

关上村地处山路通往合作、夏河、青海的峡谷最窄位置，距离东南向洮河岸边冷地口（实际为岭底口）5千米左右。此处有关城一座，遗迹犹存。关城西侧为悬崖峭壁之下的河谷，河面宽10米左右。关城东侧临山体而居，临关城北侧的两条山脊有人工壕堑遗迹，北面山脊壕堑长1000多米，直通山顶。南面山脊壕堑长500多米，也直通山顶。现在的关上村实际是当时守关将士的生活区，因为曾出土过大量先秦时期的板瓦与筒瓦及砖块，而且非常完整，整齐码放，似剩余物。顺此沟向北进深，就是著名的黑松岭，上面有传说中巨大的潘仁美坟冢。

秦关村属于临潭县洮滨镇辖地，地处冷地口西向不足10千米的洮河北岸，该村与相邻总寨村山体为黄土台地，两个自然村均有人工壕堑，弯弯曲曲通向山顶，这些壕堑均与洮河相连，延伸到洮河岸边。而这两个自然村的壕堑会合处的山顶与黑松岭相通。这就是这一带壕堑防御设置的奥秘所在。

（三）关于古城壕与铁城的考察

古城壕与铁城地处崆峒山洮河下游的西北部，分别距离县城45千米与

50千米左右。二者均在洮河南岸，山脊巅峰处相连，而且与西寨镇的关上的关城遥相呼应，传说有暗道相通。古城壕在铁城上游位置，临近洮河的两千米左右壕堑已经基本被填平，坡段脊梁处壕堑至今非常鲜明。宽度4~5米，深度2~3米。通山顶村庄道路即沿壕堑边缘攀缘而上。

铁城，从地名来判断，其山脊下的城防一定是极其宏大和坚固的。只有坚不可摧的城防，才能叫铁城。当然这座城防不可能没有壕堑的护佑。铁城在宋代被鬼章王据为铁城国王城，在明代作为洮岷二州共有的18位湫神祭祀圣地，直至中华人民共和国成立之初。因此山脊下的台地部分壕堑已无踪迹可看，山脊上的壕堑至今赫然在目，绵延四五千米。更特殊的是，顺山脊两面均深挖有壕堑，越到山脊顶部壕堑痕迹越不够明显，因为是黄土高地，全被开垦成土地了。顺着这一山脊走，就到了关上的盖北沟梁上。从这里可看出秦长城布防的周密与精到。盖北沟的"盖"、总寨的"总"、铁城与铁关门及王铁嘴的"铁"、钉塞的"钉"均具有防御的寓意和功能。

四、秦长城西首起的布设与功能

《水经注》"洮河"条记载：

> 又东迳甘枳亭（即现在岷县十里镇甘寨村），历望曲（即现在清水镇冰桥湾），在临洮西南，去龙桑城二百里。洮水又东迳临洮县故城（即现今岷县城）北。禹治洪水，西至洮水之上，见长人，受黑玉书于斯水上。

这里明确说明秦时的临洮县城所在地就是现在的岷县城所在地。县城在洮河之南、藏河之西，地处两条河流的怀抱中。县治所在地以东、东南、东北、正南、正北，早就为秦人势力范围，均无须设防。只有正西、西南、西北需要设防。对正西、西南、西北设防能够起到总摄功能的地点只能是县治所在地以西的合理位置。县治所在地，既是西倾山东北向延伸出的末梢，也是千里岷山的北起首，这本身就说明了特殊的防御考量，秦始皇万里长城西首起的龙头点的确定，首要考量就是这个地点具有总摄全局的功能，最有利于治所的防卫保护。洮河从西而东在县城北面流过，洮河本身就是一道防御屏障。正西面、西北面、西南面就是设防的重中之重。这是布防的第一步。这三处的要设崆峒山，即今天的五台山阳巅沟梁。要设位置就是能够总摄全局的枢纽。布防的第二步就是洮河在岷县形成的正西向"U"形喇叭口区域防御薄弱带，必须在容易穿插的地带梯级形多层级布防。这是岷县秦长城设防有别于其他沿县长城建设单线条布防的特点。这种情况与明代在八达岭的长城设置相类似。

综合考察秦长城西首起的防御布设，秦国的设计是以洮河为中轴，以白龙江与渭河为两翼，做长城西首起的防御设置。崆峒山控扼白龙江源头区域及更西向甘南草原西羌来犯之敌。在最西北部的狄道，不仅管控着西北的狄羌，还有正北方渭水源头区域的狄人，这一带海拔稍低，属于黄土高原的南面边缘地带，农业经济发达，族群众多。整条洮河流域是秦人固有的势力范围，渭河流域是秦人从进入诸侯国开始逐步向东一个一个兼并后的势力范围，两者有时差关系。对白龙江流域源头区域的把控应该稍迟于对洮河流域的把控，早于对渭水流域源头区域的把控。秦长城西首起的设置就是为了总摄这三条河流及相关联山脉水系人类的通道。长城的设置不是为了堵死通道，而是为了更有效地管控通道。

五、截至目前所取得的学术成果

2019年5月31日中国长城学会常务副会长董耀会、朱学彬主任、王鹤然主任一行在定西市文物局局长罗宝科的陪同下来到岷县考察秦长城遗址，并举行了座谈会。会后王鹤然主任提出可以写一篇秦长城遗址考察文章在会刊上发表，并说最好在6月15日前把稿子寄过来，字数控制在万字内，超过一点儿也行。当时我说时间太紧，怕完成不了。因为压根儿还没有写文章的思路和情绪上的冲动。但在6月2日吃过早点后，突然灵机一动，想写文章的愿望非常强烈，很快列出提纲就动手了，4日晚上拿出了一万多字的初稿，5日发给王鹤然主任征询意见，王主任很快来信说可以刊发，如期发来定稿即可。正要安排之际，《万里长城》《中国长城博馆》二刊需要整合，紧接着8月20日习近平总书记考察甘肃嘉峪关长城，"充分肯定了长城作为中华民族精神、中华文明象征的重要地位"。为了配合这一活动，《万里长城》杂志得把这一期内容推后刊发，重新组稿时需文章。如此这般，《秦长城西首起遗址考》在2020年第2期《万里长城》杂志上发表。8月，我又撰写了《秦长城首起于岷县的文献梳理与调查考证》，并寄给丝绸之路杂志社冯玉雷主编看其能否在秋季卷刊发，因为春季卷已经刊发了我的一篇关于宝卷的文章。结果冯玉雷社长说这篇文章应该放在冬季卷重点刊发，这样该文就在冬季卷以"张润平 石志平 白文科"三人署名发表，之所以如此，是因为在我多年来关于长城的调查与思考中有他们二位的付出与思想，经常讨论一些问题，在当下社会还思考这些大而空的问题并希图有所作为的人已经非常非常少了，难能可贵，值得留念。9月应中国长城学会王鹤然主任邀请，10月28日参加中国长城文化学术论坛，提交论文《秦国临洮县与陇西郡地望及秦长城西首起关系考》，并在大会做了交流发言，已经收在论坛论文集，即将出版。2020年1—3月我想冷处理《中国长城百科全书·岷县卷》书稿，这样就有时间重新撰写文章，因此在1月撰写了《秦国陇西郡郡治所在地考》，发给西北大学徐卫民教授，询问能否在《秦汉研究》杂志上发表，徐教授很快来信说可以。我问何时能够发表，徐教授说最快也到10月了。我又把稿子发给冯玉雷社长，冯社长说可以在春季卷发，该文署名"张润平 白文科"，原因是从2015年9月3日，文科开车拉我开始了对洮河源头的考察，至2019年共历经13次行程，对我撰写此文提供了清晰而坚实的"秦国陇西郡"地理视野，这是爬在办公室和图书馆的学者无法具备的一种视野，更可贵的是文科每每在行程途中喜欢提一些非常刁钻的问题，让我感到欣慰，这样的成果理应由文科来分享。2020年2—3月，完成了《"犬丘"考》的撰写，在此期间冯玉雷社长提出一个策划方案，可否在五一节假日搞一次秦长城遗址考察与座谈会活动，对于我们来说，当然求之不得。我把此方案立即汇报给石志平局长，他表示全力支持配合。经过3个月时间的谋划，由西北师范大学丝绸之路杂志社与岷县文旅局联合举办的活动如期举行，邀请到西安、兰州、天水、陇南等40余位专家学者共同参与，5月2日至

3 日深入岷县洮河流域及白龙江源头区域实地考察秦长城遗址，4 日召开座谈会。2020 年第 2 期《丝绸之路》杂志用铜版彩印的规格分《岷县秦长城遗址考察纪实》《岷县秦长城遗址考察座谈会综述》《岷县秦长城遗址考察与介绍》重点推出，《"犬丘"考》在"历史研究"栏目发表。这样的创举与气魄非冯玉雷社长莫属！冯社长曾经就成功策划了中国玉石之路的考察与研究，这次对秦长城西首起遗址的考察依然非常成功！2021 年 1 月《遗产》杂志主编在"中国民俗学会理事"微信群中发出征稿函，我觉得有必要把秦长城甘肃段遗址在国家文物局 2012 年公布的遗址中缺失的问题作一检讨，就抓紧撰稿，在临近征稿日期才草草完成初稿——《关于对秦长城西首起地在岷县被否定问题的检讨》，发过去很快收到编辑部来信，认为可用，但问题较多，需要认真修改。反复四稿才皆大欢喜。在此向编辑老师致以崇高敬意和真挚感谢！完成此稿后，觉得应对西北大学徐卫民教授有个交代，就又撰写《秦长城西首起地在岷县原因探析》并发过去，第二日即回复能用，但发稿就到年底了。这样统计起来，专题研究秦长城西首起地历史文章有 7 篇，研究秦长城历史时捎带出的副产品有 2 篇《杜甫发秦州具体行程新考》《解读岑参流寓岷县的诗作〈宿铁关西馆〉》，分别发表在《大西北文学与文化》集刊、《丝绸之路》2021 年第 4 辑，另加 2020 年五一期间召开的《岷县秦长城遗址考察座谈会纪要》，发表在 2020 年第 2 期《丝绸之路》杂志上，综上《丝绸之路》2021 年第 4 辑，10 篇文章基本能够清楚反映秦长城西首起地历史的是非与面目。

以上是对在各杂志发表文章的情况介绍。下面再说一下《中国长城百科全书·岷县长城》卷的编撰情况。

在岷县县委常委、宣传部部长王晓玲的邀请与岷县著名学者李璘先生的感召下，2019 年 5 月 30 日中国长城学会常务副会长董耀会一行来到岷县会见李璘先生并指导工作，决定把岷县秦长城补充列入"中国长城百科全书"大系。6 月 28 日岷县正式成立编撰委员会，着手编撰。7 月 3 日由我拿出全书十章纲要性词条细目，按照岷县学人各自所长分工提交各章节相关作者进行填充性编撰，8 月 5 日中国长城学会王鹤然主任再次莅临岷县指导该书编撰。8 月 20 日左右各位分工编撰词条的作者先后交来初稿，由我全面逐条再行补充完善，于9月3日拿出30多万字的第一稿，发给王鹤然主任，很快收到修改意见。随即我抓紧按照意见修改，成为第二稿。同时对部分章节文字进行提炼分别交由马爱军、李志康完成，文献校对、目录、索引交由李才景完成。我抽出时间重点对全书知识架构、秦长城首起地历史地望研究做纵深把握。10月16日对第四稿做了市级评审。虽然评审顺利通过，但对评审会上各位专家所提意见认真梳理，至10月25日完成第五稿。又经过两个月时间的思考至12月15日完成第六稿，发给王鹤然主任，很快收到修改意见，至12月底拿出第七稿。至此，我觉得有必要冷处理一段时间，距离产生美，也能够发现丑，经过3个月时间冷处理，发现了不少不足、缺点和错误，于2020年3月中旬开始修改完善，至4月20日拿出第八稿，发给王鹤然主任征询意见。2020年5月9日王鹤然主任发来《中国长城百科全书》编撰委员会讨论后的修改意见，至5月25日完成修改，成为第九稿，呈送江苏凤凰科学技术出版社，正式进入出版流程。

总之，在三个月时间内边考察、边研究、边撰写拿出初稿，再与中国长城学会直接联系，经过8个月九易其稿，至2020年5月定稿，总计11个月时间，应该是个奇迹，其首要之功是中国长城学会王鹤然主任每稿用最快的速度发来学会修改意见，我抓紧按照意见修改，这样翻来覆去九轮，确保了该书的进度。也还有其他几个原因，需要在此做一交代。

一是岷县文体广电和旅游局局长石志平毫无条件地全心全意地满足考察与编写随时随地所需各种工作要求，既确保了考察与研究与编撰的顺利进行，也完美地践行了他多年的长城考证情结。

二是有一批甘于奉献的人，季绪才、刘义明、白文科、马爱军、李才景、徐卓、包贵忠、李志康等，均能够在最短时间内按照要求传给我高质量的成品。我明白他们的密切配合饱含着个人纯真的感情。在此必须要提及的是大沟寨已退休教师李森，2019年74岁，从2014年开始每年邀请我去考察，仅2019年就陪同我们上去6趟，每次主动带足干粮和饮料。阳巅沟梁最高烽燧，如果没有李森提前察看带路是不可能发现的。骆驼巷系列秦长城遗址，如果没有76岁刘瑶老人的指引，也是不可能发现的，2019

年陪同我 3 次上山考察，2020 年上半年刘瑶老人四上崆峒山，给我介绍之前我们没有关注到的遗址。面对这些老人，不由得让人心生敬畏。

三是本土学者李璘、景生魁长期对岷县秦长城探索对我们始终是一种警示，取其所长，引以为鉴，特别是李璘先生从 1964 年开始，积 50 多年之功在岷县境内检索的 160 多件秦长城遗物就是我们这次考察的底气。我当初给自己预设的底线就是，假如这次考察捡不到实物，就以李璘先生所捡实物与历史文献硬靠，并把这一预设告诉博物馆同人。幸好天公作美，我们不仅捡到了大量实物，还发现了若干新的遗址，底下埋藏丰厚的秦砖秦瓦残件。

事实证明，岷县秦长城遗址哪怕再过 100 年，依然还会在那儿，关键是我们用什么样的方法去考证它，用什么样的镜子去观照它。这本书在我的学术历程中，属于半路打进来的一把楔子，但这把楔子就如岷县秦长城中的几个要地"铁关门""铁城""王铁嘴""钉塞"一样坚固牢靠。本书既是中国长城百科全书岷县长城的百科全书，也是岷县历史地理人文的百科全书，更是中国大历史背景下核心腹地要塞——"古临洮"历史地理人文的百科全书。古临洮今岷县的地望与历史位置会因本书而被世人重新认识。这是我全身心投入撰写编纂该书的苦心孤诣。

六、秦始皇万里长城西首起地的文化价值

世界文化遗产，是一项由联合国发起、联合国教育科学文化组织负责执行的国际公约建制，以保存对全世界人类都具有杰出普遍性价值的自然或文化处所为目的。世界遗产分为世界文化遗产、世界文化与自然双重遗产、世界自然遗产 3 类。截至 2019 年 7 月，中国已有 55 项世界文化和自然遗产列入《世界遗产名录》，其中世界文化遗产 37 项、世界文化与自然双重遗产 4 项、世界自然遗产 14 项，在世界遗产名录国家中排名第一。

毫无疑问，秦始皇万里长城西首起地绝对具有世界文化遗产的品格和价值。秦始皇万里长城西首起地，既是岷县最具价值的文化名片，也是岷县最具价值的文化资源。其不可估量的潜力价值，期待有心力有气魄的人

来发掘利用。让我们拭目以待!

时代不同,长城的形制往往不同。地域不同,长城的形制也往往不同。我们不能用明代长城整齐划一地来考量先秦长城,包括秦始皇万里长城。

岷县的秦长城,绝对是战国时期秦长城与秦始皇时期秦长城的叠加。战国早期的长城形制限定了秦朝时期的长城形制,因此壕堑、关城与烽燧就是岷县秦长城的基本形制。

由于岷县有洮河拐弯穿行,西秦岭、岷山、西倾山穿插交错,山高沟深,沟壑纵横,无法修建长长的墙体,也没有必要修建长长的墙体。这就是岷县秦长城的现状。

壕堑、关城、烽燧,就是岷县的秦长城。

之前县内县外包括省级专业部门专家学者为什么没有勇气确认岷县别样的秦长城遗址呢?除了专业知识过于狭窄外,方法的局限性往往占了绝大比例。专业人士都这样,很多非专业人士不断地向我们发来质疑就情有可原了。由此可见,对秦始皇万里长城西首起地的确认并非易事。对岷县秦长城遗址的否认和缺失,前面我就发问:是司马迁记录错误,还是文物部门的普查认定有误?显然是"有误"。由于"有误"的权威性,导致我们很多学者没有胆识也没有勇气敢于确认岷县的秦长城遗址。现在,到彻底解决这一问题的时候了。

岷县茶埠镇将台村与二郎山都是岷山东北起点,莲花山是岷山西北起点,但岷山的龙首是二郎山。岷县城东的东山是秦岭西终点,和政县东南的太子山为秦岭北终点。白龙江是岷山也可称为峨眉山与西倾山、秦岭的分界河,洮河是西倾山与秦岭的分界河。渭河是秦岭与黄土高原的分界河。而洮河是这三大河流的核心枢纽。秦长城就建设在这一枢纽的命门所在地——古称崆峒山现在的十里镇大沟寨五台山阳巅沟梁上。

岷县是秦始皇万里长城的"首起地"。"首起地"是唯一的、单项的、别无选择的,仅指一个点。"首"就是头部,头部只能是一个,不能有两个。"起首地"是多项的,从任何一个点起步,都是起首地。古人的下词用语非常有讲究。"起首"不具有"头"与"尾"或"头"与"脚"的必然关系，仅有点与点之间连线的开始与结束的关系。"首起"的核心是"头"，是"头"就意味着"眼睛""鼻子""嘴巴""耳朵"，以及"肩膀""两臂"等都需一应俱全，正因如此岷县的首起地秦长城的建制才非常独特，与其他过路线段的建制有质的差异。

希望诸位读者朋友跨越经验性认知障碍，摒弃对岷县秦长城的偏见，岷县因是秦长城西首起地，其建筑形制更为独特，更具特色，让我们共同为具有世界文化遗产品格的岷县秦长城西首起地成为带动地方最具文化自信和产能的旅游业而鼓与呼，为最终申报为世界文化遗产而鼓与呼。

在中国历代长城中，在世界个别国家长城中，秦始皇万里长城首起地，绝对是中国乃至世界个别国家长城皇冠上最亮丽的一颗明珠。

岷县不仅仅是秦始皇万里长城之首起地，也是中国历代长城之首起地，还是世界个别国家长城之首起地。因为首先有了秦始皇万里长城之首起，才有了历代长城之首起，也才有了世界个别国家长城之首起。秦始皇万里长城对世界各国长城和中国历代长城的建设是有示范性的。

长城西首起点的伟大，只有你有心力站在那个崆峒山阳巅沟梁最高烽燧台上的时候，才会有略微的思考与敬畏。只有你无数次以朝圣的心态站在那个最高烽燧台上进行认真思索与研究的时候，才有资格与秦始皇和秦长城做深度对话，也才有可能真正理解秦始皇与秦长城西首起地的伟大与神圣。

伟大的秦始皇万里长城，期待伟大的时代和伟大的人物来相伴而随，共同穿越时光隧道，抵达至伟至大的美好胜境。

2021 年 9 月 25 日

（本文原刊载于《岷州文学》2021 年秋季卷）

秦长城首起于岷县的
文献梳理与调查考证

张润平　石志平　白文科

摘　要：对于秦长城首起于岷县的《史记》记载，因1938年王树民先生《陇游日记》"今境内未见秦长城遗迹，是可疑也"的存疑，至20世纪八九十年代掀起学界热论，出现了多篇有影响力的确证文章。为此，笔者重新梳理了相关历史文献，做了扎实的实地考察，认为王树民等先生犯了经验性和常识性错误，忽略了司马迁历史记录关键词"堑""塞"的深入考证，对重要地名"临洮""崆峒山"及"陇西郡"概念从地点到时间的错置与偷换等，本文均做了一一回应。

关键词：秦长城；西首起；临洮；崆峒山；岷山；因河为塞；岷县

从《史记》到《汉书》直至明清历代史典均对秦长城首起地古临洮今岷县有系统记载。但是，多年来部分学者受长城即线性墙体形制的知识障碍，对《史记》中"因河为塞"准确描述熟视无睹，对岷县首起地特殊地貌特征未下功夫仔细考察，无法靠实司马迁的历史记载，简便省事的办法就是退而求其次，勉为其难落实到了今临洮的位置，从而否定岷县长城的存在。笔者坚信历代史家撰写的著作是忠实可靠的，为此，历时月余，带领团队对岷县秦长城首起地域作了全面考察，对历代史家记录逐一对证，对岷县秦长城质疑作了关键性回应，力争给《史记》一个注脚，给司马迁一个交代，欢迎关注者批评指正。

一、《史记》对秦长城的记录

（1）地东至海暨朝鲜，西至临洮、羌中，南至北向户，北据河为塞，并阴山至辽东。①

这里有一个重要信息不容忽视，即"西至临洮、羌中"，说明秦国当时对"临洮"以西势力范围的纵深延伸，这在我们对秦长城的考察中也得到了印证，在"临洮"即今岷县以西百千米左右的"羌中"区域临近洮河险要山脊处或险要分水岭处均发现多处与岷县相同的壕堑人为工事，工程量同样非常巨大，非举国之力是不可能完成的。

（2）三十三年，……西北斥逐匈奴。自榆中并河以东，属之阴山，以为四十四县，城河上为塞。……筑亭障以逐戎人。②

（3）至周之衰，秦兴，邑于西垂。③

（4）秦地被山带河以为固，四塞之国也。……秦小邑并大城，守险塞而军，高垒毋战，闭关据厄，荷戟而守之。④

（5）然后斩华为城，因河为津，据亿丈之城，临不测之溪以为固。良将劲弩守要害之处，信臣精卒陈利兵而谁何，天下以定。秦王之心，自以为关中之固，金城千里，子孙帝王万世之业也。⑤

（6）秦已并天下，乃使蒙恬将三十万众北逐戎狄，收河南。筑长城，因地形，用制险塞，起临洮，至辽东，延袤万余里。⑥

（7）于是秦有陇西、北地、上郡，筑长城以拒胡。……后秦灭六国，而始皇帝使蒙恬将数十万之众北击胡，悉收河南地。因河为塞，筑四十四县城临河，徙适戍以充之。而通直道，自九原至云阳，因边

---

① 二十四史（简体字版）《史记·秦始皇本纪》，中华书局，1999年，第170页。
② 二十四史（简体字版）《史记·秦始皇本纪》，中华书局，1999年，第179页。
③ 二十四史（简体字版）《史记·秦始皇本纪》，中华书局，1999年，第195页。
④ 二十四史（简体字版）《史记·秦始皇本纪》，中华书局，1999年，第196页。
⑤ 二十四史（简体字版）《史记·秦始皇本纪》，中华书局，1999年，第198页。
⑥ 二十四史（简体字版）《史记·蒙恬列传》，中华书局，1999年，第1995页。

山险，堑溪谷，可缮者治之，起临洮至辽东万余里。①

以上七例证至少能够说明如下四个问题：

一是司马迁在《史记》《秦本纪》《秦始皇本纪》《蒙恬列传》《匈奴列传》四篇文章中六次分别记述同一个秦国历史上的重大事件——修筑长城，时间、地点、形制均说得非常清楚，本身就是学术方法上的互证，不应置疑也不容置疑。

二是例（1）、例（3）、例（6）、例（7）共同说明秦国西面的疆域就是以"临洮"为界的。例（3）虽然没有明确说"临洮"，但所指"西垂"实际已经包含现在的岷县范围。因为当时的"西垂"就是现在的礼县、西和、武山、岷县一带，因洮河与蜀地最便捷的通道就是岷县。岷县以西是广袤的大草原，是全国版图内东、西农牧结合地带，也是分界岭，处咽喉地带，不可能不占有。例（1）与例（7）记录了秦国在战国时期第一次于"临洮"修筑长城的事实，例（7）省略号后文字记录了秦国在秦始皇时期第二次于"临洮"修筑长城的事实。

三是除例（3）外的其余六例集中说明秦长城主体形制就是一个字——"塞"，"因地形"、"因河为塞"是秦长城唯一的修筑标准和基本原则。局部、区域性防御均以此为绝对准则。"斩华为城，因河为津，据亿丈之城，临不测之溪以为固"正说明秦统一全国后，把各国原有的城防工事串联起来，若有不能串联的，就"因河为津"，形成"亿丈之城"，以达到"金城千里，子孙帝王万世之业"的目的。

四是例（4）说明秦国在立国之初，就充分利用"险塞"，"闭关据厄，荷戟而守之"，深通"守险塞"的奥妙。当秦国意欲扩张时，就会无所不用其极地把这一奥妙发挥得淋漓尽致。事实也确实如此。正因如此，秦国把秦长城推向了人类文明的极致。

因此，"关、塞、亭、障"是秦长城的基本形制，而"因河为塞"是秦长城建制的战略要求。《说文》："堑，防也。"显然既有名词"防御用的壕沟、护城河"之意，也有动词"挖掘""掘断"之意，如挖掘壕沟、

---

① 二十四史（简体字版）《史记·匈奴列传》，中华书局，1999年，第2210页。

挖掘通道，或掘断通道、掘断壕沟，总之以起到防御功能为是。

"因河为塞"的"河"，一般意义上就指黄河。但在这里，绝对包括"洮河"之意。没有洮河，就没有秦长城的西首起。从《水经注》"洮河"条中，可看出秦长城布防的信息。

地理志曰：水出塞外羌中。沙州记曰：洮水与垫江水俱出嶷台山，山南即垫江源，山东则洮水源。山海经曰：白水出蜀。郭景纯注云：从临洮之西倾山东南流入汉，而至垫江，故段国以为垫江水也。洮水同出一山，故知嶷台，西倾之异名也。洮水东北流，迳吐谷浑中。吐谷浑者，始是东燕慕容之枝庶，因氏其字，以为首类之种号也，故谓之野虏。自洮嶷南北三百里中，地草遍是龙须，而无樵柴。洮水又东北流迳洮阳曾城北，沙州记曰：嶷城东北三百里有曾城，城临洮水者也。建初二年，羌攻南部都尉于临洮，上遣行车骑将军马防与长水校尉耿恭救之，诸羌退聚洮阳（即现今卓尼县扎古录镇），即此城也。洮水又东迳洪和山南，城（即现在卓尼县城）在四山中。洮水又东迳迷和城（即现在卓尼县那浪沟口）北，羌名也。又东迳甘枳亭（即现在岷县十里镇甘寨村），历望曲（即现在清水镇冰桥湾），在临洮西南，去龙桑城二百里。洮水又东迳临洮县故城（即现今岷县城）北。禹治洪水，西至洮水之上，见长人，受黑玉书于斯水上。洮水又东北流，屈而迳索西城（现今梅川镇，尚有遗迹残存）西。建初二年，马防、耿恭从五溪祥槛谷出索西，与羌战，破之，筑索西城，徙陇西南部都尉居之，俗名赤水城，亦曰临洮东城也。沙州记曰：从东洮至西洮百二十里者也。洮水又屈而北，迳龙桑城（即现在卓尼县洮砚乡）西而西北流。马防以建初二年，从安故五溪出龙桑，开通旧路者也。俗名龙城。洮水又西北迳步和亭（即现在卓尼县达勿村）东，步和川水注之。水出西山下，东北流出山，迳步和亭北，东北注洮水。洮水又北出门峡（即现在渭源县峡城），历求厥川，覃川水注之，水出桑岚西溪，东流历桑岚川，又东迳覃川北，东入洮水。[①]

---

① （北魏）郦道元：《水经注校证》，陈桥驿校证，中华书局，2013年，第44页。

特别是"从东洮至西洮百二十里者也"不容忽视。这段流域及地貌正是现在岷县洮河段，布防非常严密。《水经注》撰写距离秦长城修筑六七百年，很多遗址应该还发挥着防御的作用。

二、历代史地等著作对秦长城西首起的补充记录

（1）后秦灭六国，而始皇帝使蒙恬将数十万之众北击胡，悉收河南地。因河为塞，筑四十四县城临河，徙适戍以充之。而通直道，自九原至云阳，因边山险，堑溪谷，可缮者治之，起临洮至辽东万余里。①

（2）其明年，卫青复出云中以西至陇西，击胡之楼烦、白羊王于河南，得胡首虏数千，羊百余万。于是汉遂取河南地，筑朔方，复缮故秦时蒙恬所为塞，因河而为固。②

这一段正好说明秦国统一全国时，洮河以北并未统一，无法修筑长城。在汉时才完成了对陇西全境的治理。为了连接漠北防御，才有了"筑朔方"的记载。"复缮故秦时蒙恬所为塞，因河而为固"修筑长城，正好说明今临洮以北长城实际是汉长城，"秦时蒙恬所为塞"的洮河流域长城又得到第三次加固维修。更反映了洮河流域秦长城防御上不可或缺的重中之重。对此，后文在分析陇西郡治所在地时还要论述。

（3）单于欢喜，上书愿保塞上谷以西至敦煌，传之无穷，请罢边备塞吏卒，以休天子人民。天子令下有司议，议者皆以为便。郎中侯应习边事，以为不可许。上问状，应曰："……起塞以来百有余年，非皆以土垣也，或因山岩石，木柴僵落，溪谷水门，稍稍平之，卒徒筑治，功费久远，不可胜计。臣恐议者不深虑其终始，欲以一切省繇（徭）戍，十年之外，百岁之内，卒有它变，障塞破坏，亭隧（燧）灭绝，当更发屯缮治，累世之功不可卒复，九也。……"

---

① 二十四史（简体字版）《汉书·匈奴传》，中华书局，1999年，第2774页。
② 二十四史（简体字版）《汉书·匈奴传》，中华书局，1999年，第2810页。

（4）天子："……中国四方皆有关梁障塞，非独以备塞外也，亦以防中国奸邪放纵，出为寇害，故明法度以专众心也。……"①

这一段话的故事是这样的：当时单于上书汉平帝要求把河西一带长城防御设施撤掉，由他们确保河西一带的防务安全，并保证"传之无穷"。汉平帝让大臣评议，绝大多数人认为可行，只有侯应认为"不可许"，他耐心地列举了十条理由，如上引用正是第九条。说明秦长城设置已经100多年，特别是"非皆以土垣也，或因山岩石，木柴僵落，溪谷水门，稍稍平之，卒徒筑治，功费久远，不可胜计"这一段，充分说明长城建筑的多种形制，多种建筑方法，比《史记》记载更清晰具体。从"关梁障塞"来看，这才是当时长城建筑的主体形制。

（5）南戍五岭，北筑长城，以备胡、越；堑山填谷，西起临洮，东至辽东，径数千里。②

"堑山填谷"正补充了《史记》记录过于简略之病。把秦长城的形制描述得具体而清楚：是在山脊梁处深挖的一段段壕堑。

（6）自周衰，戎狄错居泾渭之北。及秦始皇攘却戎狄，筑长城，界中国，然西不过临洮。③

"西不过临洮"，不仅指"筑长城"所界，也指秦国西面的疆域所界，而且这个"界"直至宋代。

（7）至于汉兴，匈奴冒顿兵强，破东胡，走月氏，威震百蛮，臣服诸羌。景帝时，研种留何率种人求守陇西塞，于是徙留何等于狄道、安故，至临洮、氐道、羌道县。及武帝征伐四夷，开地广境，北却匈奴，西逐诸羌，乃度河、湟，筑令居塞、初开河西，列置四郡，通道玉门，隔绝羌胡，使南北不得交关。于是障塞亭燧出长城外数千里。④

---

① 二十四史（简体字版）《汉书·匈奴传》，中华书局，1999年，第2812页。
② 二十四史（简体字版）《汉书·五行志》，中华书局，1999年，第1192页。
③ 二十四史（简体字版）《汉书·西域传》，中华书局，1999年，第2856页。
④ 二十四史（简体字版）《后汉书·西羌传》，中华书局，1999年，第1944页。

这一例证再次说明今临洮古狄道以北"至于汉兴"的景帝时才收归治理，所筑长城属于汉长城，而非秦长城。

（8）然则燕筑造阳之郊，秦堑临洮之险，登天山，绝地脉，苞玄菟，款黄河，所以防夷狄之乱中华，其备豫如此。①

"秦堑临洮之险"再次说明在古临洮今岷县秦长城的基本形制为"堑"。

（9）臣闻禹定九州，导河不逾积石；秦兼六国，设防止及临洮。故知西胡杂种，僻居遐裔，礼教之所不及，书典之所罕传。自汉氏兴基，开拓河右，始称名号者，有三十六国，其后分立，乃五十五王。②

"秦兼六国，设防止及临洮"是对例（6）的再证，而且"止及"非常重要，清楚地说明秦国在统一全国后修筑的长城仍未突破战国时期秦长城的范围，正好透露了"秦兼六国"时期"临洮"外围仍未统一的历史事实，也是与例（7）的互证。

（10）《括地志（公元六四二年）辑校·岷州》："秦陇西临洮县，即今岷州城。本秦长城，首起岷州西十二里，延袤万余里，东入辽水。岷山在岷州溢乐县南一里，连绵至蜀二千里，皆名岷山。"③

用"秦"统领"陇西临洮县"，这种并列式文法表述正说明当时郡治、县治所在地均"即今岷州城"的事实。尤其把"秦长城""岷山"连带介绍，说明秦长城首起岷州的地理坐标性和历史重要性。特别是"连绵至蜀二千里"，精准说明秦长城设置在这里的不可或缺和不可取代性，反证了秦长城西首起在今临洮古狄道结论的荒谬。岷山之首是蜀防的要害和关键，同时也是防御匈奴逆洮河而上入蜀的要害和关键。因为这是当时陇蜀唯一的最为便捷的通道，防御是绝对不可能缺位的，与其相配套的县治、郡治政治、军事设置自然不会缺位，也就是说县治、郡治所在地不可能不

---

① 二十四史（简体字版）《晋书·载记第一》，中华书局，1999 年，第 1765 页。
② 二十四史（简体字版）《隋书·列传第三十二》，中华书局，1999 年，第 1061 页。
③ （唐）李泰：《括地志辑校》，中华书局，1980 年，第 223 页。

设置在这儿。

（11）《元和郡县图志（公元八一三年）·陇右道上·岷州》："溢乐县，本秦汉之临洮县也，属陇西郡，秦长城，首起县西二十里。始皇三十四年并天下，使蒙恬将三十万众北逐戎狄，筑长城，起临洮至辽东，延袤万余里。"①

（12）岷州，今理溢乐县。春秋及七国时并属秦，蒙恬筑长城之所起也。属陇西郡。长城在今郡西二十里崆峒山，自山傍洮而东，即秦之临洮境在此矣。②

"郡西"即郡治之西，与下例对长城位置的描述一致而具体。《通典》是唐代著作，《旧唐书》是宋代著作，二者均以本时代视觉谈共同的话题，而且语气极为一致，说明唐宋时史家对蒙恬所筑长城"堑""塞"等形制心知肚明。

（13）溢乐，秦临洮县，属陇西郡。今州西二十里长城，蒙恬所筑。岷山，在县南一里。崆峒山，县西二十里。③

（14）昔秦并天下，裂地为四十九郡，郡置守尉，以御史监之。其地西临洮，而北沙漠，东萦南带，皆际海滨。④

（15）昔秦并天下，裂地为四十九郡，郡置守尉，以御史监之。其地西临洮，而北沙漠，东萦南带，皆际海滨。汉兴，以秦郡稍大，析置郡国。⑤

（16）秦筑临洮而宗社覆。⑥

（17）秦塞属于临洮，名子不悟。⑦

这一记录不应忽视，再次说明只有临洮秦长城才以"塞"为基本形

---

① （唐）李吉甫撰《元和郡县图志》，中华书局，1983年，第995页。
② （唐）杜佑：《通典·州郡典》，浙江古籍出版社，2000年，第922页。
③ 二十四史（简体字版）《旧唐书》，中华书局，1999年，第1123页。
④ 二十四史（简体字版）《旧唐书》，中华书局，1999年，第959页。
⑤ 二十四史（简体字版）《旧唐书》，中华书局，1999年，第959页。
⑥ 二十四史（简体字版）《旧唐书》，中华书局，1999年，第2586页。
⑦ 二十四史（简体字版）《旧唐书》，中华书局，1999年，第3082页。

制,"秦塞"是临洮长城的专属特征。

(18)《元丰九域志(公元一〇八〇年)·岷州》:"岷山,无树木,西有天女堆,天女祠在其上。秦筑长城,起于州界。"①

(19) 西和州——建制沿革——禹贡雍州之域。……形胜——内则屏翰蜀门。北并洮、叠。秦城起于州界。侨(客居异地)治白石镇。据南山建城。②

"起于州界"的两条记录均出自宋代两部著作。那么,这是哪个州呢?显然不是雍州之州,而是岷州之州。岷州以西,在宋代及前各个朝代,均没有任何行政建制,何以为界?这里的界不可能准确,仅以秦国当时便于设防的地界为准。真正的州界,就是岷县以西农、牧结合带的地域,该地带的纵深往往在几十千米以至百千米,跨过该地带就不是秦国设防的范围了。这就是实际上的州界。但作为防御地点,必须要选在能够统摄多个地域通道的咽喉位置、一夫当关万夫莫开的要害位置,从而发挥以一个点统摄局部性全面防御的功能。

(20) 蒙恬斥逐匈奴,收河南地为四十四县。筑长城,因地形,用制险塞;起临洮至辽东,延袤万余里。③

综合如上20条引用及分析,从汉代至清代时间跨度达2000多年,历史、地理等著作10多种,可谓详备矣。这些各时代最具代表性的史籍并非对《史记》的简单应和,而是根据各自时代所见所闻的真实记录,实际是对《史记》的补充,特别是对秦长城首起地所在位置明确具体描述,长城、崆峒山、岷山、洮河多次并列陈述,就是不自觉的学术互证的真实存在。它们清晰地告诉我们:

——秦长城首起地就是古临洮今岷县的崆峒山,即今十里镇大沟寨五台山。

——秦长城在岷县首起地的核心形制就是"堑"——壕堑,而不是线条

---

① (宋唐)王存等撰《元丰九域志》,中华书局,1984年,第591页。
② (宋唐)祝穆撰,祝洙增订《方舆胜览》,中华书局,2003年,第1218页。
③ 《资治通鉴卷第七·三十三年(丁亥,公元前二一四年)》。

形的墙体。在关键位置深挖壕堑，作为塞障，这就是岷县秦长城的基本特征。

——岷县以西，从洮河入口到洮河出口，整个西面就是广袤无垠的大草原，从秦国开始一直到宋朝均非中原王朝辖地，也就是说一直是蜂腰位置的边关地带，陇蜀通道上的要害和关键，是历代政权防守的重点。洮河入口与出口形成的断面线就是秦国西面实际的边界线，自然也就是秦国的防御线。但这个防御线，由于山大沟深，沟壑纵横，洮河又呈喇叭形从西南进入，形成"U"字形，流经郡县治所腹地又向西北流出。更因这里属于高寒阴湿地域，每到冬天，有多地段洮河结冰为桥，给防御带来极大困难。所以必须纵深设防，多梯级设防。

——秦昭王时期的陇西郡与秦始皇时期的陇西郡郡治所在地均从属于当时的县治所在地。当时的临洮县是秦国最西部的边关县，是陇西郡设防的核心地带，在整个洮河流域是唯一的一级政府——县治单位，因此郡治所在地设在县治所在地必然正常。

三、古临洮今岷县秦长城遗址调查

2019年4月末我们对岷县秦长城遗迹做了全面系统考察。现将代表性遗址介绍如下：

（一）十里镇大沟寨五台山—铁关门—骆驼巷遗址—折家山墩上

这是一处秦长城遗址群，密集布防，因此集中介绍。

1. 大沟寨五台山

大沟寨并不大，平均沟宽不足50米，纵深不足4千米，何谓大哉？因自先秦就是西面大草原古羌大通道也。进沟千米就是十八盘古羌大通道。大沟寨有三个"十八"：十八盘立轮磨、十八盘路、九沟十八叉。十八盘路的山脚下有一块两三亩大的田地，相传是古寺院遗址。2015年6月6日我第一次来考察，就在遗址上捡到七块秦汉瓦片残件，都半个巴掌大。

五台山，从山脚到山顶大致呈东北至西南向，因其从山底至第五台级各有相关庙宇建筑而得名。从山脚到五台岗，不足3千米路程。

从五台岗开始至最高台级，大约有14个台级，均没有庙宇建筑。在五台岗以上较为陡峭的山脊面，开始有时隐时现、或高或低、断断续续的石砌墙体残段，墙基宽2米左右，直至后寨子，路程2千米左右。从第一台至第四台，秦汉遗迹几乎看不到。经过仔细察看，在四台子最南边的一堵墙体，长2~3米，高2米左右，夯层10厘米左右，层次也不是十分明显，可能是秦长城同期的墙体残留。在后寨子位置，总体地形比较平坦，最宽处70米左右，最窄处10多米，高高低低总长300米左右，石砌墙体密集，长方形墙体3处，四维均有石砌墙体，有些地段明显属于梯级性层垒围墙。从后寨子再攀缘而上的山体相当陡峭，不易行走，有很多探险者就此而止。我们也无法上去，于是就再次从大沟寨直沟深处的阳巅沟上去到达最高峰人工筑起的墩台位置。墩台下的台地呈不规则三角形，第一级台高2米左右，第二级台高3米左右，第三级台高2米左右。第一级台地直径50~60米，第二级台地直径40~50米，第三级台地直径20~30米，边长20米左右，墩台直径10米左右，呈圆锥形，高不足3米。在其上我们捡

最高峰墩台所捡秦瓦残片

到 6 片秦瓦残件。从后寨子至最高峰墩台，直线视觉距离不足 1 千米。但直上直下，非常陡峭，悬崖峭壁，极难攀爬。在墩台下方五台山方向的第一个坡段山脊上，发现有石块砌起的 1 米多高的壕沟，沟宽不到 2 米，沟长 30 米左右。此坡段下方有块大约 10 米宽、20 米长的平坦地面，据向导刘瑶先生介绍，它曾经是一个天池，在二三十年前被铁关门人给填埋了。顺墩台下方骆驼巷方向山脊有个叫牌嘴的地方，我们顺手捡到秦汉筒瓦、板瓦残件十多片。

崆峒山秦长城烽燧全图。从西向东方向

2. 铁关门

最高峰墩台山脊东北脚下，就是铁关门村。"铁"在汉语中的一个义项就是"比喻坚固"，岷县长城防御体系中的几个地名节点"铁关门""铁城高庙""王铁嘴""钉塞"均有此意。根据调查，当地世代传说，铁关门就是秦长城的西大门。我问有没有见过大门或城门的建筑遗迹，时年 74 周岁的刘瑶老人告诉我，小时候上大沟寨小学时，路边有堵墙，夯筑的，明显是墙体的残段。这说明铁关门曾经是有防御墙体的，从留下来的地名来判断，当年肯定是有大门形制的，只是时间太久远而被岁月毁灭殆尽了。

3. 骆驼巷遗址

最高峰墩台山脊西北向骆驼山下，就是骆驼巷村。

在中华人民共和国成立以前，骆驼巷村东边的水沟非常深，宽有五六米，深有 3 米左右。这是他小时候的记忆。由此推断之前可能会更深。我再问为什么此地叫"骆驼巷"，他们也说不清。显然这个村落名称是因"巷"而得名。这与铁关门共同组成了秦长城西大门的建制。

此为骆驼巷 74 岁村民刘瑶老人给张润平捐赠所站脚下原秦长城遗址出土的秦汉简瓦现场照片，由随行工作人员徐卓拍摄

刘老先生说他们小时候在骆驼巷最高点临近洮河岸边有一座非常大的墩台，底座是石块砌成的方形，盘旋而上的路道有 1 米多宽，1 米多高，直径 30 米左右，上面是黄土夯筑而成的圆形墩台，夯层 10 厘米左右，台高 20 米左右，墩前原来全部是农田，没有住户，当地人把那个地方叫作墩看（即跟前之意）川。把从凤凰山流出直通洮河的河叫门场河，即铁关门面前的河流，实际应该是铁关门前的护城河。这条河之前从骆驼巷一直延伸到铁关门村边。

这是一处秦长城遗址群，功能齐备，有烽燧，有墩台，从山顶最高处至山腰，延伸至洮河边，有密集布防，从半山腰至山脚下我们发现3处遗迹有大量秦瓦遗存。上图中完整秦筒瓦就是由刘瑶先生捐赠的。

4. 折家山墩上

这个遗址就在崆峒山脚下，从墩台向山顶看，有条壕疑似人工沟通向山顶。从墩台向下看，有延伸到洮河岸边的壕沟，这可能就是当年的壕堑，夯层均为10厘米。据当地人说，每到暴雨季节，从此壕沟中经常会冲出一些青铜箭镞以及青铜戈、青铜剑、青铜刀等器物。就地查看该遗址，从墩旁位置，不论逆山而上还是顺山而下，均有人工壕堑残痕，从山顶直通山下洮河边。而此河边，就是当年秦长城西大门所在地，因此应该与铁关门前护城河相配套。

（二）茶埠镇钉塞村跑马巷遗址

钉塞村在洮河下游东北向，距离县城大约5千米。据当地老人讲，插牌嘴上方，中华人民共和国成立以前一直是原始森林，无法穿越，下方是黄土台地，人们种地务农。在插牌嘴位置原有顺山脊斜下夯筑的墙体，在前些年还能看到遗址，现在因为修铁路全部被毁灭了，原来直通到洮河的跑马巷也被水泥硬化成铁路上的排水沟。我们调查时问当地人地名为什么叫钉塞（当地人把"塞"读为"sei"），都说不出原因，并由当地政府改写成了"的西"二字。其实"钉塞"这个地名是非常纯正的古汉语词，意即如钉子一样钉在那儿的塞障设置。钉塞是山坡上，下面就是当地人叫的"跑马巷"，其实就是长城城墙构造"马道"的另外一种形制。跑马巷长不足1千米。跑马巷下面的地方就叫西津。显然，钉塞与西津是防御上完整的配套设施。

（三）西寨镇关上村熟羊城及壕堑遗址

关上村熟羊城在县城西面洮河上游通往临潭卓尼的山沟最窄处，距离县城大约40千米，呈南北向，西面山脊悬崖峭壁，东面山脊被盖北沟一分为二，在两面山脊隆起处均呈现出人工深挖的壕沟，分别宽4米左右，南面山体称为"盖北沟咀",壕沟长 300 米左右,北面山体称为"滚木山",壕沟长 500 米左右。南面壕沟下方临山脚下,有长方形堡城遗址,经实地测量,其中上侧墙体残存长约 16.5 米,残高 4.6 米,墙基厚度 4 米,顶层厚度 1 米。下侧墙体长约 5 米。上侧墙体距离下侧墙体宽约 56 米。据关上村董春生讲,在未通汽车之前,道路就从熟羊城中间穿过。可惜临河道的墙体已经在修路时被毁灭了。显然这是一座关城遗址。这条道路是当时通往冶力关、古狄道今临洮和临潭、合作、夏河、青海的核心要道。在此设关城极其重要。该关城设在此山沟最窄处,盖北沟南北两山脊均有壕堑遗址,另加一道天然沟壑,实际是三道沟堑的防御,可见古人防御设计之精妙。关城遗址在公路边,中间已经废弃的路道正是当年横穿关城的古道。

(四)维新镇坪上村铁城高庙壕堑—卓坪村古城壕遗址

坪上村铁城高庙壕堑—卓坪村古城壕在县城西北部洮河下游位置,距离县城 50 千米左右。两条壕沟分布在一个坐南向北共同山脊南北向分野延伸至洮河边的东西两个山头脊梁位置,互为犄角。铁城高庙壕堑绵延五六千米长,卓坪古城壕大约 3 千米长。

而关上村熟羊城的来历,是北宋时王韶率兵攻破铁城,鬼章王率部从暗门逃出顺壕堑跑到关上村关城内小憩,宰的羊在锅里刚煮熟,尚未来得及用餐,追兵就赶来了,活捉了鬼章王。后来人们就把此城叫作熟羊城。这一故事告诉我们一个秘密,就是铁城壕堑与关上的关城互为呼应,各属一个防御体系中的其中一系。事实上关上村盖北沟、铁城壕堑、卓坪古城壕三个山脊延伸打结处就是清水镇、维新镇、西江镇分界岭——低岔梁(又叫低山梁)。在低岔梁上,我们也发现了石砌的墙体。由此可以看出当年古人布防的精准度与严密性,用心良苦。

(五)洮河以西相邻临潭县洮滨镇上川村尕巷巷儿—总寨村尕深沟遗址

洮滨镇上川村尕巷巷儿—总寨村尕深沟在岷县以西洮河上游,距离岷县城大约 55 千米。这两个地方在先秦时肯定属于岷县辖区,位于古临洮今岷县秦长城逆向洮河以西延伸防御的末端。其防御设施与维新段两处防御设施如出一辙，均为壕堑性设施。上川村有壕沟的山坡，当地人叫岔尼山（藏语音译），把壕沟叫为"尕巷巷儿"，壕宽4～5米，壕深6～10米。岔尼山壕沟沟口前方有一座明代烽火台遗址。当地人又把"尕深沟"叫作"拦沟"。从"拦沟"以西再逆洮河而上全是紧邻水岸的山体，就连人行小道也没有，更别说机动车道了。从这里可看出"拦沟"设施的重要性和必要性。

尕深沟右侧有村庄，名为"秦关村"，该村90%的人口为秦氏。尕深沟右侧"秦关沟"翻山下去是临潭县店子乡马旗村。秦关村从最高处山脊分岔出五条黄土山坡，在坡脊梁处均有人工开挖壕沟，直通洮河边。这五条壕沟越到山顶越收缩，直到最高点与总寨村"尕深沟"相汇合。这样的布防形制与岷县维新镇两处壕堑如出一辙。说明属于同一时代的建筑形制标准，更说明当时在洮河以西的布防极其用心，不留死角，多线防御，不放过一个缺口。

此为尕深沟照片，由工作人员冯亚飞航拍

四、岷县秦长城布防路线及其特点

综上文献史料佐证与实地考察，关于岷县秦长城西起首的《史记》等典籍记载没有含糊，既有文献书证，又有实物佐证，而且遗迹遗物也不少。仅 82 岁高龄长城学者李璘先生积数十年之功在岷县有墙垣、壕沟、烽燧、亭障等遗址捡集秦瓦等长城物证就达 500 多件。

布防路线：从目前考察看，排查出土有秦瓦、秦半两钱币、秦砖等遗物的墙垣、壕沟、烽燧、亭障的地点，可以画出一个清晰的防御路线，就是以郡县驻地为半径，从南麻子川岭峰村，至秦许乡上阿阳村西河桥，再至十里镇墩背后村，再至十里镇大沟寨村（即唐以前的崆峒山）及铁关门和墩上，再至西寨镇关上村，再进深与西北角铁城高庙壕堑会合，再至卓尼县洮砚乡，直出九甸峡，至渭源县峡城，再至现在的临洮县。方向即从岷县南到西到北的布防。这实际是当时临洮县、陇西郡的边界线，是沿着边界线布防的。但在境内洮河沿线羌人容易穿插突防的地方也设置了防御设施，如西寨镇西大寨临近洮河山脊点、清水镇迭马咀临近洮河山脊点、茶埠镇钉塞（的西）与西津临近洮河山脊点、维新镇红台村临近洮河山脊点、维新镇铁城高庙临近洮河山脊点等均有布防。这是一个清晰的布防路线。

首起地：就是《史记》等多种史书记载的原崆峒山现大沟寨的五台山。从五台岗起首一直到山脊最高险峻处为止，上面有多处布防点，当地人叫后寨子，南北宽二三十米，东西长 500 米左右，有明显建筑防御遗址，随山脊石砌墙体绵延有近 2 千米长。最高处为三级墩台，随地可捡秦瓦残件，与东南面墩背后村遥相呼应，与该处山脊下西向折家山墩台有壕沟相连接。

那么，起首点为什么要设置在这里？因为这里从古至中华人民共和国成立后的 20 世纪 70 年代初期，一直是岷县西南游牧羌藏人最接近岷州县城的一条古道，防守一直没有缺位过。即使 1935 年、1936 年中央红军两度来岷县，这里也是国民政府军队设防的一个据点。从铁关门以西、洮河以南，在古代是原始森林区域，没有通道，不易也不便设防，即《元丰九域志》记载的"秦筑长城，起于州界"。从现在的民风民俗来看，铁关门以西民风强悍，铁关门以东民风温顺。两者差异较大，当地人对此不解，其实这正是关里关外长期教化不同而积淀形成的个性必然。岷州以南、以西还有很多游牧兼及狩猎的民众，也就是没有汉化的羌人，他们经常袭击岷州以东、以北农业区域，而且对郡治所在地、县治所在地极容易造成威胁，必须对这一带游牧民有所设防。这一带游牧民不仅是先秦及秦国长期的威胁，就是在之后的若干年以来，一直是危害，直至70年代中国人民解放军在岷县南部马烨仓的驻军设防才彻底撤离。秦代有防御设施，明代马烨有驻军，中华人民共和国也有驻军，充分说明其防御的重要性。马烨仓最深处有一条很深远的沟直通迭部县的扎尕那，就叫"羌道沟"，其地名留下了久远的历史沧桑。马烨仓因明代开国将领马烨驻防而得名。在秦长城建设时期，岷县以北，胡人是秦人的劲敌。岷县以西，羌人是秦人的劲敌。东汉时期发生的大量频繁羌汉大战就在古临洮今岷县一带长期形成拉锯战，那么在先秦时期羌与汉、移动的游牧民与稳居的农业民不可能没有冲突。由此可以反推秦国当时把长城起首地选在岷县的英明和正确性。

防御人类：当时邻岷县南、西、北直至卓尼县九甸峡境外均是游牧羌人，号称西羌，是境内农业居民及郡县政府所在地的唯一威胁。还有就是在岷县东北部，即当时临洮县属地有一个极其重要的战略资源——漳河盐井食盐，必须重点保护，严加设防。同时预防匈奴逆洮河而上入蜀也是设防的关键。这是岷县秦长城设防的基本情况。

布防特点：岷县与其他沿线各地秦长城布防措施大相径庭。核心原因是洮河在岷县的特殊情况。在其他各地的洮河，基本是一条线形制，防御设施也就会一条线建设。而在岷县境内，洮河的形制是"U"字形，"从东洮至西洮百二十里者也"，即从西寨镇的"东洮"到维新镇的"西洮"共经历120里之意。这对防御造成了极大困难，因为在冬季河流舒缓转弯之地往往会结冰，成为天然冰桥，就会让贪婪的冒犯之敌穿插于可乘机之地进行侵略。因此，岷县在正常的沿边界线做了布防之外，在境内还做了周密部署，设置了必要的防御点。这就是岷县秦长城的布防特点。

岷县地处秦岭西端与昆仑山东端交会处，平均海拔为两千七八百米，有多处地段为黄河、长江分水岭，是所处东、南、北地域海拔最高点。且有岷山横贯南北，与西秦岭、昆仑山东脉之西倾山纵横交错，黄土高原、青藏高原、秦岭地貌交错呈现，既四通八达，又艰险难行，"万山之中"是其特有地貌特征。"蜀道之难，难于上青天"正是这一带交通状况的诗性描述。南邻岷江源头白龙江，东邻嘉陵江源头西汉水，北邻渭水源头，是天造地设的要冲地域和军事重镇，自然而然也是政治、经济、文化、人类、民族、宗教重镇。从此中心点来说，此地是东西南北的分水岭。从东西南北对应两边来说，此地又是相互的结合带、核心带、中心点。再从全国地质板块、气候板块来说，岷县正处在第一阶梯与第二阶梯交界带的核心点上，青藏高寒区与西北干旱半干旱区的交界点上，是长江水系与黄河水系分水岭。如上众多核心节点造就了岷县文化历史与历史文化的多元性与多样性，包括生物的多样性与生态的多样性以及地质的多样性，是我国核心中部最东端农业与畜牧的结合带和分水岭，是中原与西部政治、经济、文化、人类、民族、宗教的结合带和分水岭。

岷县是东西南北的枢纽通道，易守难攻，秦长城起首设在西秦岭末端核心节点——岷县，扼守住西秦岭南、北、西来犯之敌，就保住了东部礼县秦国世代祖居地大本营，也就扼守住了整个秦岭的安全。整个秦岭的安全就是秦国的安全。秦长城起首点设在岷县，并非偶然，实属必然。而且岷县的秦长城首起点的设置与其他各地秦长城设置截然不同，它不是一段一段线性墙体的设置，而是以洮河代替线性墙体，并在防御关键节点再配套壕堑、关城等塞障进行布防。在陇西郡治、临洮县治所在地以西关塞处为起首，因河为塞，在易穿越的临河坡段深挖壕堑为障，在咽喉路段设置关城，进行多级防御，以达到预防西北游牧羌人和企图从现今临洮之地逆洮河而上进入蜀地的匈奴的侵犯之目的。

五、匡正涉及秦长城三个常识性关键词的错误认知

（一）秦国陇西郡治所在地不在狄道而在岷县

至周之衰，秦兴，邑于西垂。[①]

[①] 二十四史（简体字版）《史记·秦始皇本纪》，中华书局，1999年，第195页。

这里的"西垂"就是现在的礼县、西和、武山、岷县东部山区一带。

秦昭王时，义渠戎王与宣太后乱，有二子。宣太后诈而杀义渠戎王于甘泉，遂起兵伐残义渠。于是秦有陇西、北地、上郡，筑长城以拒胡①。

这一段记录说明秦拥有陇西之地是从秦昭王时开始的。这时正是公元前3世纪初，这里的陇西，核心地域就是洮河流域的岷县。秦国的势力范围还没有深入洮河下游即现在临洮以北一带。洮河下游实际是当时临洮县势力范围的末梢地带。岷县地处秦兴后"邑于西垂"的正西大门，志在必得。岷县再向西，就是甘南大草原地带，不属于秦国势力范围。就是秦统一六国后，也没有扩大这一范围。正因如此，秦统一六国前的陇西郡治所在地也就是当时临洮县治所在地。杜佑《通典》载"长城在今郡西二十里崆峒山"。明确说"郡西二十里"，说明郡治所在地就是现在的岷县城。《旧唐书·狄道》载"汉县，属陇西郡，晋改为武始县，隋复为狄道，属兰州"中的"汉县"，充分说明在秦时狄道还没有行政建制。对此，《读史方舆纪要》"陕西九·临洮府"条有说明："春秋战国时，为西羌所居。秦属陇西郡，汉属陇西金城郡。"从这里说明现在的临洮县在战国时期是一个非常边缘化的地方。秦统一全国后，现在的临洮也属陇西郡治理的"附邑"，不具有行政、军事治所条件和功能。这从《水经注》中也能够看出：

汉陇西郡治，秦昭王二十八年置。②

古"狄道"今临洮如果是秦陇西郡治，就无须这样说了，而即描述为"秦陇西郡治，秦昭王二十八年置"了。

为此，笔者仔细检索秦陇西郡治所地所有在史籍原典均未如愿。最后查阅王蘧常先生专著《秦史》，才找到后来学者定位为"狄道"的根由。

陇西郡，昭襄王二十八年置。据《水经·河水注》。有陇坻在其东，故曰陇西。据应劭《汉书注》。治未详。案《水经·河水注》："汉陇西郡治狄道。"疑秦亦治此，而汉承之也。其领县可征者：

---

① 二十四史（简体字版）《史记·匈奴列传》，中华书局，1999年，第2210页。
② 《水经注卷二·河水》，陈桥驿版，第45页。

> 上邽，据《史记·秦本纪》、应劭《汉书注》。
>
> 临洮，据《史记·始皇本纪》"八年，迁其民于临洮"文。
>
> 西，据《史记·五帝本纪》"尧申命和仲，居西土。"《集解》："徐广云：'此为秦县'"文。案《水经·漾水注》，以为即秦襄所居之西垂①。

显然，王蘧常先生是严谨的，当他没有检索到确凿记载后，仅是"疑"，并说明存疑的原因"汉承之也"。说明后来很多学者把秦陇西郡治所在地确定为狄道仅是推测，不应该直接用肯定语词来表述。王蘧常先生治学态度值得学习。

按照常理，秦昭王时期修筑长城首起临洮，秦始皇时期修筑长城还是首起临洮，不太合理。这不是重复或多余吗？因为秦始皇已经统一全国，延伸修筑或在更大范围需要防御的地域修筑更为合理，无须在战国时期修筑的秦长城首起地继续修筑。在查阅大量资料后，发现周振鹤先生的推理能够解释这一疑问。

> 陇西本为秦郡，是高帝末年十五汉郡中变化比较复杂者。
>
> 武帝元朔以前之陇西、北地、上郡皆未得秦郡之全部，其故塞（秦昭襄王长城，见地图二十一）外部分为匈奴所据。元朔二年，汉收河南地，置朔方、五原郡，陇西、北地、上郡等三郡恢复秦时之规模，其后并移民以实之，至元鼎三年遂分陇西置天水郡，分北地置安定郡②。

从王蘧常先生梳理"陇西郡"领"上邽、临洮、西"三县也能够印证周振鹤先生的判断是正确的。也就是说秦国当时统一全国范围那么大，唯独没有把陇西郡的治所范围扩大。岷县洮河以西不远处就是草原地带，广袤无垠的若尔盖草原区域，从战国时期至秦始皇时期均未深入，仅止岷县以西的卓尼、临潭一带。而且地处整个秦国版图的蜂腰位置，非常脆弱，再次加固和延伸防御势在必行。同时洮河下游现在临洮以北一带也未完全

---

① 王蘧常撰《秦史》，上海古籍出版社，2000年，第108页。
② 周振鹤：《西汉政区地理》，商务印书馆，2017年，第148页。

统一，还处在游离阶段。王蘧常先生梳理秦国"陇西郡"领"上邽、临洮、西"三县就是最好也是最有力的证明。我们从某些文献中看到的"陇西郡"辖21个县：上邽、西县、下辨、冀县、临洮、狄道、枹罕、兰干、邸道、故道、武都道、绵诸、獂道、襄武、戎道、辨道、予道、薄道、略阳、成纪、阿阳，实际是汉代的陇西郡所辖范围①，并非秦国陇西郡所辖范围。"临洮"与"狄道"并列介绍，只有在汉代及其后才有这个资格，在战国时期和秦始皇时期"狄道"均没有资格与"临洮"并列存在。这就是第二次修筑长城依然从岷县首起的根本原因。而且岷县洮河以西临近草原地带及更远距离，截至元朝，一直在中原王朝治理范围之外。这就是岷县为历代政权重点布防的重镇之因，其行政建制级别一直不低，岷县洮河以西草原地带直至元朝才开始划入国家版图。

前面例证中的"悉收河南地"，实是洮河以北、黄河以南的地区。从这里可以肯定地得出一个结论：现在临洮段的秦长城，不但不是战国时期秦长城首起地，更不是秦始皇时期秦长城的首起地，仅是秦始皇时期长城的延伸段，与渭源、陇西等地段的长城属于同一种性质同一个时期。

再如后晓荣说的：

> 从其在地理空间分布情况看，各国设置的郡都在边地，相反其他内地并没有设置郡级地方机构，并非如学者所言，"在近畿县之上增设郡，在边郡之下增置县，最后形成郡辖县的隶属关系。"也并没有出现真正意义上"以郡统县的行政管理制度确立"。战国时，各国的内地普遍仍然是县一级的地方行政机构，内地置县则直接归君主管辖，与之相间的则是大量封君的封邑。因此，战国时期的郡产生于边地分区防守的需要，而不是分区治理的需要，是一种军事区域性质的概念。虽然此期也存在郡辖县的形式，但并没有严格意义上郡统县的行政管理制度和行政区划的确立。②

那么在战国时期的郡治所在地必须设置在县治所在地，郡的军事职能

---

① 后晓荣：《秦代政区地理》，社会科学文献出版社，2009年，第445页。
② 后晓荣：《秦代政区地理》，社会科学文献出版社，2009年，第460页。

才能有效发挥。综合如上多次例证分析陇西郡治所在地，毫无疑问，岷县不仅是战国时期郡治所在地，也是秦始皇时期郡治所在地。我们在分析战国时期陇郡与秦统一时期陇西郡以及汉代陇西郡郡治所在地时应有所区别。郡治作为一种军事防御建制，是随着不同时代不同时间节点防御重点的不同而变换着的。秦国的陇西郡防御的重点是洮河，而控制洮河龙头的要摄在古临洮今岷县，而不在古狄道今临洮。因为只有在岷县才能控制住西面通羌中的羌人和北面逆洮河而上入蜀的匈奴，今临洮地理位置在通羌中的正北位置，不具有这样的功能。而在汉代，陇西郡属辖由秦国 3 个县扩展为 21 个县，它的郡治重心必须转移到综合治理需要的合理位置。

综合各种文献，秦国东西南北的方位坐标显然是以秦岭为基准的。岷县正处在西秦岭东西南北四通八达的正西端核心要点上，是秦国临洮县、陇西郡共同治所的唯一选项。古狄道今临洮地处西秦岭正北方，游离在防御要塞之外，无任何一级政权依靠，郡治无从设起。因此，学界多年来认定的秦国陇西郡治在今临洮实在是一个彻头彻尾的伪命题。

（二）历史上的临洮不是泛概念，其所指一直非常清晰

（1）地东至海暨朝鲜，西至临洮、羌中，南至北向户，北据河为塞，并阴山至辽东。①

（2）秦已并天下，乃使蒙恬将三十万众北逐戎狄，收河南。筑长城，因地形，用制险塞，起临洮，至辽东，延袤万余里。②

（3）临洮郡：临洮，西魏置，曰溢乐，并置岷州及同和郡。开皇初郡废，大业初州废，更名县曰临洮。又后周置祐川郡、基城县，寻郡县俱废。有岷山、崆峒山。③

（4）昔秦并天下，裂地为四十九郡，郡置守尉，以御史监之。其地西临洮，而北沙漠，东萦南带，皆际海滨。④

---

① 二十四史（简体字版）《史记·秦始皇本纪》，中华书局，1999 年，第 170 页。
② 二十四史（简体字版）《史记·蒙恬列传》，中华书局，1999 年，第 1995 页。
③ 二十四史（简体字版）《隋书·地理志》，中华书局，1999 年，第 557 页。
④ 二十四史（简体字版）《旧唐书》，中华书局，1999 年，第 959 页。

如上四例的"临洮"地名非常清晰，就指现今的岷县，绝非泛概念。

（1）兰州下　隋金城郡。……领金城、狄道、广武三县。显庆元年，罢都督府。天宝元年，改金城郡。二载，割狄道县置狄道郡。乾元元年，复为兰州。

（2）狄道，汉县，属陇西郡。晋改为武始县。隋复为狄道，属兰州。天宝三载复置。[①]

（3）临州狄道郡，下都督府。天宝三载析金城郡之狄道县置。[②]

如上三例清晰记载今临洮在唐以前的"狄道"称谓。

（1）临洮府《禹贡》雍州地。春秋、战国时，为西羌所居。秦属陇西郡。汉属陇西金城郡。晋初因之。惠帝时，分置狄道郡。前凉张骏又改置武始郡。其后西秦、南凉，代有其地。后魏亦属武始郡。西魏又增置临洮郡。后周废临洮郡。隋初，并废武始郡，以县属兰州。炀帝时，属金城郡。唐初，亦属兰州。天宝初，属金城郡。三载，分金城郡置狄道郡。乾元初，改为临州《寰宇记》：久视元年，置临洮军于临州。宝应初，陷于吐蕃，号武胜军。宋熙宁五年收复，改为镇洮军，寻改熙州治狄道县，亦曰临洮郡。《金志》云：宋又更镇洮军为德顺军。金改曰临洮府。元因之。明仍为临洮府，领州二，县三。今仍旧。[③]

（2）狄道县附郭。汉置县，为陇西郡治。后汉因之。晋属陇西郡，惠帝改置狄道郡治此。又尝改县为降狄道，寻复旧。后魏属武始郡。隋属兰州。唐因之。天宝三载，置狄道郡治此。宝应以后，废于吐蕃。宋熙宁五年，收复。六年，仍置狄道县，为熙州治。九年省。元丰二年，复置。今编户二十五里。

（3）狄道故城在今府治西南。汉所置也。吕后六年，匈奴寇狄道。七年，复入寇。文帝十二年，匈奴寇狄道，即此城矣。蜀汉延熙十八年，姜维围魏王泾于狄道，不克。寻又引军出狄道，不克而还。

[①] 二十四史（简体字版）《旧唐书》，中华书局，1999年，第1121页。
[②] 二十四史（简体字版）《新唐书》，中华书局，1999年，第685页。
[③] （清）顾祖禹撰《读史方舆纪要》，中华书局，2005年，第2863页。

《水经注》亦谓之降狄道。盖县之别名也。隋、唐以来，州郡皆治此。宋改筑熙州城，即今治也。《志》云：今郡城周九里有奇，门四：东大通，南建安，西永宁，北镇远。

（4）长城在府西北。《史记》：秦始皇遣蒙恬发兵三十万北筑长城，起自临洮。唐因置长城堡。开元二年，陇右节度使王晙等追破吐蕃于洮水，又败之于长城堡，杀获数万，是也。

如上四例均录自《读史方舆纪要》，能够清晰梳理出今临洮在历史上属于一级行政建制始于宋熙宁六年（1073）狄道县，在汉时虽然也设置了狄道县，但因当时是军事管治特殊时期，属陇西郡治"附部"，不属于一级行政建制，称谓也经常变化，如陇西郡、金城郡、狄道郡、武始郡、临洮郡、镇洮军、德顺军等，且多为郡附属地。关于这一点，乾隆二十八年（1763）《狄道州志》说得非常明白，乾隆十年（1745）沈青崖撰《狄道州志·卷一》："临洮之名始于秦，而境在今之岷州。唐之临洮郡，今为洮州厅。陇西名郡，自汉始，唐亦有陇西郡，乃即今之陇西。"乾隆二十八年（1763）《狄道州志》甘肃巡抚明德序言："狄道溯秦汉以来，历为附郭邑。"《狄道州志凡例》"称名所以定志狄道，前此为附郭首邑，今升为州矣。州自今始，虽重辑是书，犹之乎创也，故不以续标名。……临洮之名始见《史记》。唐有临洮郡，别置洮州，即今洮州厅也。又自汉以来，临洮为陇西郡，而唐亦有陇西郡，别置渭州，即今陇西县也。旧志分别未详，间有以彼入此者，今悉更正。"《狄道州志》作者序言："奥稽前代狄道为用武之地。盖自周东迁，即限于戎。唐季宋初，皆非中国。有明之末，造几罹兵燹矣。……临洮之名始于秦，而境在今之岷州。唐之临洮郡，今为洮州厅。陇西名郡，自汉始，唐亦有陇西郡，乃即今之陇西。且或以为州为路为军，或以郡领县，纷纭更互，猝难考详。核之弗精，奚以示于狄志，不得辞也。"宣统元年（1909）的《狄道州续志》依然把现在的临洮称为"狄道"。

最后"长城在府西北"这一段正好说明在今临洮的西北洮河边有起自今岷县的长城延伸，而且在唐朝还顺应形势需求新置筑了长城堡，并及时收到了"杀获数万"的防御功效。现在的"临洮北乡洮河东岸之三十里铺"，在当时什么军、政机构都没有，有必要作为秦长城西首起吗？何况现在的临洮，从地望上看，属秦国时期临洮县即今岷县的北面，而不是西面。从秦国以秦岭为方位坐标定位的陇西郡来看，现在的临洮也在郡北，而不是"郡西"，因此牛头不对马嘴。铁的事实说明，现今临洮长城首起地仅是从岷县首起的延伸，而不是秦长城的延伸，仅是汉长城的延伸。王树民先生如下记述与判断是不成立的：

> 按，《史记·匈奴列传》称，秦因燕赵之旧址以筑长城，"起临洮至辽东万余里"。张守节《正义》引《括地志》云："秦陇西临洮县，即今岷州城。本秦长城，首起岷州西十二里，延袤万余里，东入辽水。"后世多从其说，然在岷县考察时，未闻有秦长城遗迹。今就实际形势言，如起于岷州，北行至渭源、临洮境内，则洮河天险弃于长城之外，非常理所能解。秦之劲敌为胡人，乃在北方，所筑长城自宜为东西走向，西面有洮河之险，可以为固，不必更筑长城，正得自然之利。秦长城实首起临洮北乡洮河东岸之三十里铺，向东伸延，故临洮、渭源境内皆存其遗迹，从实考察中，可证多年传说之误。①

恰恰是王树民先生的这一"可证多年传说之误"误导学界更深。

如上引用和论证，充分说明古临洮就是今岷县。现在的临洮，在《史记》《汉书》时期，"历为附郭邑"，还不是一级政权所在地，秦国怎么能把极其重要的长城首起地定在今临洮呢？毫无由头。

（三）历史上岷州南山的崆峒山就是现在称谓的大沟寨五台山

岷山、崆峒山、秦长城三个概念在史籍中频繁并列出现正是学理上的共存互证和互证共存。

> 临洮郡：临洮，西魏置，曰溢乐，并置岷州及同和郡。……有岷山、崆峒山。②
>
> 秦陇西临洮县即今岷州城。本秦长城，首起岷州西十二里，延袤万余

---

① 王树民：《曙庵文史续录·洮渭杂记》，中华书局，2004年，第520页。
② 二十四史（简体字版）《隋书·地理志》，中华书局，1999年，第557页。

里，东入辽水。岷山在岷州溢乐县南一里，连绵至蜀二千里，皆名岷山。①

崆峒山，在县西二十里。②

溢乐　秦临洮县，属陇西郡。今州西二十里长城，蒙恬所筑。岷山，在县南一里。崆峒山，县西二十里。③

岷州和政郡，下。……有岷山，西有崆峒山。④

溢乐，有岷山、崆峒山。⑤

崆峒山，在卫西二十里。《通典》：秦蒙恬筑长城，起于崆峒山。自山傍洮水而东，今州境有古长城云。⑥

如上七条记载最有意思的是它把"崆峒山"与"岷山""秦长城"并列记述，这无疑互证了各自存在的真实性。但不可思议的是我们的学者只否定"崆峒山""秦长城"的真实性，不否定"岷山"的真实性。其实三者是一样的存在。的确，千里"岷山"无法否定。同样，岷州西的秦长城也不应该被否定，崆峒山同样不应该被否定。

六、小结

大沟寨五台山在清及以前史籍中均叫崆峒山。崆峒山，在古代不仅仅是一个山名，更主要的是，它是成就仙风道骨文化意味的代名词。在此崆峒山下的洮河河道非常独特，是一个标准的东西向"S"形太极图，南北两边阴阳鱼眼非常标准，分别由两个常年不干涸的水池组成。北边的至今还在，南边的在"农业学大寨"期间被填埋了。这是古代以来历代道家最为向往的地方。唐汝州刺史卢贞在《广成宫碑》所撰的《碑记》中说："禹迹之内，山名崆峒者，有三焉。其一在临洮，秦筑长城之所起也；其一在安定。二山高大，可取财用，彼人亦各于其处为广成子立庙。而庄生

---

① （唐）李泰：《括地志辑校》，中华书局，1980年，第223页。
② （唐）李吉甫撰《元和郡县图志》，中华书局，1983年，第995页。
③ 二十四史（简体字版）《旧唐书》，中华书局，1999年，第1123页。
④ 二十四史（简体字版）《新唐书》，中华书局，1999年，第685页。
⑤ （唐）杜佑：《通典·州郡典》，浙江古籍出版社，2000年，第922页。
⑥ （清）顾祖禹撰《读史方舆纪要·岷州》，中华书局，2005年。

述黄帝问道崆峒，遂言游襄城，登具茨，访大騩，皆与此山接壤，则临洮、安定非问道之所明矣。"（《全唐文》卷三〇三）由此可见岷县的崆峒山在中国历史上显赫的地位。从老子开始，至明代的张三丰、清代的刘一明等道教宗师络绎不绝地来此修炼。在大沟寨五台山，至今还有"道人湾""师爷"飞身得道成仙的"架咀"山，山下面还有"师爷塔"等传说和遗迹。由此，就不难理解元末明初张三丰一路向西追寻道家始祖老子踪迹来到岷州终其一生以及清代道教大家刘一明宗师潜心到五台山修炼的道理了。

　　通过大量文献研究和实地勘察，我们认为，秦国东西南北的方位坐标是以秦岭为基准的，整个秦岭的安全就是秦国的安全，扼守住西秦岭南、北、西来犯之敌，就保住了东部（今礼县）秦国世代祖居地大本营。岷县地处西秦岭东西南北的枢纽通道的核心要点上，易守难攻，秦长城首起点设在岷县，是秦国临洮县、陇西郡共同治所的唯一选项，实属必然。而岷县的秦长城首起点的设置不是一段一段线性墙体的设置，而是以洮河代替线性墙体，并在防御关键节点再配套壕堑、关城等塞障进行布防。在陇西郡治、临洮县治所在地以西关塞处为起首，因河为塞，在易穿越的临河坡段深挖壕堑为障，在咽喉路段设置关城，进行多级防御，以达到预防西北游牧羌人和企图从现今临洮之地逆洮河而上进入蜀地的匈奴的侵犯之目的。需要指出的是，秦长城是特殊的政治军事、板块辖区、地理地貌、人类分居、生产生活背景下的产物，距今已有2000多年历史，岷县秦长城"堑""墩"等塞障形制，即便再过一二百年也不会消失。长城的关键意义在于保护生存、维护秩序、呵护发展。对这一宏大历史遗迹的研究，需要深刻领会原典意涵，确立正确考古方向，广泛开展田野调查，进行多学科学理性分析，方能还原历史真相，倾心贡献学界。

2019年7月29日晚

（本文原刊载于《丝绸之路》2019年第4期，

部分插图从略，详见原刊）

秦国临洮县与陇西郡地望及秦长城西首起关系考

张润平

摘　要：学术界对临洮县的位置及地望概念，特别是对陇西郡治所在地地望概念含混不清，甚至存在严重错误。本文认为有必要厘清这一问题，以正学术之音。历史的本来事实是秦国陇西郡治所在地不在狄道，而在古临洮今岷县。本文从秦国临洮县（今岷县）及陇西郡治位置与地望；秦国陇西郡治所在地不在狄道而在岷县；历史上的临洮概念不是泛义词；历史上岷县崆峒山就是现在的大沟寨五台山；岷县段是历代国家政权设防的关键，秦国陇西郡临洮县更不例外五个方面做了考证。

关键词：秦国；临洮县；陇西郡；岷县；地望；长城；关系；考证

战国临洮县是秦国第一批设立县，是秦国最西边县级单位。陇西郡是秦国第一批郡级建制，更是核心门户。这从秦国战国时与统一全国后两度修筑长城均从临洮县首起可见一斑。但是在学术界对临洮县的位置及地望概念，特别是对陇西郡治所在地地望概念含混不清，甚至存在严重错误。本文认为有必要厘清这一问题，以正学术之音。历史的本来事实是秦国陇西郡治所在地不在狄道，而在古临洮今岷县。原因：一是狄道不论是战国时期还是秦统一六国之后一直是古临洮今岷县的附邑，不存在郡治所在地所依托的一级县级单位。二是狄道地处古临洮今岷县陇西郡之北，属于洮河防御的边缘地带。三是秦国陇西郡防御核心是洮河，因为洮河正西及之北正是西秦岭末梢端半包围边缘带，这是秦国西部边防的命脉，务必设防。陇南素有"秦陇锁钥，巴蜀咽喉"之称，而岷县正是陇南这把锁子的钥匙，巴蜀北部安全全靠岷县把控。

一、秦国临洮县（今岷县）及陇西郡治位置与地望

现当代学者著作中，关于秦国的临洮县治理范围并不清晰。这对后来研究秦国临洮县、陇西郡造成了困惑。因此有必要厘清这一问题。秦汉时期的临洮县是一个在全国地理关键位置上的要塞县，是秦国大本营礼县的西大门。县级单位的建制，随着秦国的逐步发迹尤显重要。而秦国时期的狄道仅是当时临洮县的附邑，直到汉代才有了县级单位——狄道县，而且被频繁改换建制，郡治地居无定所，常不稳定。而"临洮县"建制贯穿整个战国至秦汉时代，一直稳固。这与其特殊的地理位置有关。

《华阳国志校补图注》在大山系上对岷县一带地理位置把控很准。

> 陕南与甘南为秦岭山脉与大巴山脉之间一大向斜槽。当此两大山脉形成后，槽中之水，俱当东流，成一巨川，姑名之为"古汉水"（就古地中海此部上升成陆时言之）。但经若干年后，又有斜断此大向斜槽之造山力徐徐升起，阻碍此一巨川东进。其中，纵亘于陕南、甘南间之白马山背斜部渐渐升起，而其西侧渐渐下降，遂将原来一系之巨川，断为两部水系：白马背斜线以东之水归于沔，为东汉水，入于云梦盆地；背斜以西之水统归于漾，为西汉水，入于四川盆地。
>
> 《禹贡》云："嶓冢导漾，东流为汉。又东为沧浪之水。过三澨。至于大别。南入于江。"所言汉水二十六字，可议者甚多，如嶓冢山，《汉志》在陇西郡西县。《后汉志》汉阳郡西县云："故属陇西，有嶓冢山、西汉水。"则漾水即西汉水，自有人类，即已为嘉陵江源矣[①]。

这里的"白马山"实即岷山。"嶓冢山"即起于天水南贯穿岷县闾井东南的山系，因极其重要才引起《华阳国志》常璩先生的重墨书写和任乃强先生的仔细作注。而《读史方舆纪要·舆图要览·洮河边第九》对古临洮今岷县位置的描述更为淋漓尽致，通透澄明。

[①]（晋）常璩著，任乃强校注：《华阳国志校补图注》，上海古籍出版社，1987年，第65页。

按陕西山川四塞，形胜甲于天下，为历代建都第一重地，雄长于兹者，诚足挥斥中原矣。然延、绥以及平、固，皆要冲也；西宁以及岷、洮，多羌患矣；一旦窃发其间，连壤于西北者，未免于骚扰也。且夫阴平有道可入蜀，必可入秦、阶、成、秦、凤之间，当究心矣。延安以东，逼近山西，一苇杭之，非不可也，何必蒲津。若夫潼关制全陕之命，汉中实楚、蜀之冲，不必言矣。逖哉秦岭，其中盖难治矣①。

这一段准确说明"岷、洮"在防御"羌患""免于""西北""骚扰"所具有的要害功能。岷县正是西秦岭的末梢端，又是南秦岭的西北大门户，其不可或缺的防御功能不言而喻。

洮河边第九

按洮、岷、河皆古羌、戎地也，与岷、阶等州居山谷之中，为秦、蜀屏蔽。自汉以来，良多故矣，控制之方，岂无所衷乎？乃吾闻阶、文、西固之间，诸羌盘聚，无有宁所，岂非据山谷者易动难静，自昔然哉？盖尝考阶州有羊肠鸟道之险，西固有重冈复岭之雄，而文县接近松潘，苍崖绝壁，阴平故险，实蜀口之要区也。驭羌靖边者，其必先于此。乃若山川名胜，则洮、岷与河州固其尤也。记曰：西倾，岷山之宗也，朱圉、鸟鼠为辅，嶓冢、秦岭为屏，陇首为限，而江出于岷，渭出鸟鼠，汉出嶓冢，河浮积石，洮出西倾，陇出陇首，天下山川，皆其支派，考形胜者，此又不可不知也②。

本段更是直切主题，一针见血点明"洮河"边务的重要性。这里的"边"正是布防、边关、防务的"边"，而非旁边、河边的"边"。在《读史方舆纪要》中，把某条河流单列出来分析其防务意义，唯"洮河边"这一条，足见其重要性。作者把白龙江、洮河、渭河三条河流并列讨论，强调"实蜀口之要区"，尤其是"乃若山川名胜，则洮、岷与河州固其尤也"，再三肯定洮河的"蜀口之要区""秦岭为屏，陇首为限"防御功能，

---

① （清）顾祖禹：《读史方舆纪要》，中华书局，2005年，第5663页。
② （清）顾祖禹：《读史方舆纪要》，中华书局，2005年，第6133页。

这对于我们做秦长城研究的学者来说，真可谓"不可不知也"。

在《读史方舆纪要》的"舆图要览"中，对全国最重要的26个地域作了重点绘图和描述，"洮河"就属其列。图中很鲜明地表明洮河就是核心要地，"边"就是国家长期防御方面需要精耕细作的边务。该书产生于清代，当时的洮河边务应该说不是十分显要了，但作者还是给予深切关注，足以说明洮河边务的不可或缺性。

如下是该书的绘图。

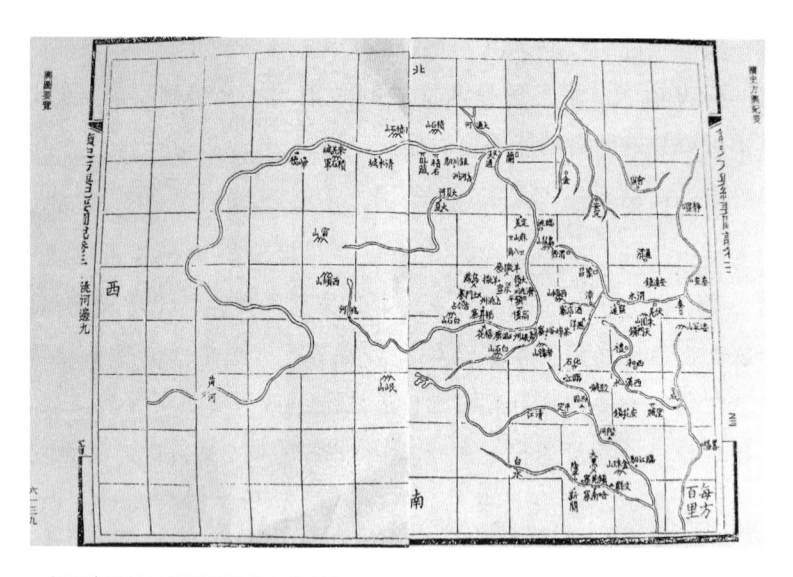

秦国临洮县及陇西郡治位置与地望

形胜——内则屏翰蜀门。北并洮、叠。秦城起于州界。侨（客居异地）治白石镇。据南山建城①。

这一段非常简短，但一句一个意思：第一句讲岷县这个地方，对内是防御通过洮河南侵蜀地的北大门；第二句讲北向兼并控制洮叠之乱；第三句讲秦长城起于州界而筑；第四句讲岷县当时的防御势力范围还能够客居白石镇实施防御职能；第五句讲秦长城是凭借南山而筑。南山就是大沟寨五台山，白石镇应该就是迭部县扎尕那。这也正应了王子今先生的分析：

---

① （宋）祝穆撰，祝洙增订：《方舆胜览》，中华书局，2003年，第1218页。

· 48 ·

秦的政治中心，随着秦史的发展，呈现由西而东逐步转移的轨迹。比较明确的秦史记录，即从《史记》卷五《秦本纪》所谓"初有史以纪事"的秦文公时代起，秦人活动的中心，经历了这样的转徙过程：西垂—沂渭之会—平阳—雍—咸阳。秦都由西垂东迁至于咸阳的过程，是与秦"东略之世"国力不断壮大的历史同步的①。

说明秦从最初的创业阶段立足西垂后，再就没有向西扩张，而是一路向东、向南、向北扩张。顺此，我们再理解秦国把长城首起地定位在古临洮今岷县，就不太突兀而顺理成章。

这里需要对王树民的"今就实际形势言，如起于岷州，北行至渭源、临洮境内，则洮河天险弃于长城之外，非常理所能解。秦之劲敌为胡人，乃在北方，所筑长城自宜为东西走向，西面有洮河之险，可以为固，不必更筑长城，正得自然之利"②继续做一回应。

王树民说"秦之劲敌为胡人，乃在北方"并没有错。但王树民忘记了秦国修筑长城的用意和功能就是间隔居无定所的牧民与居有定所的农民，而且整个长城就建设在农业区域与游牧区域的边缘带上。岷州以南、以西还有很多游牧兼及狩猎的羌人，他们经常袭击岷州以东、以北农业区域，而且对郡治所在地、县治所在地极容易造成威胁，必须对这一带游牧民有所设防。而且这一带游牧民不仅是先秦及秦国长期的威胁，就是在之后的若干年代以来一直是危害，这从如上引用"西宁以及岷、洮，多羌患矣"就能感知，直至20世纪70年代中国人民解放军在岷县南部马烨仓的驻军设防才彻底撤离。秦代有防御设施，明代马烨有驻军，中华人民共和国也有驻军，这充分说明洮河以西的防御一直是重中之重，不可或缺。马烨仓最深处有一条很深远的沟直通迭部县的扎尕那，就叫"羌道沟"，其地名留下了久远的历史沧桑。马烨仓也因明代开国将领马烨驻防而得名。在秦长城建设时期，今临洮以北，胡人是秦人的劲敌。古临洮以西，羌人是秦人的劲敌。东汉时期发生的大量频繁羌汉大战就在古临洮今岷县一带长期

---

① 王子今：《战国秦汉交通格局与区域行政》，中国社会科学出版社，2015年，第50页。
② 王树民：《曙庵文史续录·洮渭杂记》，中华书局，2004年，第520页。

形成拉锯战，那么在先秦时期羌与汉、移动的游牧民与稳居的农业民不可能没有冲突。由此可以反推秦国当时把长城首起地选在岷县的英明和正确性。

从地貌特征看，岷县是青藏高原最东端的末梢，是中国中部南、北、东三个方位的海拔最高端，汇集了黄土高原、青藏高原、西秦岭三大地貌特征，山大沟深，沟壑纵横。这样的地貌特征一定是军事防御的首选地。

从地理位置看，岷县是西秦岭与青藏高原的穿插交会地带，是中国南北天然分界线，又是南北大通道。不仅是半农与半牧、纯农与纯牧、干旱半干旱与湿润半湿润农作与气候分界带，也是温热干燥与高寒阴湿的东西分界线。这样，对于东南西北来说，岷县均处在分界线或分水岭上，但对于相对应的南北或东西来说，毫无疑问又恰恰是核心要地。对核心要地的控制是军事防御的必需要件。

从河流水系看，洮河居中，从昆仑山支系西倾山源出，流经岷县又拐弯从东向西北而去，融入黄河。渭水居北，向东流去。白龙江居南，从西而东至宕昌县两河口而南流去。渭水无须防御，因为全在秦国势力范围内。防御好洮河南面也就防御住了白龙江西端来犯之西羌游牧民。

从纵横山系看，岷县东西有西秦岭、西倾山交错，南北有岷山穿插，直至成都腹地。水路山路纵横交错。系住山系的龙头，山系的安定就有保障了。

从人类分布看，洮河流域的羌人一直是中华族群的人脉之源，我国现在西南、华南包括南亚一带的族群均有丰富多彩的来自洮河流域的美好传说，同时也是战国期间的秦国发配罪犯的地域。《史记·秦始皇本纪》记载："八年，王弟长安君成蟜将军击赵，反，死屯留，军吏皆斩死，迁其民于临洮。"也就是说岷县是古代人类交流互换的跳板和平台。控制好这一跳板和平台也就控制好了所在社会的安定祥和。

从经济形式看，岷县地处黄土高原区域是纯农业经济形式，地处西秦岭区域是半农半牧半狩猎经济形式，地处青藏高原区域是纯牧业经济形式。这就使这一带的贸易活动既丰富多彩又非常发达，有经济纽带的功能。

从军事地位看：①岷县以东礼县是西秦岭腹地秦始皇世代祖居地，②岷县是西秦岭末梢端唯一东西南北路道四通八达的核心节点；③岷县是洮河最东端点，而且"U"形流经岷县；④岷县是农牧结合带，农业居民相对稳定，牧业居民容易躁动，是游牧狩猎之民经常来犯之地。因此扼守住岷县，就扼守住了秦国的西大门，也就扼守住了秦国西南一带的安定。

从文化传播看，洮河流域是中国史前文明的发祥地之一，黄河文明之源，中国北方语系的源头。马家窑文化是中国汉语的滥觞，奠定了中国万年汉语历史传承与传播的基础。至今，洮河流域古汉语的发音及特殊词汇的运用依然还在活态传承着。王力先生在《汉语史稿》中感慨早在14世纪，古人的汉语后鼻音发音已经在中原一带消失了，而在现在的岷县一带洮河流域还能随耳听到。从王权政治开始，也即夏商周以来，洮河流域一直被边缘化，但其深厚的文化积淀和人口容量，始终是西北文明的渊薮。秦始皇对此不可能不知道。对文化的控制与人口的控制是历来统治者必须面对的问题。

岷县的东面、北面以相关联的山系、水系为界，西面、南面以农牧区划为界，半农半牧正是交叉带、交会带、分界带，其中东南及东北邻界区域均为秦国治理范围，无须设防。西南、正西及西北方向的设防核心是正西。秦岭的西北末梢端就是秦国临洮县的正西、西北边界线。西秦岭与西倾山相交错南向边缘带就是秦国临洮县西南、正南边界线。西秦岭末梢端北向边缘带就是秦国临洮县正北边界线。青藏高原东部末梢端东北、正东、东南向就是秦国临洮县东北、正东、东南边界线。

岷县正在胡焕庸线居中的交叉点上，特别是西北干旱区、青藏高原区、东方季风区的交叉点上，也在人口密度交叉点上，若干个交叉点证明了岷县在中国版图边防的核心位置。历代如此，秦国更会如此。因为它在企图统一全国的战略定位之前，首先要安定其后方，确保无后顾之忧。这就是秦国在未统一全国前与统一全国后都特别重视古临洮今岷县防御设置的根由。

二、秦国陇西郡治所在地不在狄道而在岷县

　　至周之衰，秦兴，邑于西垂①。

这里的"西垂"就是现在的礼县、西和、武山、岷县东部山区一带。

　　秦昭王时，义渠戎王与宣太后乱，有二子。宣太后诈而杀义渠戎王于甘泉，遂起兵伐残义渠。于是秦有陇西、北地、上郡，筑长城以拒胡②。

　　这一段记录说明秦拥有陇西之地是从秦昭王时开始的。这时正是公元前3世纪初，这里的陇西，核心地域就是洮河流域的岷县。秦国的势力范围还没有深入洮河下游即现在临洮以北一带。洮河下游实际是当时临洮县势力范围的末梢地带。岷县地处秦兴后"邑于西垂"的正西大门，志在必得。岷县再向西，就是甘南大草原地带，不属于秦国势力范围。就是秦统一六国后，也没有扩大这一范围。正因如此，秦统一六国前的陇西郡治所在地也就是当时临洮县治所在地。杜佑《通典》载"长城在今郡西二十里崆峒山"。明确说"郡西二十里"，说明郡治所在地就是现在的岷县城。《旧唐书·狄道》载"汉县，属陇西郡，晋改为武始县，隋复为狄道，属兰州"中的"汉县"，充分说明在秦时狄道还没有行政建制，在汉代才设立了县级单位。对此，《读史方舆纪要》"陕西九·临洮府"条有说明："春秋战国时，为西羌所居。秦属陇西郡，汉属陇西金城郡。"从这里可以看出现在的临洮县在战国时期是一个被边缘化的地方，秦统一后才进入国家版图，从属于陇西郡，为陇西郡治理的"附邑"，不具有行政、军事治所条件和功能。这从《水经注》中也能够看出：

　　汉陇西郡治，秦昭王二十八年置。

---

① 二十四史《史记·秦始皇本纪》，中华书局，1999年，第195页。
② 二十四史《史记·匈奴列传》，中华书局，1999年，第2210页。

古"狄道"今临洮如果是秦陇西郡治,就无须这样说了,而即描述为"秦陇西郡治,秦昭王二十八年置"了。

> 秦兼六国,设防止及临洮①。

> 自周衰,戎狄错居泾渭之北。及秦始皇攘却戎狄,筑长城,界中国,然西不过临洮②。——《汉书》西域传第六十六上

对此问题引起警觉的是王蘧常先生,其专著《秦史》:

> 陇西郡,昭襄王二十八年置。据《水经·河水注》。有陇坻在其东,故曰陇西。据应劭《汉书注》。治未详。案《水经·河水注》:"汉陇西郡治狄道。"疑秦亦治此,而汉承之也。其领县可征者:
>
> 上邽,据《史记·秦本纪》、应劭《汉书注》。
>
> 临洮,据《史记·始皇本纪》"八年,迁其民于临洮"文。
>
> 西,据《史记·五帝本纪》"尧申命和仲,居西土。"《集解》:"徐广云:'此为秦县'"文。案《水经·漾水注》,以为即秦襄所居之西垂③。

显然,王蘧常先生是严谨的,当他没有检索到确凿记载后,仅是"疑",并说明存疑的原因"汉承之也"。说明后来很多学者把秦陇西郡治所在地确定为狄道仅是推测,不应该直接用肯定语词来表述。王蘧常先生治学态度值得学习。

按照常理,秦昭王时期修筑长城首起临洮,秦始皇时期修筑长城还是首起临洮,不太合理。这不是重复或多余吗?因为秦始皇已经统一全国,延伸修筑或在更大范围需要防御的地域修筑更为合理,无须在战国时期修筑的秦长城首起地继续修筑。在查阅大量资料后,发现周振鹤先生在其专著《西汉政区地理》的推理能够解释这一疑问。

> 陇西本为秦郡,是高帝末年十五汉郡中变化比较复杂者。
>
> 武帝元朔以前之陇西、北地、上郡皆未得秦郡之全部,其故塞(秦昭襄王长城,见地图二十一)外部分为匈奴所据。元朔二年,汉收河南

---

① 二十四史(简体字版)《汉书·西域传》,中华书局,1999年,第2856页。
② 二十四史(简体字版)《隋书·列传第三十二》,中华书局,1999年,第1061页。
③ 王蘧常:《秦史》,上海古籍出版社,2000年,第108页。

地，置朔方、五原郡，陇西、北地、上郡等三郡恢复秦时之规模，其后并移民以实之，至元鼎三年遂分陇西置天水郡，分北地置安定郡①。

从王蘧常先生梳理"陇西郡"领"上邦、临洮、西"三县也能够印证周振鹤先生的判断是正确的。也就是说秦国当时统一全国范围那么大，唯独没有把陇西郡的治所范围扩大。岷县洮河以西不远处就是草原地带，广袤无垠的若尔盖草原区域，从战国时期至秦始皇时期均未深入，仅止岷县以西的卓尼、临潭一带。而且地处整个秦国版图的蜂腰位置，非常脆弱，再次加固和延伸防御势在必行。同时洮河下游现在临洮以北一带也未完全统一，还处在游离阶段。王蘧常先生梳理秦国"陇西郡"领"上邦、临洮、西"三县就是最好也是最有力的证明。我们从某些文献中看到的"陇西郡"辖21个县：上邦、西县、下辨、冀县、临洮、狄道、枹罕、兰干、邸道、故道、武都道、绵诸、獂道、襄武、戎道、辨道、予道、薄道、略阳、成纪、阿阳，实际是汉代的陇西郡所辖范围，并非秦国陇西郡所辖范围。"临洮"与"狄道"并列介绍，只有在汉代及其后才有这个资格，在战国时期和秦始皇时期"狄道"均没有资格与"临洮"并列存在。这就是第二次修筑长城依然从岷县首起的根本原因。而且岷县洮河以西临近草原地带及更远距离，截至元朝，一直在中原王朝治理范围之外。这就是岷县为历代政权重点布防的重镇之因，其行政建制级别一直不低，岷县洮河以西草原地带直至元朝才开始划入国家版图。

> 后秦灭六国，而始皇帝使蒙恬将数十万之众北击胡，悉收河南地。因河为塞，筑四十四县城临河，徙适戍以充之。而通直道，自九原至云阳，因边山险，堑溪谷，可缮者治之，起临洮至辽东万余里②。

这里反映的"悉收河南地"，实是洮河以北、黄河以南的地区。从这里可以肯定地得出一个结论：现在临洮段的秦长城，不但不是战国时期秦长城首起地，更不是秦始皇时期秦长城的首起地，仅仅是秦始皇时期长城的延伸段。

---

① 周振鹤：《西汉政区地理》，商务印书馆，2017年，第148页。
② 二个四史（简体字版）《史记·匈奴列传》，中华书局，1999年，第2210页。

再如后晓荣说的：

> 从其在地理空间分布暗况看，各国设置的郡都在边地，相反其他内地并没有设置郡级地方机构，并非如学者所言，"在近畿县之上增设郡，在边郡之下增置县，最后形成郡辖县的隶属关系。"也并没有出现真正意义上"以郡统县的行政管理制度确立"。战国时，各国的内地普遍仍然是县一级的地方行政机构，内地置县则直接归君主管辖，与之相间的则是大量封君的封邑。因此，战国时期的郡产生于边地分区防守的需要，而不是分区治理的需要，是一种军事区域性质的概念。虽然此期也存在郡辖县的形式，但并没有严格意义上郡统县的行政管理制度和行政区划的确立。[1]

郡治所在地必须设置在县治所在地，郡的军事职能才能有效发挥。综合如上例证分析陇西郡治所在地，毫无疑问，岷县不仅是战国时期郡治所在地，也是秦始皇时期郡治所在地。我们在分析战国时期陇西郡与秦统一时期陇西郡以及汉代陇西郡郡治所在地时应有所区别。郡治作为一种军事防御建制，是随着不同时代不同时间节点防御重点的不同而变换着的。秦国的陇西郡防御的重点是洮河，而控制洮河龙头的要摄在古临洮今岷县，而不在古狄道今临洮。因为只有在岷县才能控制住西面通羌中的羌人和北面逆洮河而上入蜀的匈奴，今临洮地理位置在通羌中的正北位置，不具有这样的功能。而在汉代，陇西郡属辖由秦国3个县扩展为21个县，它的郡治重心必须转移到综合治理需要的合理位置上去。

可以肯定地说，秦国的陇西郡治一直在临洮县，只有到了汉代才转移治所。郡治是军事建制，是为了边关防务而设置的，其郡治所在地随所防御重地而入驻。这是常识，无须赘述。只有在有变更的情况下，需要注明时才加以说明。如《水经注》中描述狄道县的陇西郡治时所说的"汉陇西郡治，秦昭王二十八年置"。因为陇西郡治所在地随军事防御重点的位移有变化了，才做此补充说明：陇西郡是秦昭王二十八年设置的，现在到了汉代，顺此防御需要，陇西郡治所在地从原来的临洮县迁移到了现在的狄

---

[1] 后晓荣：《秦代政区地理》，社会科学文献出版社，2009年，第460页。

道，特此说明。这就是上面引用的 13 字的用意。

综合各种文献，秦国东西南北的方位坐标显然是以秦岭为基准的。岷县正处在西秦岭东西南北四通八达的正西端核心要点上，是秦国临洮县、陇西郡共同治所的唯一选项。古狄道今临洮地处西秦岭正北方，游离在防御要塞之外，无任何一级政权依靠，郡治无从设起。因此，学界多年来认定的秦国陇西郡治在今临洮实是一个伪命题。

三、历史上的临洮概念不是泛义词

地东至海暨朝鲜，西至临洮、羌中，南至北向户，北据河为塞，并阴山至辽东①。

秦已并天下，乃使蒙恬将三十万众北逐戎狄，收河南。筑长城，因地形，用制险塞，起临洮，至辽东，延袤万余里②。

临洮郡：临洮，西魏置，曰溢乐，并置岷州及同和郡。开皇初郡废，大业初州废，更名县曰临洮。又后周置祐川郡、基城县，寻郡县俱废。有岷山、崆峒山③。

昔秦并天下，裂地为四十九郡，郡置守尉，以御史监之。其地西临洮，而北沙漠，东萦南带，皆际海滨④。

如上四例的"临洮"地名非常清晰，就指现今的岷县，绝非泛概念。

兰州下　隋金城郡。隋末，陷薛举。武德二年，平贼，置兰州。八年，置都督府，督兰、河、鄯、廓四州。贞观六年，又督西盐州。十二年，又督凉州。今督兰、鄯、儒、淳四州。领金城、狄道、广武三县。显庆元年，罢都督府。天宝元年，改金城郡。二载，割狄道县置狄道郡。乾元元年，复为兰州。旧领县三，户一千六百七十五，口七千三百五，天宝领县二，户二千八百八十九，口一万四千二百

---

① 二十四史（简体字版）《史记·秦始皇本纪》，中华书局，1999 年，第 170 页。
② 二十四史（简体字版）《史记·蒙恬列传》，中华书局，1999 年，第 1995 页。
③ 二十四史（简体字版）《隋书·地理志》，中华书局，1999 年，第 557 页。
④ 二十四史（简体字版）《旧唐书》，中华书局，1999 年，第 959 页。

秦国临洮县与陇西郡地望及秦长城西首起关系考

二十六。在京师西一千四百四十五里,至东都二千二百里。

  临州下都督府　天宝三载,分金城郡置狄道郡。乾元元年,改为临州都督府,督保塞州,羁縻之名也。领县二,户二千八百九十九,口一万四千二百二十六。在京师西一千四百四十五里,至东都二千二百里。

  狄道,汉县,属陇西郡。晋改为武始县。隋复为狄道,属兰州。天宝三载复置①。

  临州狄道郡,下都督府。天宝三载析金城郡之狄道县置。县二:有临洮军,久视元年置,宝应元年没吐蕃。狄道,下。长乐。下。本安乐,天宝后置,乾元后更名②。

如上四例清晰记载今临洮在唐以前的"狄道"称谓。而"临洮军"的称谓是为了与临洮军事防御相区别,并非县治、郡治称谓。

  临洮府《禹贡》雍州地。春秋、战国时,为西羌所居。秦属陇西郡。汉属陇西金城郡。晋初因之。惠帝时,分置狄道郡。前凉张骏又改置武始郡。其后西秦、南凉,代有其地。后魏亦属武始郡。西魏又增置临洮郡。后周废临洮郡。隋初,并废武始郡,以县属兰州。炀帝时,属金城郡。唐初,亦属兰州。天宝初,属金城郡。三载,分金城郡置狄道郡。乾元初,改为临州《寰宇记》:久视元年,置临洮军于临州。宝应初,陷于吐蕃,号武胜军。宋熙宁五年收复,改为镇洮军,寻改熙州治狄道县,亦曰临洮郡。《金志》云:宋又更镇洮军为德顺军。金改曰临洮府。元因之。明仍为临洮府,领州二,县三。今仍旧③。

  府襟带河湟,控御边裔,为西陲之襟要。蜀汉末,姜维数出狄道以扰关陇。魏人建为重镇,维不能以得志。晋之衰也,河西扰乱,大约据狄道,则足以侵陇西,狄道失而河西有唇齿之虑矣。拓跋魏兼有

---

① 二十四史(简体字版)《旧唐书》,中华书局,1999年,第1121页。
② 二十四史(简体字版)《新唐书》,中华书局,1999年,第685页。
③ (清)顾祖禹撰《读史方舆纪要》,中华书局,2005年,第2863页。

秦凉，以狄道为咽喉之地，列置郡县，恃为藩蔽。唐拒吐蕃，临州其控扼之道也。临州不守，而陇右遂成荒外矣。宋承五季之辙，王官所莅，不越秦、成。熙宁以后，边功渐启。议者谓欲图西夏，必先有事熙河。及熙河路建，而湟、鄯之域，以渐收举，虽于本计似疏，而武略未尽乖也。《志》曰：郡土田膏腴，引渠灌溉，为利甚博。其民皆蕃汉杂处，好勇喜猎。故徐达亦云：临洮西通蕃落，北界河湟。得其地，足以给军储，得其人，足以资战斗也。

狄道县附郭。汉置县，为陇西郡治。后汉因之。晋属陇西郡，惠帝改置耿道郡治此。又尝改县为降狄道，寻复旧。后魏属武始郡。隋属兰州。唐因之。天宝三载，置狄道郡治此。宝应以后，废于吐蕃。宋熙于五年，收复。六年，仍置狄道县，为熙州治。九年省。元丰二年，复置。今编户二十五里。

狄道故城在今府治西南。汉所置也。吕后六年，匈奴寇狄道。七年，复入寇。文帝十二年，匈奴寇狄道，即此城矣。蜀汉延熙十八年，姜维围魏王泾于狄道，不克。寻又引军出狄道，不克而还。《水经注》亦谓之降狄道。盖县之别名也。隋、唐以来，州郡皆治此。宋改筑熙州城，即今治也。《志》云：今郡城周九里有奇，门四：东大通，南建安，西永宁，北镇远。

长城在府西北。《史记》：秦始皇遣蒙恬发兵三千万北筑长城，起自临洮。唐因置长城堡。开元二年，陇右节度使王晙等追破吐蕃于洮水，又败之于长城堡，杀获数万，是也。

如上五例均录自《读史方舆纪要》，能够清晰梳理出今临洮在历史上属于一级独立行政建制始于宋熙宁六年（1073）狄道县，在汉时虽然也设置了狄道县，但因当时是军事管治特殊时期，属陇西郡治"附部"，不属于一级行政建制，称谓也经常变化，如陇西郡、金城郡、狄道郡、武始郡、临洮郡、镇洮军、德顺军等，且多为郡属地。关于这一点，乾隆二十八年（1763）《狄道州志》说得非常明白，乾隆十年（1745）沈青崖撰《狄道州志·卷一》：

临洮之名始于秦，而境在今之岷州。唐之临洮郡，今为洮州厅。

陇西名郡，自汉始，唐亦有陇西郡，乃即今之陇西。

乾隆二十八年（1763）《狄道州志》甘肃巡抚明德序言："狄道溯秦汉以来，历为附郭邑。"《狄道州志凡例》"称名所以定志狄道，前此为附郭首邑，今升为州矣。州自今始，虽重辑是书，犹之乎创也，故不以续标名。……临洮之名始见《史记》。唐有临洮郡，别置洮州，即今洮州厅也。又自汉以来，临洮为陇西郡，而唐亦有陇西郡，别置渭州，即今陇西县也。旧志分别未详，间有以彼入此者，今悉更正。"

《狄道州志》作者序言：

> 奥稽前代狄道为用武之地。盖自周东迁，即限于戎。唐季宋初，皆非中国。有明之末，造几瞿兵燹矣。……临洮之名始于秦，而境在今之岷州。唐之临洮郡，今为洮州厅。陇西名郡，自汉始，唐亦有陇西郡，乃即今之陇西。且或以为州为路为军，或以郡领县，纷纭更互，猝难考详。核之弗精，奚以示于狄志，不得辞也。

宣统元年（1909）的《狄道州续志》依然把现在的临洮称为"狄道"。

最后"长城在府西北"这一段正好说明在今临洮的西北洮河边有起自今岷县的长城延伸，而且在唐朝还顺应新情况需求新置筑了长城堡，并且及时收到了"杀获数万"的防御功效。

秦长城首起地一定是选在非常重要的集军事、政治、经济、文化、人类于一体的核心重镇之地。杜佑《通典·州郡典》记载：

> 岷州，春秋及战国时并属秦，蒙恬筑长城之所起也。属陇西郡，长城在郡西二十里崆峒山，自山傍洮而东，即秦之临洮境在此矣。

说明当时的岷县所在地，既是"临洮县"政权所在地，也是"陇西郡治"所在地，为双重的核心政权所在地，长城不首起于这里，还能首起到哪儿？现在的"临洮北乡洮河东岸之三十里铺"，在当时什么机构都没有，有必要从那儿作为秦长城西首起吗？何况现在的临洮，从地望上看，属秦国时期临洮县即今岷县的北面，而不是西面，因此牛头不对马嘴。现今临洮长城首起地仅是从岷县首起的延伸，而非秦长城首起地。王树民先生如下记述与判断是不成立的：

> 按，《史记·匈奴列传》称，秦因燕赵之旧址以筑长城，"起临洮至辽东万余里"。张守节《正义》引《括地志》云："秦陇西临洮县，即今岷州城。本秦长城，首起岷州西十二里，延袤万余里，东入辽水。"后世多从其说，然在岷县考察时，未闻有秦长城遗迹。今就实际形势言，如起于岷州，北行至渭源、临洮境内，则洮河天险弃于长城之外，非常理所能解。秦之劲敌为胡人，乃在北方，所筑长城自宜为东西走向，西面有洮河之险，可以为固，不必更筑长城，正得自然之利。秦长城实首起临洮北乡洮河东岸之三十里铺，向东伸延，故临洮、渭源境内皆存其遗迹，从实考察中，可证多年传说之误。①

恰恰是王树民先生的这一"可证多年传说之误"误导学界更深。

如上引用和论证，充分说明古临洮就是今岷县。现在的临洮，在《史记》《汉书》时期，"历为附郭邑"，还不是一级政权所在地，秦国怎么能把极其重要的长城首起地定在今临洮呢？毫无由头。

四、历史上岷县崆峒山就是现在的大沟寨五台山

岷县大沟寨五台山在唐代为著名的崆峒山，唐汝州刺史卢贞在《广成宫碑》中说："禹迹之内，山名崆峒者，有三焉。其一在临洮，秦筑长城之所起也；其一在安定。二山高大，可取财用，彼人亦各于其处为广成子立庙。"（《全唐文》）杜甫诗《喜闻盗贼蕃寇总退口号五首》之一："崆峒西极过昆仑，驼马由来拥国门。逆气数年隔路断，蕃人闻道渐星奔。"《壮游》："河朔风尘起，岷山行幸长。两宫各警跸，万里遥相望。崆峒杀气黑，少海旌旗黄。"又一首古体长诗《送从弟亚赴河西判官》中的四句"崆峒地无轴，青海天轩轾。西极最疮痍，连山暗烽燧。"这三首中的"崆峒"均为岷县大沟寨的崆峒山，尤其后一首直接点明秦长城烽燧景致，"暗"字真切描绘出了"烽燧"建筑之高。

---

① 王树民：《曙庵文史续录·洮渭杂记》，中华书局，2004年，第520页。

岷山、崆峒山、秦长城三个概念在史籍中频繁并列出现正是学理上的共存互证和互证共存。

　　临洮郡：临洮，西魏置，曰溢乐，并置岷州及同和郡。开皇初郡废，大业初州废，更名县曰临洮。又后周置祐川郡、基城县，寻郡县俱废、有岷山、崆峒山①。

　　溢乐县。陇右岷、洮、丛等州以西，羌也。秦陇西临洮县即今岷州城。本秦长城，首起岷州西十二里，延袤万余里，东入辽水。岷山在岷州溢乐县南一里，连绵至蜀二千里，皆名岷山②。

　　"崆峒山，在县西二十里。"溢乐县，本秦汉之临洮县也，属陇西郡，秦长城，首起县西二十里。始皇三十四年并天下，使蒙恬将三十万众北逐戎狄，筑长城，起临洮至辽东，延袤万余里③。

　　岷山，无树木，西有天女堆，天女祠在其上。秦筑长城，起于州界④。

　　溢乐　秦临洮县，属陇西郡。今州西二十里长城，蒙恬所筑。岷山，在县南一里。崆峒山，县西二十里。后魏置岷州，仍改临洮为溢乐。隋复改临洮，义宁二年，改名溢乐。神龙元年，废当夷县并入⑤。

　　岷州和政郡，下。义宁二年析临洮郡之临洮、和政置。土贡：龙须席、甘草。户四千三百二十五，口二万三千四百四十一。县三：有府三，曰祐川、临洮、和政。溢乐，中下。本临洮，义宁二年更名，贞观二年析置当夷县，神龙元年省。有岷山，西有崆峒山。祐川，中下。本基城，义宁二年置，先天元年更名。和政。中。有阔博山⑥。

　　秦二汉及晋并属陇西郡。西魏置岷州及同和郡。隋初郡废。炀帝初州废，并其地入临洮郡。大唐复置岷州，或为和政郡，领县三。溢

---

① 二十四史（简体字版）《隋书·地理志》，中华书局，1999年，第557页。
② （唐）李泰：《括地志辑校》，中华书局，1980年，第223页。
③ （唐）李吉甫：《元和郡县图志》，中华书局，1983年，第995页。
④ （宋）王存等：《元丰九域志》，中华书局，1984年，第591页。
⑤ 二十四史（简体字版）《旧唐书》，中华书局，1999年，第1123页。
⑥ 二十四史（简体字版）《新唐书》，中华书局，1990年，第680页。

乐，有岷山、崆峒山①。

崆峒山，在卫西二十里。《通典》：秦蒙恬筑长城，起于崆峒山。自山傍洮水而东，今州境有古长城云②。

如上七条记载最有意思的是它把"崆峒山"与"岷山""秦长城"并列记述，这无疑互证了各自存在的真实性。但不可思议的是我们的学者只否定"崆峒山""秦长城"的真实性，不否定"岷山"的真实性。其实三者是一样的存在。的确，千里"岷山"无法否定。同样，岷州西的秦长城也不应该被否定，崆峒山同样不应该被否定。

五、岷县段是历代国家政权设防的关键，秦国陇西郡临洮县更不例外

岷县地处中国版图中心位置，互为东西南北的屏障、门户、通道和关隘，是大西北的核心要地，为历代国家政权必须严加设防的关键。秦国的产生、发展与壮大到统一全国，均有赖于秦岭的护佑。岷县是秦岭最西端防护来自大草原的羌人入侵和逆洮河而上入蜀的匈奴侵犯最为关键的屏障、门户、关隘，更是护心镜，因处在蜂腰位置，既关键又脆弱，在设防上极其用心，多角度、多梯级纵深防御是不二选项，更是不二法门。因此岷县既是战国秦长城首起地，也是秦始皇长城首起地。到了汉代，虽然版图有极大扩张，但岷县以西并未延伸，仍是西汉战略防御要地。到了东汉，国家政权中心偏移，岷县一带也即原陇西郡治范围成为羌汉大战的主战场，可以说丧失了设防。这种局势和状况一直持续到明初。虽然从元朝开始，岷县以西进入了整个国家版图，但仍然处在边缘化地带。到了明朝，自从明初遭遇十三番叛乱后，明朝政府才开始下大力气对岷县及以西地带的治理与设防做系统规划，在原岷州卫势力范围内又增设了洮州卫，加强了防御线，扩大了防御范围，实际是吸取了秦国多梯级纵深防御的经

---

① （唐）杜佑：《通典·州郡典》，浙江古籍出版社，2000年，第922页。
② （清）顾祖禹撰《读史方舆纪要·岷州》，中华书局，2005年。

验，并大多在原秦长城壕堑、烽燧位置筑墙体、设城障、夯墩台等洮州边墙和顺卓尼县洮河流域至陇南的墩台的设置无不如此。从先秦至明代岷县一带的长城设置，实际是中国大版图中核心腹地的农牧隔离带、管理带、分解带、区划带、规划带，即使到了今天国家治理也无不如此。岷县的长城设置不可或缺。

岷县与其他沿线各地秦长城布防措施大相径庭。核心原因是洮河在岷县的特殊情况。在其他各地的洮河，基本是一条线形制，防御设施也就会一条线建设。而在岷县境内，洮河的形制是"U"字形，"从东洮至西洮百二十里者也"，即从西寨镇的"东洮"到维新镇的"西洮"共经历120里之意。岷县以西，从洮河入口到洮河出口，整个西面就是广袤无垠的大草原，从秦国开始一直到宋朝均非中原王朝辖地，也就是说一直是蜂腰位置的边关地带，陇蜀通道上的要害和关键，是历代政权防守的重点。洮河入口与出口形成的断面线就是秦国西面实际的边界线，自然也就是秦国的防御线。但也对防御造成了极大困难，因为在冬季河流舒缓转弯之地往往会结冰，成为天然冰桥，就会让贪婪的冒犯之敌穿插于可乘机之地进行侵略。因此，岷县在正常的沿边界线做了布防之外，在境内还做了周密部署，设置了必要的防御点。从前面岷县段秦长城分布示意图可以看出岷县秦长城的布防与其他各地线性布防大不相同，面向西北敞开的喇叭形山地，给防御造成极大困难，要求必须多梯级多角度设防。

秦长城首起地就是古临洮今岷县的崆峒山，即今十里镇大沟寨五台山。秦长城在岷县首起地的核心形制就是"堑"——壕堑，而不是线条形的墙体。在关键位置深挖壕堑，作为塞障，这就是岷县秦长城的基本特征。秦昭王时期的陇西郡与秦始皇时期的陇西郡郡治所在地均从属于当时的县治所在地。当时的临洮县是秦国最西部的边关县，是陇西郡设防的核心地带，在整个洮河流域是唯一的一级政府——县治单位，因此郡治所在地设在县治所在地必然正常。

岷县从先秦至中华人民共和国成立后的20世纪70年代初期，一直是岷县西南游牧羌藏人最接近岷州县城的一条古道，防守一直没有缺位过。即使1935年、1936年中央红军两度来岷县，这里也是国民政府军队设防的一个据点。从铁关门以西、洮河以南，在古代是原始森林区域，没有通道，不易也不便设防，即《元丰九域志》记载的"秦筑长城，起于州界"。从现在的民风民俗来看，铁关门以西民风强悍，铁关门以东民风温顺。两者差异较大，当地人对此不解，其实这正是关里关外长期教化不同而积淀形成的个性必然。岷县以南、以西还有很多游牧兼及狩猎羌人，他们经常袭击岷县以东、以北农业区域，而且对郡治所在地、县治所在地极容易造成威胁，必须对这一带游牧民有所设防。这一带游牧民不仅是先秦及秦国长期的威胁，就是在之后的若干年以来，一直是危害，直至70年代中国人民解放军在岷县南部马烨仓的驻军设防才彻底撤离。秦代有防御设施，明代马烨有驻军，中华人民共和国也有驻军，充分说明其防御的重要性。马烨仓最深处有一条很深远的沟直通迭部县的扎尕那，就叫"羌道沟"，其地名留下了久远的历史沧桑。马烨仓因明代开国将领马烨驻防而得名。在秦长城建设时期，岷县以北，胡人是秦人的劲敌。岷县以西，羌人是秦人的劲敌。东汉时期发生的大量频繁羌汉大战就在古临洮今岷县一带长期形成拉锯战，那么在先秦时期羌与汉、移动的游牧民与稳居的农业民不可能没有冲突。由此可以反推秦国当时把长城首起地选在岷县的英明和正确性。

　　岷县地处秦岭西端与昆仑山东端交会处，平均海拔为两千七八百米，有多处地段为黄河、长江分水岭，是所处东、南、北地域海拔最高点。且有岷山横贯南北，与西秦岭、昆仑山东脉之西倾山纵横交错，黄土高原、青藏高原、秦岭地貌交错呈现，既四通八达，又艰险难行，"万山之中"是其特有地貌特征。"蜀道之难，难于上青天"正是这一带交通状况的诗性描述。南邻岷江源头白龙江，东邻嘉陵江源头西汉水，北邻渭水源头，是天造地设的要冲地域和军事重镇，自然而然也是政治、经济、文化、人类、民族、宗教重镇。从此中心点来说，此地是东西南北的分水岭。从东西南北对应两边来说，此地又是相互的结合带、核心带、中心点。再从全国地质板块、气候板块来说，岷县正处在第一阶梯与第二阶梯交界带的核心点上，青藏高寒区与西北干旱半干旱区的交界点上，是长江水系与黄河水系分水岭。如上众多核心节点造就了岷县文化历史与历史文化的多元性与多样性，包括生物的多样性与生态的多样性以及地质的多样性，是我国核心中部最东端农业与畜牧业的结合带和分水岭，是中原与西部政治、经济、文化、人类、民族、宗教的结合带和分水岭。

岷县是东西南北通道的枢纽，易守难攻，秦长城首起设在西秦岭末端核心节点——岷县，扼守住西秦岭南、北、西来犯之敌，就保住了东部礼县秦国世代祖居地大本营，也就扼守住了整个秦岭的安全。整个秦岭的安全就是秦国的安全。而且岷县秦长城首起点设置与其他各地秦长城设置截然不同，它不是一段一段线性墙体的设置，而是以洮河代替线性墙体，并在防御关键节点再配套壕堑、关城等塞障进行布防。在陇西郡治、临洮县治所在地以西关塞处为起首，因河为塞，在易穿越的临河坡段深挖壕堑为障，在咽喉路段设置关城，进行多级防御，以达到预防西北游牧羌人和企图从现今临洮之地逆洮河而上进入蜀地的匈奴的侵犯之目的。

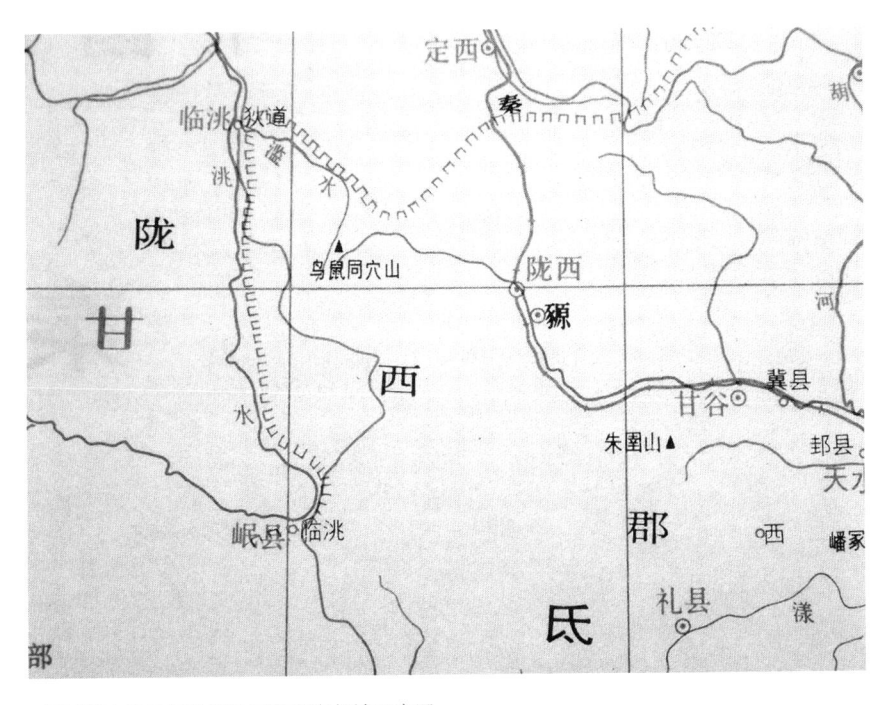

谭其骧主编绘制的岷县至狄道秦长城示意图

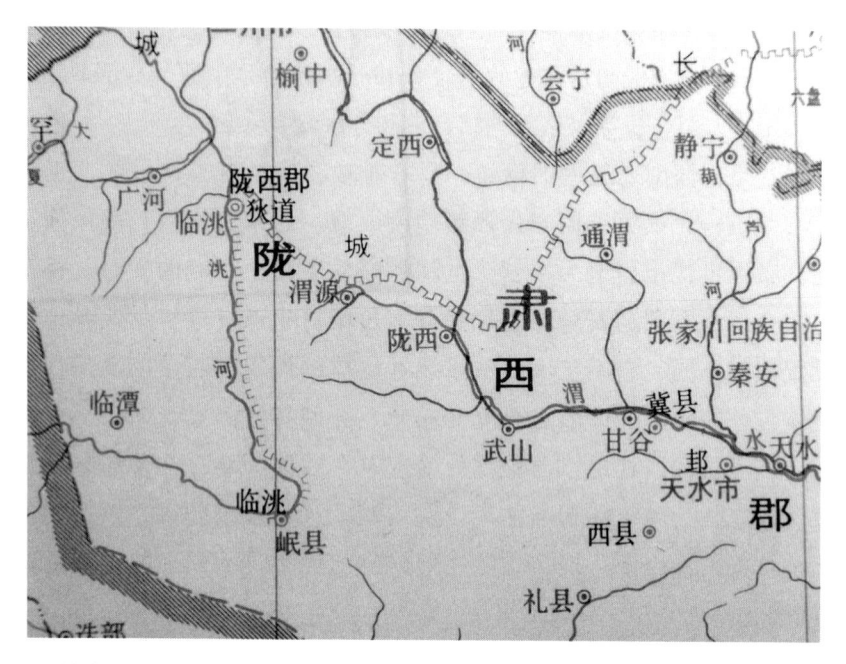

秦长城西首起地历史研究

谭其骧主编绘制的甘肃段秦长城示意图

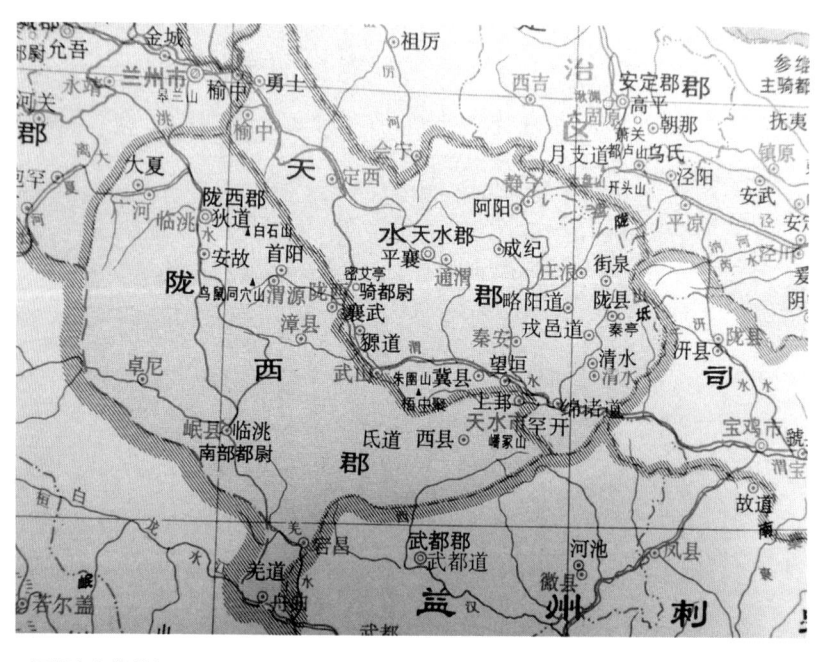

谭其骧主编绘制的西汉陇西郡范围示意图

· 66 ·

（一）布防路线

从目前考察看，排查出土有秦瓦、秦半两钱币、秦砖等遗物的墙垣、壕沟、烽燧、亭障的地点，可以画出一个清晰的防御路线，就是以郡县驻地为半径，从南麻子川岭峰村，向西南绿沙村至秦许乡中堡村、上阿阳村西河桥，再至十里镇墩背后村，延至十里镇大沟寨村（即唐以前的崆峒山）及铁关门墩上、骆驼巷，直至西寨镇关上村，进深与西北角铁城高庙壕堑会合，再至卓尼县洮砚乡，直出九甸峡，至渭源县峡城，再至现在的临洮县。方向即从岷县南到西到北的布防。但在境内洮河沿线羌人容易穿插突防的地方也设置了防御设施，如西寨镇西大寨临近洮河山脊点、清水镇迭马咀临近洮河山脊点、茶埠镇钉寨（的西）与西津临近洮河山脊点、西江镇王铁嘴临近洮河山脊点、维新镇红台村临近洮河山脊点、维新镇铁城高庙临近洮河山脊点等均有布防。而且在洮河形成的喇叭形开阔区域防御设施延伸到整个农牧结合带上。这种防御设计在万里长城中是不多见的，甚至在中国历代所有长城中都是极具代表性和典型性的。这是一个清晰的布防路线。

下图是岷县段秦长城分布示意图，长白线圈内点线为壕堑或塞障处，

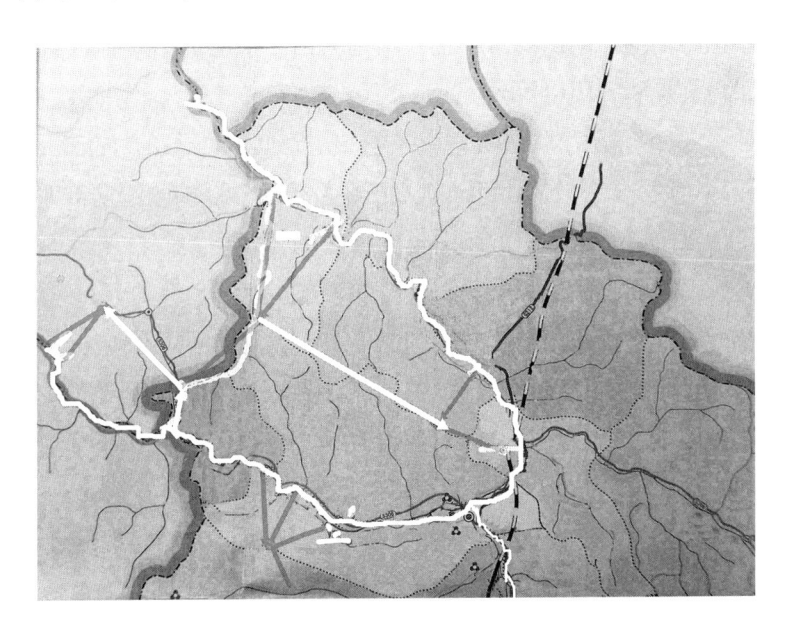

岷县段秦长城分布示意图

黑色箭头集中点为布防山脊互通交叉处，白色箭头显示两地山脊互通，可以互相穿插接应。南向细白线条为由县城向长江黄河分水岭所在地岭峰村山脊秦长城延伸布防点，在上面捡到不少秦瓦残件，且堆积层较厚。

（二）为什么秦长城首起地设在古临洮今岷县原崆峒山今五台山？

秦长城首起地选址非常重要。文献的记载前文中已有列呈，这里我们要考问秦国当时是出于怎么样的考量，选址在这里。这还需从秦国临洮县的地望与大沟寨五台山地理位置谈起。

首先，从文献分析就可以梳理出一个信息密码：详细引文见第四部分内容，这里直接检索出四条信息：

一是"郡西二十里"，即郡治所在地以西二十里，防御最起码需要一个纵深带。

二是"岷山"，岷县是千里岷山的北起首，"秦陇锁钥，巴蜀咽喉"，是秦长城西首起最佳位置。

三是"秦筑长城，起于州界"，该记载源于宋代《元丰九域志》，实是作者用宋代眼光描述秦国时期的事件，这个"州界"就是秦国时期的边界。在秦国时期的崆峒山西南、正西均是大山之中的原始森林区域，且险居洮河，极其扼要，因以为界。

四是"自山傍洮水而东"，是说秦国是依傍洮河修筑长城的，也就是说秦国依托洮河为线性墙体，从洮河以西顺流而下在关键要塞处修筑相应防御工事。

如上四条分析，是就对崆峒山位置而作的考量。下面再从秦国临洮县地望分析陇西郡在古临洮今岷县设防的别无选择性。

一是岷县是秦国陇西郡军事治理三个县中最西边的县级单位，也是整个秦国最西边的边界县级单位，是郡治的必驻选项。秦国陇西郡共治理上邽、西县、临洮三个县的防务，西县在上邽之南、临洮之东，属于秦国腹地，无须设防。上邽在临洮之东，其西、南、东向均处在腹地，无须设防。只有西北西秦岭边缘需要设防，但不是要塞重点。只有临洮县处在边关风口浪尖，南、西、北向均需设防，是陇西郡设防的重中之重，也是整个秦国设防的重中之重。

二是岷县是整个秦国最西北方位的核心要设，是正南部防范匈奴入蜀的要塞，有一夫当关万夫莫开之势。把住此要地，匈奴入蜀再无他途。因此郡治设防，别无选择。

三是岷县是西秦岭末梢唯一重镇，秦岭是秦国的命脉，把住西秦岭命脉，也就把控住了整个秦国的安全命脉。因此郡治重地不可能不在此。

四是由洮河的特殊性决定的。洮河是黄河一大支流，是黄河文明之母，史前西北人类最大范围、最大密集度繁衍生息地，也是川陕、云贵、两广以至海南、东南亚多族群人类的来源地。洮，从"水"，"兆"声，"兆"最早之意，亦即洮河是西北人类文明最早河流之意。从洮河入蜀是一条极为久远的大通道。尤其是洮河进入岷县境内极不一般，从西南进入，绕了一个大弯，在县治和郡治所在地向东折返东北进而从西北流出，所形成的正西向喇叭口形地貌面对的正是广袤无际的大草原。这正是长于穿越的西羌及匈奴的理想地带，不可能不是陇西郡设防的重地，也不可能不是整个秦国西部设防的重地。

综合如上八条理由，秦长城从古临洮今岷县西首起别无选择。学界定位今临洮为战国秦长城首起地，理由不充分，值得再商榷。今临洮不具有战国秦长城首起地的郡治、县治功能。今临洮以北，从战国至秦统一全国均非秦国属地，一直属古临洮今岷县附邑，其长城遗存也呈单纯的线形，看不到首起地综合防御的任何特征，仅是岷县首起的延伸段。

（三）岷县段秦长城基本形制

"关塞亭障"是秦长城的基本形制，而"因河为塞"是秦长城建制的战略要求。

> 三十三年，……西北斥逐匈奴。自榆中并河以东，属之阴山，以为四十四县，城河上为塞。……筑亭障以逐戎人[1]。

> 秦小邑并大城，守险塞而军，高垒毋战，闭关据厄，荷戟而

---

[1] 二十四史（简体字版）《史记·秦始皇本纪》，中华书局，1999年，第179页。

守之①。

然后斩华为城，因河为津，据亿丈之城，临不测之溪以为固。良将劲弩守要害之处，信臣精卒陈利兵而谁何，天下以定②。

秦已并天下，乃使蒙恬将三十万众北逐戎狄，收河南。筑长城，因地形，用制险塞，起临洮，至辽东，延袤万余里③。

后秦灭六国，而始皇帝使蒙恬将数十万之众北击胡，悉收河南地。因河为塞，筑四十四县城临河，徙适戍以充之。而通直道，自九原至云阳，因边山险，堑溪谷，可缮者治之，起临洮至辽东万余里④。

其明年，卫青复出云中以西至陇西，击胡之楼烦、白羊王于河南，得胡首虏数千，羊百余万。于是汉遂取河南地，筑朔方，复缮故秦时蒙恬所为塞，因河而为固⑤。

《史记·蒙恬列传》："筑长城，因地形，用制险塞。"《史记·匈奴列传》："因河为塞，筑四十四县城临河。"《说文解字》："塞，隔也。"即阻碍、隔断之意，引申为边关设施。险，即险峻。因，即顺着、沿着。"因河为塞"，意即沿着河流布防边关设施。这里面包含着一个非常重要的意思，就是把河流作为边关设施的重要组成部分，透彻地说，洮河本身就是秦长城西起首的核心部分，洮河就是长城的另外一种形制，一种特殊形制。而这层意涵，往往被学者们忽略了，认为长城就应该是一段一段的墙体，看不到墙体，就认为长城不存在。

第一条表述过于简单，"因地形，用制险塞"，意思即利用或顺着地形，凭借天险，设置要塞。第二条"因河为塞"，即沿着河道修筑关塞。但后一句"因边山险，堑溪谷，可缮者治之，起临洮至辽东万余里"说得非常清楚，意即利用山边、险堑、溪谷等可修筑的地方修筑，从临洮县（今岷县）起到辽东郡共一万多里。《汉书·匈奴传》也有类此两条记录。

---

① 二十四史（简体字版）《史记·秦始皇本纪》，中华书局，1999年，第196页。
② 二十四史（简体字版）《史记·秦始皇本纪》，中华书局，1999年，第198页。
③ 二十四史（简体字版）《史记·蒙恬列传》，中华书局，1999年，第1995页。
④ 二十四史（简体字版）《史记·匈奴列传》，中华书局，1999年，第2210页。
⑤ 二十四史（简体字版）《汉书·匈奴传》，中华书局，1999年，第2787页。

这里对"堑"需做进一步说明。《说文》:"堑,防也。"《史记·秦本纪》:"堑山堙谷。"《史记·高祖本纪》:"深堑而守。"《史记·司马相如列传》:"隤墙填堑。"又如:堑渊(沟壑深潭);堑垒(深壕与堡垒);堑坎(深坑):堑谷(沉陷的坑谷);天堑。这里显然既有名词"防御用的壕沟、护城河"之意,也有动词"挖掘""掘断"之意,如挖掘壕沟、挖掘通道,或掘断通道,掘断壕沟,总之以起到防御功能为是。

这里需对"河"做一解释。一般意义上,"河"指黄河。但在这里,绝对包括"洮河"之意。秦长城,不论从古临洮计算起,还是从今临洮计算起,都绕不开洮河。因此我们有必要从秦长城建设之后不久的地理学名著《水经注》"洮河"条中,检索有关秦长城布防的信息。

> 地理志曰:水出塞外羌中。沙州记曰:洮水与垫江水俱出嶓台山,山南即垫江源,山东则洮水源。山海经曰:白水出蜀。郭景纯注云:从临洮之西倾山东南流入汉,而至垫江,故段国以为垫江水也。洮水同出一山,故知嶓台,西倾之异名也。洮水东北流,迳吐谷浑中。吐谷浑者,始是东燕慕容之枝庶,因氏其字,以为首类之种号也,故谓之野虏。自洮嶓南北三百里中,地草遍是龙须,而无樵柴。洮水又东北流迳洮阳曾城北,沙州记曰:嶓城东北三百里有曾城,城临洮水者也。建初二年,羌攻南部都尉于临洮,上遣行车骑将军马防与长水较尉耿恭救之,诸羌迟聚洮阳(即现今卓尼县扎古录镇),即此城也。洮水又东迳洪和山南,城(即现在卓尼县城)在四山牛。洮水又东迳迷和城(即现在卓尼县那浪沟口)北,羌名也。又东迳甘枳亭(即现在岷县十里镇甘寨村),历望曲(即现在清水镇冰桥湾),在临洮西南,去龙桑城二百里。洮水又东迳临洮县故城(即现今岷县城)北。禹治洪水,西至洮水之上,见长人,受黑玉书于斯水上。洮水又东北流,屈而迳索西城(现今梅川镇,尚有遗迹残存)西。建初二年,马防、耿恭从五溪祥楮谷出索西,与羌战,破之,筑索西城,徙陇西南部都尉居之,俗名赤水城,亦曰临洮东城也。沙川记曰:从东洮至西洮百二十里者也。洮水又屈而北,迳龙桑城(即现在卓尼县洮砚乡)西而西北流。马防以建初二年,从安故五溪出龙桑,开通旧路者也。俗名龙

城。洮水又西北迳步和亭（即现在卓尼县达勿村）东，步和川水注之。水出西山下，东北流出山，迳步和亭北，东北注洮水。洮水又北出门峡（即现在渭源县峡域），历求厥川，蕈川水注之，水出桑岚西溪，东流历桑岚川，又东迳蕈川北（进入现在的临洮境），东入洮水①。

特别是"从东洮至西洮百二十里者也"不容忽视。这段流域及地貌正是现在岷县洮河段，其布防非常严密。《水经注》撰写距离秦长城修筑六七百年，很多遗址应该还在发挥着防御的作用。

《史记·匈奴列传》："因河为塞，筑四十四县城临河。"不可能全部筑在黄河边，从岷县起至现今的临洮，由于有很多地方山大沟深，河流纵横，鲜有人类居住，无法也无必要长线条性夯筑墙体长城，只能在人口通道关节点临河地方修筑防御工事，只要起到"塞"的功能即可。从今临洮起，再而东向，远离沟壑纵横、河流密集的地质地貌，就只能选用夯筑长线条性墙体长城的办法，以起到有效防御的作用。

> 岷县清为岷州，属巩昌府，乃秦临洮县也。《史记》云："始皇三十四十，命蒙恬破匈奴，筑长城，因地形，用险制塞，起临洮，至辽东，延袤万余里。"相传其起点在本县，今境内未见秦长城遗迹，是可疑也②。

毫无疑问，这一存疑影响深远，从目前发现的史料看，王树民先生是最早对秦长城西起首于岷县提出质疑的人。肯定王树民先生在岷县期间，向当地老百姓甚至学者等提问过类似于黄土夯筑墙体遗存有无的问题。当地人众自然无法应答这一"长城"问题。因为他们压根儿就没见过这样的墙体。如果问他们烽燧、墩台、壕堑等问题，他们会列举出若干个例证来。这就是经验性错误。

2019 年 10 月 11 日

（本文原刊载于《中国长城文化学术研讨会论文集》

部分插图及内容从略，详见原书）

---

① （北魏）郦道元：《水经注校证》，陈桥驿校证，中华书局，2013 年，第 44 页。
② 王树民：《曙庵文史续录·陇岷日记》，中华书局，2004 年，第 367 页。

秦国陇西郡郡治所在地考

张润平　白文科

摘　要： 战国时期的临洮县是秦国祖上赖以发迹的西垂犬丘所在地，是秦国最西边的县级单位。陇西郡是秦国西部门户。这从秦国战国时与统一全国后曾两度修筑长城均首起临洮县可见一斑。历史的本来事实是秦国陇西郡，不论是战国时期的陇西郡，还是统一六国后的陇西郡，其郡治均在当时的临洮（今岷县），而非当时的狄道（今临洮）。但是在学术界，对当时的临洮县的位置及地望概念特别是对陇西郡郡治所在地地望概念含混不清，存在严重错误，贻害很大，特别是秦国陇西郡郡治所在地就在当时狄道这一错误结论似乎已经成为定论，由此会误导很多学术问题的判断，甚至将错就错，一错再错。这是秦汉史研究的关键性问题，不能马虎，必须厘清，以正学术之音。

关键词： 秦国；临洮县；陇西郡；岷县；地望；考证

检索现当代学者关于秦汉历史的各类专著，对不论是战国时期的陇西郡还是统一六国后的陇西郡，郡治所在地均定位在当时的狄道，即现在的临洮，而忽视当时的临洮今天岷县的存在，导致很多学术研究误入歧途，比如对秦长城首起地的定位和确认，2012年国家文物局在人民大会堂隆重宣布长城遗址保护单位时，甘肃段秦始皇万里长城竟然阙如，质疑《史记》记载秦始皇在位期间修筑长城的事实。如今我们考实了甘肃岷县秦始皇万里长城首起地的记载，学术成果在2019年第4期《丝绸之路》杂志上发表。秦国陇西郡郡治所在地学术问题是秦汉历史研究中不容规避的关键而要害的问题，必须认真对待，匡正这一学术之误。笔者所考仅是一家之言，意图抛砖引玉，欢迎方家批评。

一、秦国陇西郡的核心位置就是岷县

根据王蘧常专著《秦史》"附：郡县考索引"列举，秦国设置郡级单位，依次共排列 48 个，其中：惠文王位上置郡 3 个，昭襄王位上置郡 8 个，庄襄王位上置郡 3 个，始皇帝位上置郡 33 个，1 个"内史郡"不详。其中对陇西郡的记录为：

   陇西郡 昭襄王二十八年置（前278）。治未详。汉治狄道，疑承秦制。①

治地不详，仅是因为《史记》中没有明确注明在哪个县域。该问题下文还要论述，此略。

（一）秦国的西垂界域就在岷县

"垂"作为名词讲有 5 个义项：①形声。从土，本义：边疆。②通"陲"。边疆；边境。③垂，远边也。——《说文》。按，下垂的垂，说文作䍖。④垂，疆也。——《广韵》。⑤堂檐下靠阶的地方，又如：垂堂（堂边近阶处屋檐下）。这里的"垂"显然是边疆、边境之意，"西垂"就是秦国西面的边疆、边境。在甘肃礼县大堡子山秦国帝王陵园未发现之前，对西垂的位置一直不够确定。那么，秦国帝王陵园发现之后，《史记·秦始皇本纪》记载襄公、文公均葬西垂就不是什么悬案了，西垂就在甘肃礼县一带。这减省了我们很多的笔墨，完全可以据此直接推论其他相关问题。显然，礼县一带绝对不是秦国西面的边界带，他们不可能把帝王陵园建设在边界带上，在西面一定还有相当可观的纵深带、缓冲带、非常稳固的防御带。当时的临洮县现在的岷县处在相邻礼县的正西面，毫无疑问，岷县就是保护秦国帝王陵园的防御带，而纵深带应该比现在的岷县西面边界还要远，延伸到西面广袤的草原临界才合理。这里的"西垂"，明

---

① 王蘧常：《秦史》，上海古籍出版社，2000 年，第 115 页。

显包含两层含义：一个是区域性含义，即指秦国西部势力范围，含现在的礼县、西和、宕昌、岷县、漳县、卓尼、临潭、舟曲、迭部等地。另一个是边界带含义，即指秦国最西边防御线所在地，这个防御线正是后来秦国长城布防的地带。因为岷县地处中国第二级地质带上，属农牧结合带也是农牧分界线，还是长江与黄河水系的分水岭，岷县以东、以南、以北均属农业区，秦国疆域更加深远辽阔，只有以西纵深均为牧业区，是天然的分界线。

（二）西垂之地秦人是从什么时间开始经营的？

西垂是一个区域性、范围性概念。王国维在《观堂集林·秦都邑考》中议论：

> 然则有周一代，秦之都邑分三处，与宗周、春秋、战国三期相当，曰西垂，曰犬邱，曰秦，其地皆在陇坻以西，此宗周之世，秦之本国也。曰汧、渭之会，曰平阳，曰雍，皆在汉右扶风境，此周室东迁，秦得岐西地后之都邑也。曰泾阳，曰汧阳，曰咸阳，皆在泾渭下游，此战国以后秦东略时之都邑也。观其都邑，而其国势从可知矣。①

从这里可以看出秦国自西向东逐渐拓展壮大的轨迹。西垂是秦国西界的极限，也是秦国发家致富的根基原点，是秦国向东拓展的后方基地。秦之祖先，在夏朝时因善于"调驯鸟兽"，"舜赐姓嬴氏"；在商朝时"以佐殷国""遂为诸侯"，"其玄孙曰中潏，在西戎，保西垂"。说明其祖上早在夏商时就世居西戎、西垂。至周成王时，"造父为缪王御，长驱归周，一日千里以救乱。缪王以赵城封造父，造父族由此为赵氏。自蜚廉生季胜已下五世至造父，别居赵。"从此秦国的前身赵氏家族才有了周朝赐封法定居所。但秦家族真正的发家是从非子开始，从如下申侯与周孝王的对话可以看出秦家族从夏朝初期直至周朝初期近1100年内一直经营西戎的事实：

---

① （清）王国维：《观堂集林》（附别集），中华书局，2010年，第529页。

申侯乃言孝王曰："昔我先郦山之女，为戎胥轩妻，生中潏，以亲故归周，保西垂，西垂以其故和睦。今我复与大骆妻，生适子成。申骆重婚，西戎皆服，所以为王。王其图之。"于是孝王曰："昔伯翳为舜主畜，畜多息，故有土，赐姓嬴。今其后世亦为朕息马，朕其分土为附庸。"邑之秦，使复续嬴氏祀，号曰秦嬴。亦不废申侯之女子为骆适者，以和西戎。①

从周初直至战国时期，秦人开始逐渐向东、向南、向北扩张发展，定都咸阳，确立了中国历史上第一个最伟大的王朝政府。从周初至始皇又经历了近600年，前后长达1700年，西垂一直是秦国的命脉之地。

（三）秦国的犬丘就是岷县的东部山区闾井一带

在秦国的历史记录中，还有一个地理概念不能忽视，那就是犬丘与西犬丘。西犬丘概念外延没有西垂大，它是一个有确指的区域性概念。对西犬丘的定位，王国维有言："此稿既成，检杨氏守敬《春秋列国图》，图西犬邱于汉陇西郡西县地，其意正与余合。"② 时"西县"即今天的礼县西和一带。杨宽在《西周列国考》中将"西犬丘"确定为"秦始封之邑，在今甘肃礼县东北"，二位结论接近，比较靠谱，但还有待商榷，需要从具体地理位置和地理特征出发去分析这一概念的意义。西犬丘就是秦国的大本营，后方基地，它不止现在的甘肃礼县一带，一直延伸到更西的岷县、卓尼、临潭、迭部一带。之前的学者在研究这一问题时只查看地图，不考究特定的地理地貌，如此得出的结论往往会大相径庭。

让我们先考究"犬丘"地名的来历。

丘：（名）（1）会意兼指事。甲骨文字形，像地面上并立两个小土峰。本义：自然形成的小土山。（2）同本义。（3）泛指山。（4）坟墓。（5）废墟。（6）荒凉的乡里。（7）通"区"。（8）地域。（9）姓。（形）（1）空；寡。（2）通"巨"；大。（量）（方）：指用

---

① 二十四史（简体字版）《史记·秦本纪》，中华书局，1999年，第128页。
② （清）王国维：《观堂集林》（附别集），中华书局，2010年，第529页。

田塍隔开的水田。又如：三丘秧田。

作为"犬丘"的"丘"，应该还是其本义"自然形成的小土山"。现在的礼县以西、以北正是青藏高原东向延伸末梢端的终点，平均海拔在2800米左右，比起相邻的南、北、东各县，海拔总高出500米至1000米，历来是天然的国有牧场，直至21世纪初才划归地方所有。"犬"是放牧的保护神，凡是牧民没有不养犬的。犬是牧民的标配。任乃强在《羌族源流探索》中谈道：

> 进入高原草甸后，与这种野兽争斗最为剧烈。结果是它们被征服了，纷纷被杀死或俘虏。可能是出于好奇心，他们把稚龄的放入土窖内饲养，取名叫作"獚"。经过驯养，成为非常得力的一种家畜，这就是今人所谓的"藏犬"。
>
> 驯养这种野兽，比驯养野牛更难十倍。但是羌人善于驯服，终始成为守家、御盗、捍卫人畜都很得力的家犬。羌人藏人每家都养有藏犬一条或几条。它能识别家人；在牧场捍卫畜群，使牛羊不走失，害敌不敢靠近。家养时，必须用铁链拴系住，因为它见生人就要猛扑，并专咬喉部，不畏刀棍，死不退缩。长达里余的藏商驮队，只要有藏犬一头随行，便能保证安全。[①]

如此凶顽又忠顺的家犬，不可能不在草原牧区著名。因此"犬"字在前，"丘"字在后，二者合成的词组，正是高原草甸牧区的专有称谓。它的核心区域就在礼县西北60千米外的岷县东部山区闾井一带，再延伸到距离礼县200千米左右的岷县洮河南部的迭山脚下。这里大部分是海拔2800～3800米的高原草甸。这就是"犬丘"地名的来历。岷县及礼县以东就进入纯粹的农业区域，海拔也越来越低，"犬丘"之名无以存在。"犬丘"是高原草甸牧区的专有名词，也可以说是青藏高原牧区的专有名词。岷县闾井是青藏高原最东端的末梢，与礼县相邻，而且闾井一带，截至20世纪40年代，礼县与岷县一直犬牙交错共用这片地方，在1945年两县协商才全归岷县

---

① 任乃强：《羌族源流探索》，重庆出版社，1984年，第26页。

管辖。出现这种地域属辖特异现象，与先秦时期"犬丘"世代祖居地历史根源不无关系。

(四)"犬丘"与"西犬丘"的关系

自从秦人有了"秦嬴"封号和封地"秦","犬丘"之名从此就开始登上历史舞台。之前由于主人没有什么名号，所居地名自然不见经传。现在主人有了朝廷的封地和名号，所居之地自然就引起世人的关注和史家的记录。后来由于主人不断地开疆拓土，主人的核心居所不断向东转移，因此就出现了"西犬丘"的称谓，它与原来的"犬丘"并非两个地方，更非有了"东犬丘"之别，只是因为具有话语权的主人不断东移权力中心所致。正因如此，从庄公开始才有了"西犬丘"的称谓。这是对王国维在《秦都邑考》中关于"犬丘"与"西犬丘"之疑的简单回应。如上未注明出处的引用均出自《史记·秦本纪》。史书中的"西垂宫"就在今天的礼县，"犬丘""西犬丘"就在今天的岷县东部及西南部山区，"西垂"就在今天的礼县、西和、宕昌、岷县、漳县、舟曲、卓尼、临潭全境，还有迭部、陇西、渭源、临洮等部分地域，"西戎"包含"西垂"所有地域外还要延伸至更广大西部草原区域。秦国的犬丘腹地的核心就是岷县的东部山区，秦国的临洮县就是现今的岷县。

二、秦国陇西郡的建制

(一) 秦国由西向东的发展简史

秦国的发家基地就是现在的礼县、西和、宕昌、岷县及以西相邻区域，这就是战国时期秦国的正西面。后来逐渐扩大势力范围，向东向北发展，纳入现在的陇西、通渭、武山、甘谷、清水、天水、张家川等地，逐渐形成了陇西郡的范围。武公"十年（前687），伐邦、冀戎，初县之。十一年，初县杜、郑"。说明秦国的县制从此时就开始了。直到337年后的孝公十二年（前350）始入咸阳建都，并大规模设立县级单位达41个，显然是对武公十年"初县"的整合和重新划分。临洮、西、上邦三县应该在这 41 县之列。从孝公十二年开始，秦国最西端、西北端、西南端的版图区域就确定了，直至秦二世时代，非常稳定，没有任何变化。而咸阳以东、以南、以北的区域开疆拓土范围极其巨大，其变化也是史无前例的。秦原是嬴姓游牧部族的一支，原居犬丘，周孝王（前 910～前 895）封以秦邑（今甘肃张家川东），作为附庸。周宣王以秦仲为大夫进攻西戎（前 827），被西戎杀死；周宣王乃召秦仲长子庄公统率兄弟五人，兴兵七千，使伐西戎而破之，周宣王因而给予西邑，称为西垂大夫（前 822）。同时周宣王又给予原来所住犬丘之地。这时秦庄公只是西周王朝的大夫，秦依然是附庸，并未成为诸侯。秦自周平王元年（前 770）始列为诸侯。

> 平王封襄公为诸侯，赐之岐以西之地。曰："戎无道，侵夺我岐、丰之地，秦能攻逐戎，即有其地。"与誓，封爵之。襄公于是始国，与诸侯通使聘享之礼，乃用骝驹、黄牛、羝羊各三，祠上帝西畤。[①]

《史记·封禅书》言"秦襄公既侯，居西垂"。有了周平王的封赐，秦襄公不可能不用力。从此开始，秦国就启动了以西垂为根据地全面开疆拓土的雄心壮志。《括地志》云："平阳古城在岐州岐山县西四十里。秦宁公徙都之处。"其地当在今陕西岐山、宝鸡二县交界地带，属雍之城。秦人由此而将活动中心东移。接着秦武公即位，"居平阳封宫"。《史记·封禅书》记载"秦德公既立，卜居雍，后子孙饮马于河。遂都雍"。时在周釐王五年（前 677）。雍城遂形成秦人新的活动中心。而后秦人再次东进。直至周显王二十年、秦孝公十三年（前 349）方最后确定以咸阳为国都。从《史记·商君列传》"作为筑冀阙宫廷于咸阳，秦自雍徙都之"来看，雍城是秦国在徙至咸阳之前的核心政治中心，秦灵公"居泾阳"（前 424）、秦献公"徙治栎阳"（前 383），皆为时较短，属暂居性质。[②] 从平阳至咸阳历时 328 年，可见秦国励精图治的韧性。至秦二世三年（前 207），历时 142 年，秦国开辟了中国历史的新局面，也是人类历史的新局面。

秦国的发展，一直是一路向东、向南、向北发散性拓展，而西面纹丝

[①] 二十四史（简体字版）《史记·秦本纪》，中华书局，1999 年，第 150 页。
[②] 曲英杰：《史记都城考·秦都雍城》，商务印书馆，2007 年，第 117 页。

不动，非常安定。把这种情势比喻为一把撑开的伞，伞的顶部就是岷县，伞把就是由西向东的秦岭，围绕秦岭逐渐向东延伸而向南、向北拓展，越向东，向南、向北拓展的幅度越大。在整个秦国向东发散性拓展的过程中，没有任何关于西戎叛乱的信息记录，这肯定是有其原因的。秦国在向东拓展以前经营西戎达千年之久，已经磨合得非常融洽了，这从如上引用申侯与周孝王的对话就能感知。同时秦国的向东拓展少不了西戎兵源地支持，包括洮河马、西戎将士。据专家研究秦始皇兵马俑的原型就是洮河马，说明整个西戎都是秦国的战略后方，这里的西戎包含岷县以西及西北整个甘肃青海范围内的羌人。

（二）秦国临洮县的治理范围

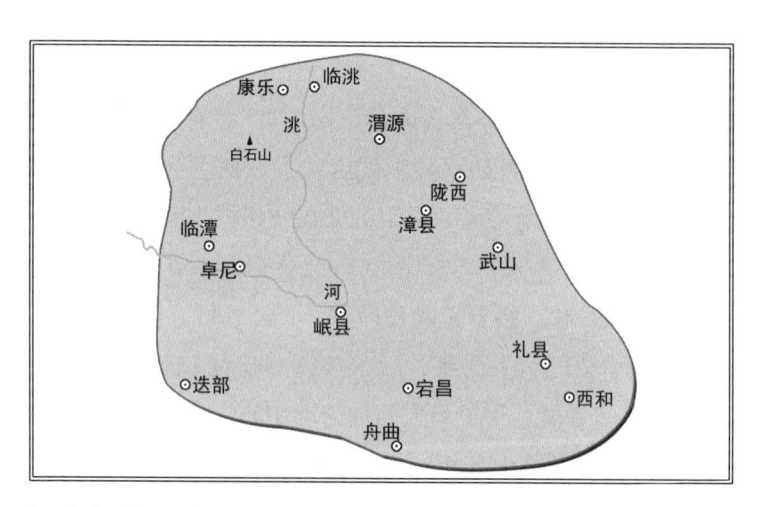

秦国临洮县范围示意图

上图是笔者根据相关研究成果绘制的秦国临洮县范围示意图，东面、北面以相关联的山系、水系为界，西面、南面以农牧区划为界，半农半牧正是交叉带、交会带、分界带，其中东南及东北临界区域均为秦国治理范围，无须设防。西南、正西及西北方向的设防核心是正西。秦岭西北末梢端就是秦国临洮县的边界线。在古代是严格按照山系和水系的完整区域和便利条件而划界的。南面的边界线其实就是古代雍州与梁州的分界线，也是岷山山系、青藏高原、西秦岭三大地质板块撞击的分界线。西面的边界线就是黄土高原与青藏高原农牧分界线,也是西秦岭与青藏高原板块撞击的分界线。北面的边界线正是西秦岭与黄土高原的分界线,东面的边界线是青藏高原末稍端与西秦岭、黄土高原撞击的分界线。这样的划分是符合历史区划的基本原理和秦国初期势力范围的。整个秦国的临洮县地理板块海拔除了没有西端高外,均比南、北、东相邻县域海拔高出500~1000米。这个地理特征非常鲜明,它是一个完整的地理区域,是中国大版图中部最理想的草原地带和天然牧场,同时还是中国版图中部核心腹地最大的原始森林分布区域。在中华人民共和国成立初期还有老虎、豹子等动物出没,由此可想见岷县的植被情况。任何行政板块的形成,都是离不开特定山系、水系的小流域、小区域范围或特定地理板块区隔的。

(三) 秦国临洮县附邑狄道所处位置与地位

狄道(今临洮)处于秦国临洮县(今岷县)洮河下游西秦岭边界位置。狄道者,顾名思义即古代北方狄人核心通道也。在整条洮河流域的防御把控上,与临洮南部黄河长江分水岭麻子川岭峰位置相当,互为犄角,各把东南、西北一角,位置极其重要。古代的东西方通道是以秦岭为主轴与核心穿越的。秦岭以北多是戈壁沙漠地带,人烟稀少,补给困难。秦岭以南多是横断山脉无法穿越。贯穿东西方的秦岭与昆仑山,自然就成为东西方人类互通的不二选项。临洮既地处全国大版图几何中心位置,又处在秦岭与昆仑山及南北向的千里岷山与北方黄土高原地质板块交错位置,从而使临洮成为东南西北互通的核心区域,这一区域就是从西南流入又折东而返,再从西而北进入黄河的洮河流域。喇叭形洮河的正西面就是广袤的甘南大草原,是西戎的腹地。临洮南面就是巴蜀之地,狄道北面就是狄人的腹地。狄道以北包括湟水流域青海一带,史前人类非常发达,人口密集,在秦汉以前,就是通过狄道顺洮河而下到达临洮,再向南翻越分水岭,顺白龙江、嘉陵江、岷江而长江南下,这是一条非常古老的人类通道。但是当这一带有了一个有组织有规划的坚强的政权机构以后,它就会对这一通道进行有秩序的把控,这就有了"狄道"这一军政管理单位。这一单位虽然重要,但它不是独立的,是受临洮的总体防御部署节制的,属于整条洮河防御体系中不可或缺的重要一环。同时这个地方属于古代雍州西界，说明这也是秦国西北方的边界，在边界设卡更是不容置疑。这种情况，乾隆二十八年《狄道州志》甘肃巡抚明德序言：

  狄道溯秦汉以来，历为附郭邑。

《狄道州志》作者序言：

  奥稽前代狄道为用武之地。盖自周东迁，即限于戎。唐季宋初，皆非中国。……临洮之名始于秦，而境在今之岷州。……陇西名郡，自汉始，唐亦有陇西郡，乃即今之陇西。

《狄道州志·建制沿革表》列述：周——雍州，陇西郡，本禹贡雍州西界。周衰，其地为狄秦。

  如上三段引用，把秦汉时期狄道不是独立的县级政权单位，而是秦国临洮县的附邑解释得相当清楚。秦国当时防御的是从西南而东而西北的整条洮河流域，绝对不是狄道通西北的一个关口，是通过对整条洮河流域的把控来总摄通蜀、通西戎、通北狄的通道，这才是秦国从战国至秦始皇两度修筑长城的战略考量。只有这样才能确保西秦岭的绝对安全，秦国才无后顾之忧地一路凯歌向东扩展。司马迁没有明确写出陇西郡治所在地具体位置并非疏忽，因为这对于史学家来说属于基本常识。当时狄道是临洮县附邑，属于边缘末梢地带，郡治所在地是防御的核心重地，要便于与地方行政中心及时协商，若干民事工作需要地方行政中心协作处理，在防务管理上互为依托，怎么能把极其重要的郡治重地设置在防御的末梢端狄道去呢?!秦国当时的势力范围仅至狄道以北的洮河临界点，也是秦国当时洮河下游至狄道以北的边界线。离开洮河流域的狄道以北就不是秦国的范围了。切记，秦国的西部版图是紧紧围绕西秦岭的，离开西秦岭，不论是战国时期的秦国西部版图，还是秦始皇统一全国后的西部版图，可以说纹丝不动，仍然保持着昭襄王时期陇西郡范围的版图。秦国统一六国后的所有拓展均在正东、东北、东南方向。狄道洮河以北至西汉开始才有了大规模扩张，直至西北、河西更广袤的地区。《读史方舆纪要》对狄道此后的变迁记录得很详尽：

> 狄道故城在今府治西南。汉所置也。吕后六年，匈奴寇狄道。七年，复入寇。文帝十二年，匈奴寇狄道，即此城矣。蜀汉延熙十八年，姜维围魏王泾于狄道，不克。寻又引军出狄道，不克而还。《水经注》亦谓之降狄道。盖县之别名也。隋、唐以来，州郡皆治此。宋改筑熙州城，即今治也。①

狄道从汉以后，由于统摄从东南至西北河西、青海、新疆的防务，就变得愈加重要，如《狄道州志·形胜》引用《甘肃通志》的记载，就说得很透彻：

> 襟带河湟，为西陲之保障。自秦筑长城，起临洮而边境大斥，无南牧之患。蜀姜维数出狄道，以扰关陇。魏人建为重镇，维不能得志。晋之衰也，河西扰乱，大约据狄道，则足以侵陇西。狄道失而河西有唇齿之虑矣。拓跋魏兼有秦凉，以狄道为咽喉之地，列置郡县，恃为藩蔽。唐拒吐蕃，临州其控扼之地也。宝应初，临州不守，而陇右遂成荒外矣。宋承五季之敝王官所莅不越，秦城熙宁以后边功渐启。议者谓欲图西夏，必先有事熙河。及熙河路建，而湟鄯之域次第收复。志曰：郡土田膏腴，引渠灌溉，为利甚博，其民皆番汉杂处，好勇喜猎，故徐达亦云：临洮西通番落，北界河湟，得其地足以给军储，得其人，足以资战斗也。

现在的临洮县是在1929年由狄道县改过来，才开始正式使用的。

（四）秦国陇西郡的治理范围

> 秦昭王时，义渠戎王与宣太后乱，有二子。宣太后诈而杀义渠戎王于甘泉，遂起兵伐残义渠。于是秦有陇西、北地、上郡，筑长城以拒胡。②

那么，陇西郡究竟属辖多少个县域？查阅大量历史文献及现当代学者宏论专著，会让人感到一片茫然。历史文献星星点点，很难确定，现当代

---

① （清）顾祖禹：《读史方舆纪要》，中华书局，2005年，第2863页。
② 二十四史（简体字版）《史记·匈奴列传》，中华书局，1999年，第2210页。

论著往往会列举出若干属县，深觉很不靠谱。最后查阅王蘧常专著《秦史》，才找到后来学者定位为"狄道"的根由。

> 陇西郡，昭襄王二十八年置。据《水经·河水注》。有陇坻在其东，故曰陇西。据应劭《汉书注》。治未详。案《水经·河水注》："汉陇西郡治狄道。"疑秦亦治此，而汉承之也。其领县可征者：
>
> 上邽，据《史记·秦本纪》、应劭《汉书注》。
>
> 临洮，据《史记·始皇本纪》"八年，迁其民于临洮"文。
>
> 西，据《史记·五帝本纪》"尧申命和仲，居西土。"《集解》："徐广云：'此为秦县'"文。案《水经·漾水注》，以为即秦襄所居之西垂。①

显然，王蘧常是严谨的，当他没有检索到确凿证据后，仅存"疑"，并注明原因"汉承之也"。说明后来很多学者把秦陇西郡治所在地确定为狄道仅是推测，不应该直接用肯定语气来表述。汉承秦制，也有具体问题具体对待、普遍性与特殊性的差异，不可能生搬硬套。因为郡治是随着属辖县域的边关军事防御重地行政中心位置而设置的，古今均如此，这是基本常识，司马迁无须注明。正因如此，杜佑在《通典》中明确写道：

> 岷州，春秋及战国时并属秦，蒙恬筑长城之所起也。属陇西郡，长城在郡西二十里崆峒山，自山傍洮而东，即秦之临洮境在此矣。②

"郡西"清晰点明陇西郡治所在地就是当时的临洮县城。秦国统一全国唯独没有扩大范围的仅陇西郡。王蘧常梳理秦国"陇西郡"领"上邽、临洮、西"三县就是最好也是最有力的证明。陇西郡属辖三个县"上邽""西""临洮"，相当于今天的天水、秦安、清水、张家川、甘谷、武山、通渭、陇西、漳县、岷县、礼县、西和、宕昌、舟曲、迭部、卓尼、临潭、渭源、临洮等县。在这样一个范围内，"西"在"上邽"之南"临洮"之东，属于秦国腹地，无须设防。"上邽"在"临洮"之东，其西、南、东向均处在腹地，无须设防。只有"临洮"是三个县中最西边的县级

---

① 王蘧常：《秦史》，上海古籍出版社，2000年，第108页。
② （唐）杜佑：《通典·州郡典》，浙江古籍出版社，2000年，第922页。

单位，也是整个秦国最西边的边界县级单位，地处西北西秦岭边缘，是陇西郡唯一需要设防之地，也是整个秦国设防的重中之重。南部可以防犯匈奴入蜀，有一夫当关万夫莫开之势。把住此要地，匈奴入蜀再无他途。

三、陇西郡对于秦国边关防务的功能和意义

秦汉时期的临洮县是一个在全国地理关键位置上的要塞县，是秦国大本营礼县的西大门。县级单位的建制，随着秦国的逐步发迹尤显重要。这与其特殊的地理位置有关。

《华阳国志校补图注》在大山系上对岷县一带地理位置把控很准。

> 陕南与甘南为秦岭山脉与大巴山脉之间一大向斜槽。当此两大山脉形成后，槽中之水，俱当东流，成一巨川，姑名之为"古汉水"（就古地中海此部上升成陆时言之）。但经若干年后，又有斜断此大向斜槽之造山力徐徐升起，阻碍此一巨川东进。其中，纵亘于陕南、甘南间之白马山背斜部渐渐升起，而其西侧渐渐下降，遂将原来一系之巨川，断为两部水系：白马背斜线以东之水归于沔，为东汉水，入于云梦盆地；背斜以西之水统归于漾，为西汉水，入于四川盆地。

《禹贡》云："嶓冢导漾，东流为汉。又东为沧浪之水。过三澨。至于大别。南入于江。"所言汉水二十六字，可议者甚多，如嶓冢山，《汉志》在陇西郡西县。《后汉志》汉阳郡西县云："故属陇西，有嶓冢山、西汉水。"则漾水即西汉水，自有人类，即已为嘉陵江源矣。[1]

这里的"白马山"实即岷山。"嶓冢山"即起于天水南贯穿岷县间井东南的山系，因极其重要才引起《华阳国志》常璩先生的重墨书写和任乃强先生的仔细作注。而《读史方舆纪要·舆图要览·洮河边第九》对古临洮今岷县位置的描述更为淋漓尽致，通透澄明，也是对《华阳国志》关于岷县东部这一重要地理位置的补充完善。

---

[1] （晋）常璩著，任乃强校注：《华阳国志校补图注》，上海古籍出版社，1987年，第65页。

按陕西山川四塞，形胜甲于天下，为历代建都第一重地，雄长于兹者，诚足挥斥中原矣。然延、绥以及平、固，皆要冲也；西宁以及岷、洮，多羌患矣；一旦窃发其间，连壤于西北者，未免于骚扰也。且夫阴平有道可入蜀，必可入秦、阶、成、秦、凤之间，当究心矣。延安以东，逼近山西，一苇杭之，非不可也，何必蒲津。若夫潼关制全陕之命，汉中实楚、蜀之冲，不必言矣。遐哉秦岭，其中盖难治矣。①

这一段准确说明"岷、洮"在防御"羌患""免于""西北""骚扰"所具有的要害功能。岷县地处西秦岭末梢端，又是南秦岭的西北大门户，其不可或缺的防御功能不言而喻。

洮河边第九

按洮、岷、河皆古羌、戎地也，与岷、阶等州居山谷之中，为秦、蜀屏蔽。自汉以来，良多故矣，控制之方，岂无所衷乎？乃吾闻阶、文、西固之间，诸羌盘聚，无有宁所，岂非据山谷者易动难静，自昔然哉？盖尝考阶州有羊肠鸟道之险，西固有重冈复岭之雄，而文县接近松潘，苍崖绝壁，阴平故险，实蜀口之要区也。驭羌靖边者，其必先于此。乃若山川名胜，则洮、岷与河州固其尤也。记曰：西倾，岷山之宗也，朱圉、鸟鼠为辅，嶓冢、秦岭为屏，陇首为限，而江出于岷，渭出鸟鼠，汉出嶓冢，河浮积石，洮出西倾，陇出陇首，天下山川，皆其支派，考形胜者，此又不可不知也。②

本段更是直切主题，一针见血点明"洮河"边务的重要性。这里的"边"正是布防、边关、防务的"边"，而非旁边、河边的"边"。在《读史方舆纪要》中，把某条河流单列出来分析其防务意义，唯"洮河边"这一条，足见其重要性。作者把白龙江、洮河、渭河三条河流并列讨论，强调"实蜀口之要区"，尤其是"乃若山川名胜，则洮、岷与河州固其尤也"，再三肯定洮河的"蜀口之要区""秦岭为屏，陇首为限"防御功能，这对于我们做秦长城研究的学者来说，真可谓"不可不知也"。

---

① （清）顾祖禹：《读史方舆纪要》，中华书局，2005年，第5663页。
② （清）顾祖禹：《读史方舆纪要》，中华书局，2005年，第6133页。

在《读史方舆纪要》的"舆图要览"中，对全国最重要的26个地域作了重点绘图和描述，"洮河"就属其列。图中很鲜明地表明洮河就是核心要地，"边"就是国家长期防御方面需要精耕细作的边务。该书产生于清代，当时的洮河边务应该说不是十分显要了，但作者还是给予深切关注，足以说明洮河边务的不可或缺性。

>　　形胜——内则屏翰蜀门。北并洮、叠。秦城起于州界。侨（客居异地）治白石镇。据南山建城。①

这一段非常简短，但一句一个意思：第一句讲岷县这个地方，对内是防御通过洮河南侵蜀地的北大门；第二句讲北向兼并控制洮叠之乱；第三句讲秦长城起于州界而筑；第四句讲岷县当时的防御势力范围还能够客居白石镇实施防御职能；第五句讲秦长城是凭借南山而筑。南山就是岷县十里镇大沟寨五台山，白石镇应该就是迭部县扎尕那。

下面我们再从著名的胡焕庸线来看岷县的地望。

岷县正在胡焕庸线居中的交叉点上，特别是西北干旱区、青藏高原区、东方季风区的交叉点上，也在人口密度交叉点上，这若干个交叉点证明了岷县在中国版图边防的核心位置。历代如此，秦国更是如此。因为它在企图统一全国的战略定位之前，首先要安定其后方，确保无后顾之忧。这就是秦国在统一全国前与统一全国后两度在古临洮今岷县设置长城防御的根由。扼守住西秦岭南、北、西来犯之敌，就保住了东部礼县秦国世代祖居地大本营，也就扼守住了整个秦岭的安全。整个秦岭的安全就是秦国的安全。这就是陇西郡对于秦国边关防务的历史意义。

洮河是黄河一大支流，是黄河文明之母，史前文明非常发达。洮，从"水"，"兆"声，"兆"最早亦即洮河是西北最早诞生人类文明的河流之意。其在岷县所形成的正西向喇叭口形地貌面对的正是广袤无际的甘南大草原。这正是长于穿越的西羌及匈奴的理想地带，不可能不是陇西郡设防的重地，也不可能不是整个秦国西部设防的重地。

综合各种文献和实地考察，秦国东西南北的方位坐标是以秦岭为基准

---

① （宋）祝穆撰，祝洙增订：《方舆胜览》，中华书局，2003年，第1218页。

的。秦岭是秦国的命脉,西秦岭的安全,决定着整个秦国的安全。岷县是西秦岭末端唯一重镇,是秦国世代祖居地礼县的西大门,郡治重地必须设置在岷县。

陇西郡的称谓是一个区域性泛称,但其建制一直以今岷县这一地域为核心,防务的区域就是洮河流域,直到这一边关防务军事建制退出历史舞台为止。陇西郡的称谓直到汉王朝退出历史舞台的三国时期才彻底消失。我们从某些文献中看到的"陇西郡"辖21个县:① 上邽、西县、下辨、冀县、临洮、狄道、枹罕、兰干、邸道、故道、武都道、绵诸、獂道、襄武、戎道、辨道、予道、薄道、略阳、成纪、阿阳,实际是汉代的陇西郡所辖范围,并非秦国陇西郡所辖。汉代陇西郡属辖由秦国3个县扩展为21个县,它的郡治重心必须转移到综合治理需要的合理位置。作为一个具体地名的出现,已经是1913年,即现在的陇西县。

(本文原刊载于《丝绸之路》2020年第1期,部分插图从略,详见原刊)

---

① 谭其骧:《长水集》,人民出版社,1994年,第2页。

"犬丘"考

张润平

摘 要："犬丘"是秦国的发祥地,在秦人早期发展史上具有不可或缺的地位,继《史记》记载之后的 2000 多年来,关注这一问题的专家学者,纷纷提出了自己的见解。"犬丘"其实是青藏高原牧区的专有名词,是高原草甸牧区的特称。"犬丘"的核心位置就是距离礼县西北方向 60 千米外的现今岷县东部山区闾井一带,这里是青藏高原最东端的湿地草原,水草丰美,海拔在 2800~3200 米。

关键词：犬丘；秦国；西垂；羌人；青藏高原；藏犬

"犬丘"这个地名,自从司马迁做了记载以来,给《史记》作注的,还有顺着《史记》撰写相关历史地理著作的,包括近现代以来,从王国维开始,到顾颉刚等著名学者,只要涉及秦早期历史与地理研究,不论是专著还是文论,均给予了认真关注。笔者不揣浅陋,试对"犬丘"及相关问题也做一探讨。

一、秦人立国前"犬丘"就是今甘肃岷县洮河上游一带

《史记·秦本纪》记载：

> 女华生大费,与禹平水土。已成,帝锡玄圭。禹受曰："非予能成,亦大费为辅。"帝舜曰："咨尔费,赞禹功,其赐尔皂游。尔后嗣将大出。"乃妻之姚姓之玉女。大费拜受,佐舜调驯鸟兽,鸟兽多驯

服，是为柏翳。舜赐姓嬴氏。①

"大费"助禹治水成功，并"佐舜调驯鸟兽"。"禹锡玄圭，告厥成功。"②"帝锡玄圭"事件在《水经注》"洮水"条中也有记载："禹治洪水，西至洮水之上，见长人，受黑玉书于斯水上。洮水又东北流，屈而迳索西城。"③ 这正是现在岷县城北的洮河段，至少说明大费助禹治水地域有岷县洮河一带。再从"其玄孙费昌，子孙或在中国，或在夷狄"来看，秦之祖先当时就分居多地，但其世居地还在夷狄，根据地也在夷狄。在商后期，"遂为诸侯"，"在西戎，保西垂"。为商王朝效力卖命，驻守西戎，保卫西陲。这就是说从商末开始秦人祖先成为称霸一方的诸侯，有了自己合法的领地和军队。从文公"四年，至汧渭之会。曰：'昔周邑我先秦嬴于此，后卒获为诸侯。'乃卜居之，占曰吉，即营邑之"来看，商时秦国诸侯办公地点就是"汧渭之会"，也即现在的"宝鸡市东汧水渭水之交"④，原来秦人"嬴氏"祭祀的庙宇依然还在，可以接续"庙祀"。

后来又顺应西周形势，在缪王时得宠，获得"赵城，姓赵氏"。从此，秦人世居的具体地名"犬丘"开始出现在了世人面前。在周厉王（前877—前842）治理的35年间，因其无道，导致个别西戎反叛，并灭掉了"犬丘大骆之族"，也即灭掉了周厉王驻守犬丘大骆的族人。接着，周宣王即位（前827—前782，中国信史开始），任命世居此地的秦仲为大夫（前827），"诛西戎"。秦仲为之付出了生命，秦仲的长子庄公继承父业（前803）破了西戎，收复失地，还把大骆一并收为领地，这是秦人第一次在西周时期合法扩大领地，秦庄公因之被周宣王封为"西垂大夫"。有了封号，自然就有了封邑。封邑一般都在周王朝内地，以便享受朝廷的恩惠。但秦庄公是个知恩图报之人，决心不杀戎王不入邑，因此才有"庄公居故西犬丘"之历史记录。这句记录并非王国维质疑的"此西犬丘实对东犬丘

---

① 司马迁撰《史记》卷5，中华书局简体字版，1999年，第125页。
② 郭仁成：《尚书今古文全璧·夏书·禹贡第一》，岳麓书社，2006年，第71页。
③ 陈桥驿：《水经注校证》，中华书局，2013年，第44页。
④ 伍仕谦：《读"秦本纪"札记》，见礼县秦西垂文化研究会、礼县博物馆编《秦西垂文化论集》，文物出版社，2005年，第66页。

之槐里言"①。封邑在东,庄公没有东去入邑,仍居住在西面的犬丘,才有如上记录。这才是对这一句话的正确解释。司马迁用回忆性语气意欲强调秦庄公的为人个性。徐广等注"犬丘"为"槐里"本身即有误。

"襄公二年,戎围犬丘。"襄公七年春,"西戎犬戎与申侯伐周。""秦襄公将兵救周,战甚力,有功。""平王封襄公为诸侯,赐之岐以西之地。曰:'戎无道,侵夺我岐、丰之地,秦能攻逐戎,即有其地。'与誓,封爵之。"

这是秦人第二次名正言顺扩大领地,开始进入诸侯国之列,也是秦人历史上继商朝之后的第二次受封诸侯。这对于秦人来说意义重大。从"舜赐姓嬴氏"来看,秦人在夏朝初期就有一定的社会政治地位,商末又成为一方诸侯。夏商周三代均受到朝廷的赐封,说明这个家族历世有王侯将相的血统,到出现秦始皇这样的千古一帝并非偶然。从"文公""宁公""葬西山"来判断,秦国截至宁公时期(前703)政治中心一直在西垂。

从武公开始东迁至平阳,经营十年,"伐邽、冀戎,初县之"。这是秦国首次向东迁都,对秦国来说是一次历史性的跨越,凸显了秦国的政治野心。同时从侧面反映出秦国此时完成了西部大本营"西垂"的防御建设,彻底解除了后顾之忧,奠定了东扩的坚实基础。

20年后,德公继续把秦国政治中心向东迁移至雍城。秦灵公"居泾阳"(前424)、秦献公"徙治栎阳"(前383),直至秦孝公十二年(前350)确定以咸阳为国都。从平阳至咸阳历时328年,经过5次迁都,可见秦国励精图治的韧性和意志。至秦二世三年(前207),在咸阳经过142年开辟了中国历史的新局面,也是人类历史的新局面,虽败犹胜,虽灭犹荣,确定了中国2118年的政治格局。梳理秦国的发展史,是我们厘清秦国早期地名含义及其各种关系所不可或缺的。

通过如上梳理,我们能够清晰看到"犬丘"地名在《史记》中的出现,均在秦人未成为诸侯国之前的历史阶段中,秦人在战国时期开始进入诸侯国之后的《秦本纪》记载中"犬丘"一词消失得一干二净。这说明

---

① (清)王国维:《观堂集林》(附别集),中华书局,2010年,第529页。

"犬丘"是秦人早期的发迹地,祖上世居地,原创根据地。而且这个地名往往与"西垂""西戎""犬戎"同时出现。当这一地名在史籍文献中销声匿迹的同时,相伴随的"西垂""西戎""犬戎"等称谓也一并销声匿迹了,说明这几个称谓是一个完整的共同体,互为依存,互为表里,相辅相成,一荣俱荣,一损俱损。

在甘肃礼县大堡子山秦国帝王陵园被发现之前,对"西垂"的位置一直不够确定。那么,秦国帝王陵园被发现之后,《史记·秦始皇本纪》载襄公、文公葬"西垂",《史记·秦本纪》载文公、宁公葬"西山"就不是什么悬案了,"西垂""西山"均为一地,就是今天的甘肃礼县大堡子山。这减省了我们很多的笔墨和口舌,完全可以据此直接推论其他相关问题。

显然,礼县绝对不是秦国西面的边界带,他们不可能把帝王陵园建设在边界带上,在西面一定还有相当可观的纵深带、缓冲带、稳固的防御带。当时的临洮县,即现在岷县处在相邻礼县的西北面,毫无疑问,岷县就是保护秦国帝王陵园的防御带,而纵深带应该比现在的岷县西面边界还要远,延伸到西面广袤的草原临界才合理。

这里的"西垂",明显包含两层含义:一个是区域性含义,即指秦国西部势力范围,含现在的礼县、西和、宕昌、岷县、漳县、卓尼、临潭、舟曲、迭部等地。另一个是边界带含义,即指秦国最西边防御线所在地,这个防御线正是后来秦国长城布防的地带。[①] 因为岷县地处中国第二级地质带上,属农牧结合带也是农牧分界线,是长江与黄河水系的分水岭,岷县以东、以南、以北均属农业区,只有以西纵深均为纯牧业区,是天然的分界区。但最核心的"西垂"是一个区域性、范围性概念,是秦国西界的极限,也是秦国发家致富的原点基地。在前面的梳理中,秦人祖上早在夏商时就世居"西垂"。从周初直至战国时期,秦人开始逐渐向东、向南、向北扩张发展,定都咸阳,确立了中国历史上第一个伟大的王朝。从夏到战国前后长达1700年,"西垂"一直是秦国的命脉之地。

---

① 张润平、石志平、白文科:《秦长城首起于岷县的文献梳理与调查考证》,《丝绸之路》2019年第4期。

通过考古，"西垂"在甘肃礼县一带已成事实，那么与之相关联的"犬丘"在哪里呢？王国维有言："此稿既成，检杨氏守敬《春秋列国图》，图西犬邱于汉陇西郡西县地，其意正与余合。"① 时"西县"即今天的礼县西和一带。杨宽在《西周列国考》中将"西犬丘"确定为"秦始封之邑，在今甘肃礼县东北"②，二位结论接近，比较靠谱，但还有待商榷，需要从具体地理位置和特征出发去分析这一概念的意义。"犬丘"就是秦国大本营、发祥地，后方基地，它不止现在的甘肃礼县一带，一直延伸到更西的相邻岷县、卓尼、临潭、迭部一带，而核心地带自然是岷县。

二、"犬丘"地名的来历

那么，这个地名为什么叫犬丘？检索学者们的研究成果，很少有人从字面词义切入解析过这一问题。说明对这一问题一直处于懵懂的被忽略状态。这就是只查看地图不察勘地理的弊端，他们浑然不觉这一问题的要害性。其实这才是解决问题的关键所在。现在有谷歌地图，更为方便，点击察看，一目了然。查阅《汉语大词典》，"丘"字义项：

> （名）（1）会意兼指事。甲骨文字形，像地面上并立两个小土峰。本义：自然形成的小土山。（2）同本义。（3）泛指山。（4）坟墓。（5）废墟。（6）荒凉的乡里。（7）通"区"。（8）地域。（9）姓。（形）（1）空；寡。（2）通"巨"；大。（量）（方）：指用田塍隔开的水田。又如：三丘秧田。

作为"犬丘"的"丘"，应该即其本义"自然形成的小土山"。现在的礼县以西、以北正是青藏高原东向延伸末梢端的终点，平均海拔在2800米左右，历来是天然的国有牧场，直至21世纪初才划归地方所有。"犬"是放牧的保护神，凡是牧民没有不养犬的。犬是牧民的标配。任乃强在《羌族源流探索》中谈道：

---

① （清）王国维：《观堂集林》（附别集），中华书局，2010年，第529页。
② 杨宽：《古史探微》，上海人民出版社，2016年，第190页。

进入高原草甸后,与这种野兽争斗最为剧烈。结果是它们被征服了,纷纷被杀死或俘虏。可能是出于好奇心,他们把稚龄的放入土窖内饲养,取名叫作"狻"。经过驯养,成为非常得力的一种家畜,这就是今人所谓的"藏犬"。

驯养这种野兽,比驯养野牛更难十倍。但是羌人善于驯服,终始成为守家、御盗、捍卫人畜都很得力的家犬。羌人藏人每家都养有藏犬一条或几条。它能识别家人;在牧场捍卫畜群,使牛羊不走失,害敌不敢靠近。家养时,必须用铁链拴系住,因为它见生人就要猛扑,并专咬喉部,不畏刀棍,死不退缩。长达里余的藏商驮队,只要有藏犬一头随行,便能保证安全。它经常需要肉食,但在贫家亦能随主杂食。羌人能把凶顽的野兽驯养成为如此忠勇的家畜,的确是创造了人类驯兽的奇迹。当然,这需要经过很长时间(人类驯养狼犬,也经过了大约一万年的时间。驯养藏犬比狼犬更难数倍)。[①]

如此凶顽又忠顺的家犬,不可能不在草原牧区著名。因此"犬"字在前,"丘"字在后,二者合成的词组,正是高原草甸牧区的专有称谓。它的核心区域就在礼县西北60千米外的岷县东部山区间井一带,再延伸到距离礼县200千米左右的岷县洮河南部的迭山脚下,大部分是海拔2800~3800米的高原草甸。在这里,有必要对岷县的地理位置及地形等相关内容作一概括性介绍。

岷县位于甘肃省南部,东经103°41′29″-104°59′23″,北纬34°07′34″-34°45′45″之间,西北与临潭、卓尼、迭部三县相邻;东北和漳县、武山接壤;东南与宕昌、礼县毗邻,地处甘南高原东缘与陇中黄土高原和陇南山地接壤区,在甘肃地理单元上划归甘肃洮岷区。海拔在2040-3747m之间,地形由东南向西北方向倾斜,起伏较缓,相对高差为500m,东西狭长120km,南北最窄处15km,总面积357800ha。地形地貌复杂,在地质构造上,属西秦岭地槽褶皱系的北秦岭海西褶皱带。经历了中生代的雁山运动隆起和新时代的喜马拉雅山运动上

---

① 任乃强:《羌族源流探索》,重庆出版社,1984年,第26页。

升，方形成今日地貌格局。其岩性以古生代的海陆交汇相互层的灰岩、砂岩、泥岩等为主。黄土以洮河流域为深厚。岷峨山、摩折梁及闾井乡下草地出露的花岗岩类，为印支运动的侵入岩。

岷县境内北秦岭山地横贯全县，构成山丘重叠沟脉纵横的地势。境内山多川少，山地坡度在 15°~45°之间，若以狭义的陇南山地（即洮河以东和渭河以南的西秦岭山地）作为划分依据，则有两个地貌区。

西部洮河流域山地区：在班哈（读噶）山以西多高山环绕，如达拉梁、木寨岭、岭罗山等，均系海拔 3000m 以上山地。其中达拉梁主峰海拔 3872m，遮面崖上称通天柱的 3934m 为最高点。地貌属高原形态，地表切割较小，相对高差在 747~934m 之间，山地上生长林木较多。洮河河谷沿岸宽而浅，上迭马以下是洮河切割形成的川台地，为优良的农耕地带。

东部渭河、西汉水流域山地区：在吊沟梁—班哈山一线以东岷峨山、摩折梁海拔均超过 3000m。马坞镇的油房庄海拔为 2040m，为全县最低点。其余地区在海拔 2200~3000m 之间。气候高寒阴湿，山地阴坡分布森林，一些河谷和平坦开阔地，可种青稞、油籽、燕麦等及一些牧草耐寒作物。草场面积较大，且水草丰茂，为地方发展畜牧业的主要地区。区域内，分两大领域，3 个水系。其中黄河流域洮河水系的迭藏河发源于马烨林区流程 64km，渭河水系的闾井河穿过闾井林区，属长江流域西汉水系的燕子河横穿马沿林区，林区内水力资源较为丰富。①

综上，闾井河实际是渭河南部的源头，燕子河实际是西汉水西面的源头。一个地方成为两大水系中两条著名河流的源头，这本身就能够说明问题，至少能证明该地是中国版图几何中心高原水塔的区位特点。

岷县大部分地区植被覆盖较好，由于高寒阴湿的地理位置，分为五个植被区。一是洮河川台人工植被区，海拔为 2200~2500 米；二是山地半干旱草原植被区，海拔为 2400~2600 米；三是森林草原植被区，海拔为

---

① 岷县林业局编《天然林资源保护工程岷县实施方案（2000—2010）》，2001 年。

2600～3000米；四是亚高山灌丛草原植被区，海拔为3000～3400米；五是草甸草原植被区，海拔为3400～3700米。从这里可以看出岷县大部分地域为草原植被区，占全县总面积的70%以上。

这是中国大版图陆地核心区域的高原草甸，其以东均为农业核心区域。"丘"是高地，"犬"是游牧的保护神。也就是说，"犬"是牧区的代称，"丘"是高原草甸的代称，二者结合就是高原牧区的代称。这就是"犬丘"地名的来历。"犬丘"是高原牧区的标志，特指高原牧区。岷县及礼县以东是纯粹的农业区域，海拔也越来越低，"犬丘"之名无以存在。"犬丘"是高原草甸牧区的专有名词，也可以说是青藏高原牧区的专有名词。岷县闾井是青藏高原最东端的末梢，与礼县相邻，而且闾井一带，截至20世纪40年代，礼县与岷县一直犬牙交错共用这片地方，在1945年两县协商才全归岷县管辖。出现这种地域属辖特异现象，与先秦时期"犬丘"世代祖居地历史渊源不无关系。而且从"闾井"地名也能看出端倪。

《周礼》曰："二十五户为一闾，四闾为一族，五族为一党，五党为一州，五州为一乡。"《国语》曰："一井八家，而使出一马三牛之赋。"井田是中国古代社会的土地国有制度，出现于商朝，西周时已很完备。以方九百亩为一里，划九区，中心为公田，八家均耕，私田百亩，同养公田，因同形"井"字，故名。秦国初期商鞅大力推行土地改革，"闾井"得名很可能就是这一时期。闾井与礼县接壤，距离礼县60千米，是秦人养马的天然牧场，定然是"西垂"不可分割的重要组成部分。从商到周再到秦汉，养马、识马、训马是当时国家政权地位的核心体现。历史记载中秦人为赵国等其他诸侯国牧马、为周王朝养马，闾井肯定是其核心区域。秦人实际也同时为自己崛起进行规模型养马。闾井地名的由来正说明了秦人开发这一地域的历史事实。闾井地名在秦人崛起之前一定叫"犬丘"，"犬丘"之名就是秦人在战国之前对闾井一带的称谓，也是对闾井以西包括岷县在内高原草甸区域的泛称。闾井是秦国的牧马基地，直到中华人民共和国初期仍然是国防部直辖的牧马及种马繁育基地。

其实，对于这一地区，《华阳国志》与《水经注》也有记录，与笔者如上分析是吻合的。

《尚书·禹贡篇》记载："嶓冢导漾，东流为汉。又东为沧浪之水。过三澨。至于大别。南入于江。"任乃强认为："漾水自今甘南南流入川，至重庆入江，古有嘉陵江、武都水、羌水、阆水、巴水、渝水等异名。今世曰嘉陵江。汉魏时统称西汉水。……陕南与甘南为秦岭山脉与大巴山脉之间一大向斜槽。当此两大山脉形成后，槽中之水，俱当东流，成一巨川，姑名之为'古汉水'（就古地中海此部上升成陆时言之）。但经若干年后，又有斜断此大向斜槽之造山力徐徐升起，阻碍此一巨川东进。其中，纵亘于陕南、甘南间之白马山背斜部渐渐升起，而其西侧渐渐下降，遂将原来一系之巨川，断为两部水系：白马背斜线以东之水归于沔，为东汉水，入于云梦盆地；背斜以西之水统归于漾，为西汉水，入于四川盆地。"①

《水经注·漾水》曰："嶓冢之山，汉水出焉，而东南流注于江。然东、西两川，俱出嶓冢而同为汉水者也。孔安国曰：泉始出为漾，其犹蒙耳。……余按山海经，漾水出昆仑西北隅。"② 当代人习惯说的青藏高原古人统称昆仑，最西北的一角正是指岷县间井狼渡滩一带。嶓冢山就是从天水到礼县至岷县及西和的一座横断山脉。间井狼渡滩东南角就是西汉水源头之一的燕子河发源地，源头为高原山坡泉水，故"泉始出为漾，其犹蒙耳"之记录极其形象。

"犬丘"之名是从秦人有了"赵城"封地和"赵"姓氏之后，其时的地名才开始登上历史舞台。之前由于主人没有什么名号，所居地名自然不见经传。就如韶山是一个小地名，但因为诞生了毛泽东这样的伟大人物而享誉世界。同理，"犬丘"因为所居主人有了朝廷的封地和姓氏，所居之地的地名自然就引起世人的关注和史学家的记录。后来由于主人不断地开疆拓土，主人的核心居所不断向东转移，因此就出现了"西犬丘"的称谓，它与原来的"犬丘"并非两个地方，更非有了"东犬丘"之别，只是因为具有话语权的主人不断东移权力中心方位。《史记·秦本纪》并无

---

① （晋清）常璩撰，任乃强校注：《华阳国志校补图注》，上海古籍出版社，1987年，第65页。
② 陈桥驿：《水经注校证》，中华书局，2013年，第458页。

"东犬丘"之名，说明这一地名是后来学者穿凿附会给"西犬丘"生硬配对出来的一个地名。

三、"西垂""犬丘"与"临洮"得名的关系辨析

史书中的"西垂宫"毫无疑问就在今天的礼县，"犬丘""西犬丘"就在今天的岷县东部闾井一带及西南部山区。"西垂"作为一个区域性概念，它的范围肯定要比礼县大得多，应该包括今天的礼县、西和、宕昌、岷县、漳县、舟曲、卓尼、临潭全境，还有迭部、陇西、武山、渭源、临洮等部分地域。与"犬丘"之名同期当世的"西垂"，可以说是秦国当时整个领地。在这一时期，秦人的势力范围并不是很大，就指这一区域。"西戎"除包含"西垂"所有地域外还要延伸至更广大西部草原区域，应该就是当时秦国临洮县的势力范围，其东面、北面以相关联的山系、水系为界，西面、南面以农牧区划为界，半农半牧正是交叉带、交会带、分界带，其中东南及东北临界区域均为秦国内陆。秦岭西北末梢端就是秦国临洮县的边界线。

笔者确定"西垂"范围的学理依据是：在古代是严格按照山系和水系的完整区域和便利条件而划界的。南面的边界线其实就是古代雍州与梁州的分界线，也是岷山山系、青藏高原、西秦岭三大地质板块撞击的分界线。西面的边界线就是黄土高原与青藏高原农牧分界线，也是西秦岭与青藏高原板块撞击的分界线。北面的边界线正是北秦岭与黄土高原的分界线，东面的边界线是青藏高原末梢端与南秦岭、黄土高原撞击的分界线。这样的划分是符合历史区划的基本原理和秦国初期势力范围的。整个秦国的临洮县地理板块海拔除了没有西端高外，均比南、北、东相邻县域海拔高出 500~1000 米。这个地理特征非常鲜明，它是一个完整的地理区域，是中国大版图中部最理想的草原地带和天然牧场。同时还是中国版图中部核心腹地最大的原始森林分布区域。在中华人民共和国成立初期还有老虎、豹子等动物经常出没，由此可想见岷县的植被情况。任何行政板块的形成，都是离不开特定山系、水系的小流域、小区域范围或特定地理板块

区隔的。

因为"垂"有边境之意,说明"西垂"肯定是有一定区隔范围的。而且这个边境有不可替代性和独一无二性,它首先要考虑有利于防御、便于防御,有一定的强迫性,志在必得,不可有失。这是"西垂"与"犬丘"概念上最本质的区别。

那么"西垂"的防御带也即边界线在哪里呢?只能是昆仑山末梢、西秦岭末梢、千里岷山北部首起端三个顶端冲击形成的崇山峻岭与峡谷峭壁的区间设防,才能起到一夫当关万夫莫开的功能。这条防御带就在现在的岷县西北部与卓尼县、临潭县的接壤地带。离开这一地带再向西就是平缓的广袤甘南大草原,根本无法设防。

与"犬丘"并列的还有一个地名"大骆"需要分辨一下。"大骆"原是人名,因他领守一方,其所领守之地也就叫作"大骆"。根据"犬丘大骆之族""及其先大骆地犬丘并有之,为西垂大夫"判断,"大骆"距离"犬丘"不会太远,应该在"西垂"防御带或控制带临界,准确地说就是现在岷县西北部与卓尼、临潭临界以西的卓尼临潭一带。这一带就是后来吐谷浑的老窝——核心据地,盘踞近300年。"襄公二年,戎围犬丘。"襄公七年春,"西戎犬戎与申侯伐周"。这里的"西戎犬戎"应该是更西北方向的牧民,基本逐次相邻,比如卓尼、临潭以西,合作、碌曲以东范围内的高原牧区。只有高原牧区之人才能有带"犬"字的称谓,"犬"是他们生活中不可或缺的组成部分,是他们生命的标配和身份的标志。"犬戎"并非华夏地区对这一带人类的蔑称,而是历史的本来面目。非牧区的戎人就不叫"犬戎",而叫"西戎"或"戎狄"。"戎狄"指偏北或正北方位的戎人、狄人。他们的差异在于所处地域的方位,方位不同生活习惯会有相应不同,人种上一般是不会有差异的。"犬戎"的身份是纯牧业民,不带"犬"字的各种"戎"是纯农业民或半农半牧民。

通过如上对"犬丘""西戎"等地名辨析,我们就能发现"西垂"之地正是秦国的命脉之山——秦岭完整的最西末梢,秦岭是秦国东西穿越的大通道,是雍梁二州的分界山,是秦国的生命线。"犬丘"这一区域地处中国大版图东西南北四大地质板块交会中心,易守难攻,总摄全局,拥有

"犬丘"之地，就拥有了向东、西、南、北进攻与防守的主动权。"犬丘"的农牧结合与军事牧马区位优势奠定了秦国向东扩张以至统一全国的基础。

"犬丘"这一地名先因秦人受封得到《史记》记载，又因秦人发迹执政中心不断东移而销声匿迹。显然地名的消失不等于地理的消失，"临洮"的闪亮登场宣告了"犬丘"之名的彻底终结。从"犬丘"到"临洮"作为秦国后方大本营的位置一直存在着，直至被汉朝取代。"犬丘"之地秦人经营长达1700多年，秦人毫无疑问是西戎西羌原住民，其在东部的分支是当年随大禹治水、随周武王出征等因素置留或流落在那里的，其核心主体一直在"西垂""犬丘"。蒙文通强调"见秦之为戎，固自不疑""秦即犬戎之一支"[①] 不无道理。"秦国在发展初期，扩大的领土已全夺自诸戎。"[②] 这里的"诸戎"以洮河以北及东北方向渭河流域的各部落族群为主。羌人是秦人之源，犬丘是秦人之根。整座秦岭，东面的海拔最低，逐渐向最西的末梢，与昆仑山、岷山对接，海拔达到了最高，成为"犬丘"无法剥离的"胎记"，其对中原地区人们的感官冲击一定是非常强烈的。这里的地理以海拔在2000米为界，以上多为牧区，以下多为农区。牧区属于"犬丘"范围，农区在"犬丘"范围之外。这是之前所有学者都没有意识到的一个问题，因而对"犬丘"的历史与地理密码无法破解，只能臆测瞎猜，实与盲人摸象无异。

"犬丘""西垂"与"临洮"实际是同一个地方，具体区域上的称谓在不同的时间段一定有差异，但一直有重叠，核心部位还是现在的岷县。只是"犬丘""西垂"的得名远远早于"临洮"的得名，直到秦人发展至战国时期，有了明确的周王室敕封的诸侯之位和法定的领地区域，特别是有独自的军事布防，"临洮"之名才开始登上历史舞台。可以说"临洮"一名的诞生，预示着秦国开始拉开了向东不断开疆拓土的序幕。任何地名都有其时效性，特别是非区域性具体地名的时效性极强，往往会紧随一个时代的结束而消失，取而代之的是被诞生的新时代重新命名。随着战国时

---

① 蒙文通：《周秦少数民族研究》，巴蜀书社，2019年，第34页。
② 姚大中：《姚著中国史（2）·古代北西中国》，华夏出版社，2017年，第131页。

期这一代秦人诸侯国地位的确立,"临洮"取代了"犬丘"之名,并在之后朝代更替的岁月里,被现在的临潭在唐代、现在的临洮在民国十八年替代狄道冠名至今。

(发表在《丝绸之路》2020年第2期)

关于对秦长城西首起地
在岷县被否定问题的检讨

张润平

摘 要：秦长城西首起于甘肃岷县，历代文献均从各自时代角度进行了充分严肃记载，现当代专事秦长城研究的王国良、张维华、顾颉刚、谭其骧、徐卫民、史党社等学者均对历代文献记载秦长城西首起地在岷县给予了肯定。但受到时疑古风潮等因素影响，2005年出版的《西北通史》直接否定岷县秦长城的存在；2012年国家文物局对各省及自治区长城认定的批复中缺失秦长城甘肃段；2020年第七版《辞海》新增加词条"秦长城遗址"同样未指出岷县秦长城遗址的存在。长城于1987年被列入《世界文化遗产名录》，秦始皇万里长城享誉世界，可是其西首起地至今含混不清，问题的核心在于岷县秦长城遗址没有被文物行政部门认定。那么，是岷县遗址真的无迹探寻，还是认定标准及方法存在问题，抑或是压根儿就没有去认真探寻过？根据笔者2019年至2020年的考察，遗址不仅醒目可见，整个秦长城西首起地的布局更是一个宏大的系统工程。通过文献梳理与考古调查相结合的研究思路，本文对这一学术公案的来龙去脉及解决方案进行了探索。

关键词：秦长城；西首起地；岷县遗址；检讨

秦长城是人类史上浩大的军事防御工程，其对后世历代王朝以及世界各国的长城建筑具有深远的引领性和启示性，是中国历代史家关注的重大话题。因此，对秦长城西首起地的记录不可谓不丰赡严谨。然而，2012年国家文物局对各省（自治区、直辖市）上报长城认定的批复中，秦长城甘肃段整体缺失。2020年第七版《辞海》"长城""秦长城遗址"词条在表述上出现自相矛盾的问题。难道《史记》《汉书》《后汉书》《水经注》《隋书》《旧唐书》《新唐书》《通典》《括地志》《元和郡县志》《元丰九域志》《资治通鉴》《方舆胜览》《读史方舆纪要》等记载秦长城西首起于临洮（今岷县）全错？这显然是不对的。本文试图对此问题做一番追根溯源的探讨，以期唤起相关部门的重视。

一、问题的提出

早在1927年就完稿、1933年出版的《中国长城沿革考》，作者王国良先生明确判断：

> 至于西头，诸说都说起于临洮，《括地志》且特指明起岷州——今岷县——西十二里；是秦长城西起于今甘肃岷县，自无疑虑。……然则秦长城西起于今甘肃岷县，东行经狄道固原隆德等地，包六盘山而北走，再东经环县而入陕西境，东过绥德，渡黄河，历山西河北境，到山海关转向东北，横贯辽宁南部平壤县南可无疑了。以上，叙述秦长城的起讫。……总之，秦筑长城，上承燕赵之旧，下立历代北防之基，工程之大，在古代实算首屈一指！近之苏彝士巴拿马诸工程，或可同他抗衡，余则望尘莫及了！[①]

成稿于1963年、出版于1979年的《中国长城建制考》，作者张维华先生也明确判断：

> 综上所述，秦昭王时所筑之长城，其所在方位，大体可寻出矣。首起于今甘肃岷县之西南，北行，经临洮、渭源之境，直达皋兰。再由皋兰东行，越陇山，入固原县境。复东北行，入合水县与环县之境。自此再东北行，入今陕西之鄜县境。再东北，经延安县而入绥德

---

① 王国良：《中国长城沿革考》，商务印书馆，1927年，第32页。

县境。再东行，达于黄河西岸而止。①

至其内边，在西北部者有二：一为自今兰州东至包头，沿河而置之一边；一为因秦昭王时之长城而缮治者，起自今甘肃之岷县，东至今陕西绥德之东北达于黄河。……此即始皇时长城之大概也。②

从这里可看出，战国秦长城与万里长城的西首起地均在岷县并不是问题。但今天为什么还要作为问题来讨论？原因在于岷县秦长城遗址没有得到国家文物行政部门的认定，由此社会认识与历史事实存在矛盾的负面影响，例如2005年出版的《西北通史》对战国秦长城西首起地的认识为：

秦汉临洮、狄道均城临洮水，既然今岷县无长城遗址，而今临洮所存长城遗址虽时断时续，一直可以向东北追溯，则长城起始点的临洮，不在今岷县，而在古狄道，即今之临洮县无疑。③

对万里长城西首起地的认识为：

蒙恬于三十二年略取河南地后，立即"自榆中并河以东属之阴山，以为三十四县，城河上为塞"；"悉收河南地，因河为塞。""城河上为塞"或"因河为塞"的起点即"榆中"，榆中，在今甘肃兰州市境黄河南岸。从榆中沿黄河而下至阴山，充分利用了黄河天险，在津渡处筑航城设县，修筑了34（或44）座县城，派兵戍守。④

2011年出版的《甘肃关隘史》对秦长城的认识为：

为区别于后来秦始皇时修筑的长城，通常把秦昭王时期所修的这段长城称作秦战国长城。该长城西起今甘肃临洮，经渭源、陇西、通渭、静宁，过宁夏又经镇原、环县、华池进入陕北后达内蒙古自治区准格尔旗托克托县黄河对岸，全长约1250千米，在甘肃境内历八县，达800多千米。……秦统一全国后，其边界又向西北扩展，故甘肃境内以前所修战国长城就多在秦境以内，遂失去了原来的军事防御意

---

① 张维华：《中国长城建制考》，中华书局，1979年，第118页。
② 张维华：《中国长城建制考》，中华书局，1979年，第136页。
③ 刘光华主编：《西北通史》（第一卷），兰州大学出版社，2005年，第292页。
④ 刘光华主编：《西北通史》（第一卷），兰州大学出版社，2005年，第308页。

义，便日渐废置。①

国家文物局《关于甘肃省长城认定的批复》（文物保函〔2012〕941号）只认定了战国秦长城"东起华池县，经环县、镇原县、静宁县、通渭县、陇西县、渭源县，西迄临洮县"。对战国秦长城认定上岷县段的缺失和万里长城的认定上甘肃段的缺失是违背历史事实的。

《辞海》（第七版）"秦长城遗址"条为：

> 秦始皇在北境修筑拒匈奴的军事防御线遗址。位于甘肃、宁夏、内蒙古、河北、辽宁等省区。秦始皇统一全国后，命大将蒙恬率30万众北逐匈奴，筑长城，长城"起临洮，至辽东，延袤万余里"。据调查，长城首起甘肃临洮，当经兰州北上，傍黄河至内蒙古临河，自临河以东进入狼山，过固阳后直插大青山北麓。比筑于大青山南麓的战国赵长城北移50余千米。长城继续东延，经卓资、察右中旗、察右前旗、丰镇、兴和、怀安、尚义、万全、张北、崇礼、沽源、赤城、丰宁、围场、赤峰、敖汉、奈曼、库伦，至辽宁阜新，据记载和考古迹象，可抵达朝鲜半岛，全长5000余千米。该长城大多数地段是利用和修缮了原秦昭王长城、赵北长城和燕北外长城。墙体有夯土筑、石砌或土石混砌，残宽2～5米，残高0.3～6米。在长城沿线设有烽燧和障城。为全国重点文物保护单位。②

"长城"条为：

> 春秋战国时各国为了互相防御，各在形势险要的地方修筑长城。《左传·僖公四年》："楚国方城以为城"，长城始见记载。战国时齐、楚、魏、燕、赵、秦和中山等国相继兴筑。秦始皇灭六国完成统一后，为防御匈奴南侵，于秦始皇三十三年（前214年）将秦、赵、燕三国的北边长城予以修缮，连贯为一。故址西起临洮（今甘肃岷县），北傍阴山，东至辽东，俗称"万里长城"，至今犹有遗迹残存。③

---

① 边强：《甘肃关隘史》，科学出版社，2011年，第85页。
② 《辞海》（第七版彩图本），上海辞书出版社，2020年，第3496页。
③ 《辞海》（第七版彩图本），上海辞书出版社，2020年，第0462页。

这样的自相矛盾是不应该在《辞海》中出现的。"秦长城遗址"是本版次新增加的一个词条，显然，撰写者并没有参照"长城"词条。

由此可见，对秦长城遗址的进一步研究以及重新认定意义非凡，极其必要。

二、事实的陈述

（一）历史文献

1.《史记》

（秦王）八年（前239），王弟长安君成蟜将军击赵，反，死屯留，军吏皆斩死，迁其民于临洮。①

此段文字说明有可能秦国在此时在岷县就开始了长城的修筑。充边的目的就是边防的建设。如是充军的话就不在临洮，而是东部的军中了，因为秦国是有这个传统的。早在秦文公四年（前762），即"占曰吉，即营邑之"。"营邑"就是构筑长城的最基本形制"关城"类。

地东至海暨朝鲜，西至临洮、羌中，南至北向户，北据河为塞，并阴山至辽东。②

这是秦国初定天下的版图，也是制定秦长城修筑框架的基本参数。而西面的"临洮"是实指，是边关地带，"羌中"是泛指，为边关以西羌人区的泛称，也即岷县以西广袤的草原湿地游牧地带。

秦已并天下，乃使蒙恬将三十万众北逐戎狄，收河南。筑长城，因地形，用制险塞，起临洮，至辽东，延袤万余里。③

秦小邑并大城，守险塞而军，高垒毋战，闭关据厄，荷戟而

---

① 二十四史（简体字本）《史记·秦始皇本纪》，中华书局，1999年，第160页。
② 二十四史（简体字本）《史记·秦始皇本纪》，中华书局，1999年，第170页。
③ 二十四史（简体字本）《史记·蒙恬列传》，中华书局，1999年，第195页。

守之。①

这段文字说明秦国修筑长城是有传统的，早期即如此，每攻下一个地方，就建城，派军队坚守险塞。那么在其统一全国后，面对北方匈奴的骚扰，修筑长城自然就是秦始皇首要的选项。

> 秦昭王时，义渠戎王与宣太后乱，有二子。宣太后诈而杀义渠戎王于甘泉，遂起兵伐残义渠。于是秦有陇西、北地、上郡，筑长城以拒胡。……后秦灭六国，而始皇帝使蒙恬将数十万之众北击胡，悉收河南地。因河为塞，筑四十四县城临河，徙适戍以充之。而通直道，自九原至云阳，因边山险，堑溪谷，可缮者治之，起临洮至辽东万余里。②

在《蒙恬列传》与《匈奴列传》二文中分别记录同一事件，这本身就说明事件的重大和证据的确凿。

2.《汉书》

> 后秦灭六国，而始皇帝使蒙恬将数十万之众北击胡，悉收河南地。因河为塞，筑四十四县城临河，徙适戍以充之。而通直道，自九原至云阳，因边山险，堑溪谷，可缮者沿之，起临洮至辽东万余里。③

这一段记载与《史记》基本相同，但它绝不是对《史记》的简单重复，而是对这一事件的再次肯定。因为长城在汉武帝后期继续发挥了不可或缺的作用，并且汉朝进行了更大规模的建设。

> ……起塞以来百有余年，非皆以土垣也，或因山岩石，木柴僵落，溪谷水门，稍稍平之，卒徒筑治，功费久远，不可胜计。④

这一段正说明秦长城当时的形制并不都是用土来夯筑，还有其他更多形制。

---

① 二十四史（简体字本）《史记·秦始皇本纪》，中华书局，1999年，第196页。
② 二十四史（简体字本）《史记·匈奴列传》，中华书局，1999年，第2210页。
③ 二十四史（简体字本）《汉书·匈奴传》，中华书局，1999年，第2774页。
④ 二十四史（简体字本）《汉书·匈奴传》，中华书局，1999年，第2811页。

> 自周衰，戎狄错居泾渭之北。及秦始皇攘却戎狄，筑长城，界中国，然西不过临洮。①

在《汉书·西域传》中再次出现长城"西不过临洮"，说明长城西部的建筑就在临洮，是"界"中国不可或缺的组成部分。再次说明岷县秦长城必然存在的历史事实。

3.《后汉书》

> 至于汉兴，匈奴冒顿兵强，破东胡，走月氏，威震百蛮，臣服诸羌。景帝时，研种留何率种人求守陇西塞，于是徙留何等于狄道、安故，至临洮、氐道、羌道县。②

从这一条资料可以清晰看出汉景帝时期的"陇西塞"还是"临洮、氐道、羌道县"，到了汉代陇西郡的防御还是以"临洮"（今岷县）为龙头的，狄道、临洮二地分明清楚，各有各的历史功能，那么在秦国时期就更是如此了。

4.《水经注》

> 洮水又北迳狄道故城西。……又西北迳狄道故城东。……汉陇西郡治，秦昭王二十八年置。③

这里把狄道的建制年代与陇西郡治所在地具体地点说得非常清楚。在狄道的陇西郡治是在汉代开始设置的，它沿袭了秦昭王二十八年（前279）在临洮（今岷县）的郡治，反证秦时陇西郡治所在地不在狄道（今临洮）而在临洮（今岷县）的事实。不然就无须加注"汉陇西郡治"，而直接注"秦昭王二十八年置"了。在《史记》《汉书》中并没有注明陇西郡治设置的准确年限，这里明确记录为秦昭王二十八年置，成为后来史家的核心依据。

> 始皇三十三年，起自临洮，东暨辽海，西并阴山，筑长城及开南

---

① 二十四史（简体字本）《汉书·西域传》，中华书局，1999年，第2856页。
② 二十四史（简体字本）《后汉书·西羌传》，中华书局，1999年，第1944页。
③ （北魏）郦道元：《水经校证》，陈桥驿校证，中华书局，2013年，第45页。

越地，昼警夜作，民劳怨苦，故杨泉《物理论》曰：秦始皇使蒙恬筑长城，死者相属，民歌曰：生男慎勿举，生女哺用铺，不见长城下，尸骸相支拄。其冤痛如此矣。蒙恬临死曰：夫起临洮，属辽东，城堑万余里，不能不绝地脉，此固当死也。①

这里的"城堑万余里，不能不绝地脉"中的"堑"正说明了秦长城当时的主体形制就是深挖壕沟和在关键节点建设关城，关城与壕堑是秦长城的基本形制。"夫起临洮"再次强调秦长城起首地在今岷县，而非今临洮的事实。

5.《晋书》

然则燕筑造阳之郊，秦堑临洮之险，登天山，绝地脉，苞玄菟，款黄河，所以防夷狄之乱中华，其备豫如此。②

本条资料对于更真切认识秦长城在岷县的设置是不可或缺的旁证，并再次证明秦长城的形制就是"堑""险"，而且秦防御的重点就是"临洮"。

6.《隋书》

臣闻禹定九州，导河不逾积石；秦兼六国，设防止及临洮。故知西胡杂种，僻居遐裔，礼教之所不及，书典之所罕传。③

临洮郡：临洮，西魏置，曰溢乐，并置岷州及同和郡。开皇初郡废，大业初州废，更名县曰临洮。又后周置祐川郡、基城县，寻郡县俱废。有岷山、崆峒山。④

第一条"秦兼六国，设防止及临洮"非常重要，与《汉书·西域传》中"秦始皇攘却戎狄，筑长城，界中国，然西不过临洮"是互证，再次证明秦长城在临洮（今岷县）不可或缺的重要历史地位，充分说明临洮（今岷县）是秦朝西部门户的特殊性。第二条说明岷县在西魏由秦汉传承下来的"临洮"之名改为"岷州"后，这一地名称谓并没有消失，而是改为临

---

① （北魏）郦道元：《水经注校证》，陈桥驿校证，中华书局，2013年，第73页。
② 二十四史（简体字本）《晋书》，中华书局，1999年，第1765页。
③ 二十四史（简体字本）《隋书》，中华书局，1999年，第1061页。
④ 二十四史（简体字本）《隋书》，中华书局，1999年，第557页。

洮郡，成了一个泛概念，郡治还在"岷州"（今岷县），有"有岷山、崆峒山"为证。岷山、崆峒山同处一地，全国仅岷县所有，再无二地。"西不过临洮""设防止及临洮"是我们认定秦长城西首起地的不二依据。秦长城不仅西首起于"临洮"，而且整个万里长城的最西端以"临洮"为终止，这是需要清醒认识和明确指出的。"狄道"仅处西秦岭偏西北角的末梢地带，是"临洮"西北角的重要关卡，秦长城必须延伸设防。再从军事防御和地理形势来看，"临洮"是秦国西部防御最经济有效的门户，越过"临洮"就是广袤的湿地大草原，地广人稀，根本无法设防，只有退而求其次，坚守"临洮"才是明智之举。秦国的政治家、军事家不可能不懂此理，历代史学家也不可能不懂此理。

7.《括地志》

溢乐县。陇右岷、洮、丛等州以西，羌也。秦陇西郡临洮县，即今岷州城。本秦长城，首起岷州西十二里，延袤万余里，东入辽水。岷山在岷州溢乐县南一里，连绵至蜀二千里，皆名岷山。①

这里把秦长城"首起"地点说得非常清楚，同时也点明了秦国陇西郡与临洮县的治所就是现在的岷县城——"秦陇西郡临洮县，即今岷州城"。

8.《通典》

岷州，今理溢乐县。春秋及七国时并属秦，蒙恬筑长城之所起也。属陇西郡。长城在今郡西二十里崆峒山，自山傍洮而东，即秦之临洮境在此矣。秦二汉及晋并属陇西郡。西魏置岷州及同和郡。隋初郡废。炀帝初州废，并其地入临洮郡。大唐复置岷州，或为和政郡，领县三。溢乐，有岷山、崆峒山。祐川。和政，后汉索西故城在今县东，亦名临洮东城，亦谓之赤城。后汉明帝时，金城、陇西羌反于临洮。道险，车骑不得方架。车骑将军马防设奇兵破之，因筑此城也。②

郡治所在地是随着防御核心县治所在地而设的，这在古代乃至现代都

---

① （唐）李泰：《括地志辑校》，中华书局，1982年，第223页。
② （唐）杜佑：《通典·州郡典》（影印本），浙江古籍出版社，2000年，第922页。

是基本常识，是无须再加注明的。秦时的陇西郡治所在地就在临洮县郡治所在地，司马迁自然也就没有再详加注明，导致后来学者只能依据"汉承秦制"进行推定，把秦时的陇西郡治所在地推定为狄道，即今临洮县。这种盲目类推是错误的，唐代的杜佑不可能犯这种错误，因此直陈"长城在今郡西二十里崆峒山"，"郡西"说明秦时的陇西郡治所就在岷县，顺便把岷县梅川镇索西城是在什么情况下修筑的也做了交代。此条是继《水经注》"汉陇西郡治，秦昭王二十八年置"后秦时陇西郡治所在地在岷县的又一条文献证据。

9.《广成宫碑记》

　　禹迹之内，山名崆峒者有三焉。其一在临洮，秦筑长城之所起也；其一在安定。山皆高大，可取材用，彼人亦各于其处为广成子立庙。而庄生述黄帝问道崆峒，遂言游襄城，登具茨，访大隗，皆与此山接壤。①

上文录自《全唐文》，列举了当时全国著名的崆峒山存在于三个地方，岷县为其中之一。同时该文把"崆峒山""秦筑长城之所起"和"临洮"三者并列叙述，依托文献互证存在。而能够把"崆峒山""秦筑长城之所起""临洮"三者并列叙述的地方仅岷县一地。

10.《元和郡县图志》

　　《元和郡县图志·陇右道上·岷州》："崆洞山，在县西二十里。""溢乐县，本秦汉之临洮县也，属陇西郡，秦长城首，起县西二十里。始皇三十四年并天下，使蒙恬将三十万众北逐戎狄，筑长城，起临洮至辽东，延袤万余里。"②

该志把崆峒山与秦长城均处一地的历史事实记录得非常清晰，而且把因历史沿革同一地名的不同变更也说得一清二楚，秦汉时期的临洮县并不是含混不清的泛概念，是非常精确的实指，就是后来的岷州、溢乐县，也

---

① （清）董诰等编：《全唐文》，中华书局，1983年，第3078页。
② （唐）李吉甫：《元和郡县图志》，中华书局，1983年，第995页。

就是今天的岷县。

11.《元丰九域志》

《元丰九域志·岷州》："岷山,无树木,西有天女堆,天女祠在其上。秦筑长城,起于州界。"①

这里的记录与如上各志完全不同,"秦筑长城,起于州界",让很多学者感到费解,到底是哪个州界?当然是岷州的州界。岷州东南西北都有界线,是哪个方位的州界?正确答案是西面与洮州的州界。这里有没有秦长城遗址?有,而且非常壮观,留待后文再述。

12.《旧唐书》

溢乐,秦临洮县,属陇西郡。今州西二十里长城,蒙恬所筑。岷山,在县南一里。崆峒山,县西二十里。后魏置岷州,仍改临洮为溢乐。隋复改临洮,义宁二年,改名溢乐。②

秦塞属于临洮,名子不悟。③

该书对岷县秦长城做了极为清晰的记录,长城的时代、位置、由谁所筑,以及岷山、崆峒山、长城的位置关系均有明确交代,包括长城就建筑在崆峒山上也说得一清二楚。"秦塞属于临洮"更是一种确凿无疑的定性和定位,"塞"即长城。

13.《新唐书》

岷州和政郡,下。义宁二年析临洮郡之临洮、和政置。土贡:龙须席、甘草。户四千三百二十五,口二万三千四百四十一。县三:有府三,曰祐川、临洮、和政。溢乐,中下。本临洮,义宁二年更名,贞观二年析置当夷县,神龙元年省。有岷山,西有崆峒山。④

此条资料说明岷县的崆峒山在宋代依然叫崆峒山,岷山西面有座山叫

---

① (宋)王存:《元丰九域志》,中华书局,1984年,第591页。
② 二十四史(简体字本)《旧唐书》,中华书局,1999年,第1123页。
③ 二十四史(简体字本)《旧唐书》,中华书局,1999年,第3082页。
④ 二十四史(简体字本)《新唐书》,中华书局,1999年,第685页。

崆峒山，长城即在崆峒山上，对秦长城在岷县是一条旁证。

14.《资治通鉴》

蒙恬斥逐匈奴，收河南地，为四十四县。筑长城，因地形，用制险塞，起临洮，至辽东，延袤万余里。①

该书对岷县秦长城的记录与《史记》完全吻合。

15.《读史方舆纪要》

按洮、岷、河皆古羌、戎地也，与岷、阶等州居山谷之中，为秦、蜀屏蔽。自汉以来，良多故矣，控制之方，岂无所衷乎？乃吾闻阶、文、西固之间，诸羌盘聚，无有宁所，岂非据山谷者易动难静，自昔然哉？盖尝考阶州有羊肠鸟道之险，西固有重冈复岭之雄，而文县接近松潘，苍崖绝壁，阴平故险，实蜀口之要区也。驭羌靖边者，其必先于此。乃若山川名胜，则洮、岷与河州固其尤也。记曰：西倾，岷山之宗也，朱圉、鸟鼠为辅，燔冢、秦岭为屏，陇首为限，而江出于岷，渭出鸟鼠，汉出燔冢，河浮积石，洮出西倾，陇出陇首，天下山川，皆其支派，考形胜者，此又不可不知也。②

《读史方舆纪要》着重考订古今郡县变迁，详列山川险要战守利害，对岷县尤其是洮河防御重要性的探讨非常明确，十分可贵。"驭羌靖边者，其必先于此。"那么秦长城西首起地在此就是一种历史的必然。

16.《狄道州志》

祥异：

按旧府志载秦始皇时长人十二见于临洮。今据文献通考，秦之临洮在今岷州，故不复录。③

建制沿革表：

---

① （宋）司马光：《资治通鉴》，上海古籍出版社，1987年，第48页。
② （清）顾祖禹：《读史方舆纪要》，中华书局，2005年，第6133页。
③ （清）呼延华国：《狄道州志》"卷十一"，宣统元年（1909）刻本，第6页"祥异"。

秦——陇西郡，秦并天下仍为郡，按秦筑长城起临洮，在今岷州。①

古迹：

长城在府城北三十五里。②

按：

今之临洮非秦汉之临洮也。临洮之名见于《秦始皇本纪》："西至临洮羌中。"《括地志》云："临洮郡即今洮州，乃以唐制言也。"《蒙恬传》曰："秦已并天下，乃使蒙恬将三十万众北逐戎狄，收河南，筑长城，因地形用险制塞，起临洮至辽东，延袤万余里。"徐广注曰："临洮属陇西而未实指其地。"惟文献通考云："岷州蒙恬筑长城之所起也。"即秦之临洮境，秦、二汉及晋并属陇西郡，西魏置岷州。③

该志对古狄道、古临洮与岷县的关系及秦长城位置梳理清晰，毫不含糊。"长城在府城北三十五里"，说明狄道的长城是从岷县延伸的，而非首起。而且这一段长城绝非战国的秦长城，而是秦朝的秦长城，即万里长城。"即秦之临洮境"，说明秦时的狄道是临洮的属地，不具有与临洮并驾齐驱的独立县级建制资格。本土志书的记录符合史实地情，可信度较高。

如上丰富的文献都是不同时期学者根据各自时代的长城存在所做的记载，并不是对《史记》的盲目照抄，具有极高的可信度。

（二）遗址遗存

查看如上史籍文献，有一个共同的关键词——"塞"，其本义是：阻隔；堵住。用来阻隔、堵住的方式有很多，或用土夯筑墙体，或用岩石顺山脊砌墙，或据守河流作为塞障，或顺着山势作为塞障，总之，"障""塞""亭""燧"等各种形制均有，依据具体地形和位置建筑所需设施。从"非皆以土垣也"来看，"土垣"仅是当时长城建筑选项中的一个形制，

---

① （清）呼延华国：《狄道州志》"卷一"，宣统元年（1909）刻本，第4页"建制沿革表"。
② （清）呼延华国：《狄道州志》，宣统元年（1909）刻本，"古迹·卷十一"条，第14页。
③ （清）呼延华国：《狄道州志》，宣统元年（1909）刻本，"古迹·卷十一"条，第14页。

"因山岩石，木柴僵落，溪谷水门，稍稍平之，卒徒筑治"①更为普遍。只有城障建设发展到一定程度，形成了一定的规模和态势，才会有"据亿丈之城，临不测之溪以为固"②的"国家"防御概念的诉求和作为，这时候才会有连接若干城障的必要，也即墙体出现的必要。而实现"塞"防御功能的核心方式就是"堑"：

> 然后斩华为城，因河为津……③因河为塞……因边山险，堑溪谷，可缮者治之……④堑山填谷……⑤秦堑临洮之险……⑥

"因河为津""因河为塞""因边山险""堑山填谷"，显然，"河"是第一道防御屏障，"山"是第二道防御屏障，"堑"比"垣"可能要便利得多。"堑"是秦长城的基本形制、基本特征，"堑"就是深挖长长的坑道。岷县维新镇卓坪村的"古城壕"地名传达的信息就是城与壕是相辅相成的，是一种配套的秦长城建筑模式。可惜经过2000多年岁月的消磨，"古城"已经消失殆尽，但"壕堑"还存在。"因河为塞"是顺着水系设置塞障，"因山为塞"是顺着山系设置塞障。有些段落以墙体相连，有些段落以河流相连，有些段落以山脉相连，这无数个顺着水系设置的塞障和顺着山系设置的塞障串联起来就形成了"亿丈之城"——长城。这就是秦长城的本来面目，战国时期各国长城无不如此。

由此可见，秦长城最基本最核心的形制就三个，分别是关城、烽燧、壕堑。把这三个形制串联起来就是早期长城也即岷县秦长城的基本形制。

1. 秦长城西首起地崆峒山布防

崆峒山遗址，如果按照文物部门要求一个点即为一处，分别描述是很烦琐的。因为是首起地，比起其他各地沿途布防要复杂得多。整座山脊有系统布防，烽燧、城障、烟墩、壕堑、城墙、马道等设施应有尽有，功能

---

① 二十四史（简体字本）《汉书·匈奴传》，中华书局，1999年，第2811页。
② 二十四史（简体字本）《史记·秦始皇本纪》，中华书局，1999年，第198页。
③ 二十四史（简体字本）《史记·秦始皇本纪》，中华书局，1999年，第198页。
④ 二十四史（简体字本）《史记·匈奴列传》，中华书局，1999年，第2210页。
⑤ 二十四史（简体字本）《汉书·五行志》，中华书局，1999年，第1192页。
⑥ 二十四史（简体字本）《晋书·载记》，中华书局，1999年，第1765页。

秦长城西首起地历史研究

秦长城首起地崆峒山全景，画面最高山峰处即烽燧遗址，烽燧下田地半中间即为秦长城西大门关城位置

齐全。山下有秦长城西大门——万里长城第一座关城，从山脊延伸到山脚下再到洮河岸边，均有防御不可或缺的烽燧等设施。

铁关门村秦砖秦瓦
笔者与铁关门村刘瑶老人脚下位置深埋一层秦砖秦瓦残件，此图为遗存完整的两件筒瓦之一。

118－119 页图中的 1、2、3、4 号位置分别是当地人所谓的头寨子、二寨子、三寨子、四寨子，这些位置由于受到人类长期活动的影响，已经很难看出原来的长城建筑面目了，但在四寨子北侧仍然能够看到石砌墙体遗迹，在三寨子山坡处出土过战国青铜兵器殳。

崆峒山出土兵器殳

当地人称 5 号位置为五台岗，实际是有五座烟墩的台地，现在尚能够看到三座烟墩遗迹，左右两边的烟墩遗迹已被毁灭。

6 号位置是明代开始建筑的观音殿，旁边有常年不干涸的湫池，即每遇干旱时节当地群众祭祀湫神的井池。

从 7 号至 13 号均为烽燧遗址，中间时有石砌墙体遗存，特别是 10 号至 11 号位置之间的背面有一大块平地，东西距离近 300 米，南北距离 30～60 米，石砌墙体遗存较多，靠东端还有 1 米多高、3 米长的黄土夯筑墙体遗存，夯层厚 10 厘米。在正面靠边的低凹处原是常年不干涸的天池，池面面积为 100 平方米左右，在 20 世纪 80 年代初期被当地农民填埋为田地，但此地至今常年呈现过度潮湿面貌。在 12 号至 13 号位置坡面有段双面石砌墙体形成的壕堑，墙宽大约 1 米，形成的壕宽不足 2 米，墙体高 1 米有余，今残存壕堑长约 30 米，从地貌现象判断，当初的壕堑似与 12 号烽燧相连。13 号位置即该山脊最高烽燧处，分 3 级垒筑，呈圆形，中间土墩残高约 3 米，上有丰富的秦瓦残件。

14 号地处折家山村，当地人叫墩上，烽燧为黄土夯筑，残高 4 米左右，直径 15 米左右，夯层厚 10 厘米。从烽燧位置向山顶看和山底下看，有条壕堑从山顶半中腰沿烽燧旁而下直至山底。

15～20 号位置均为烽燧遗址，坡面及底下有丰富的秦瓦遗存，其中 16 号位置秦汉瓦残件居多，17 号位置战国瓦片残件居多。

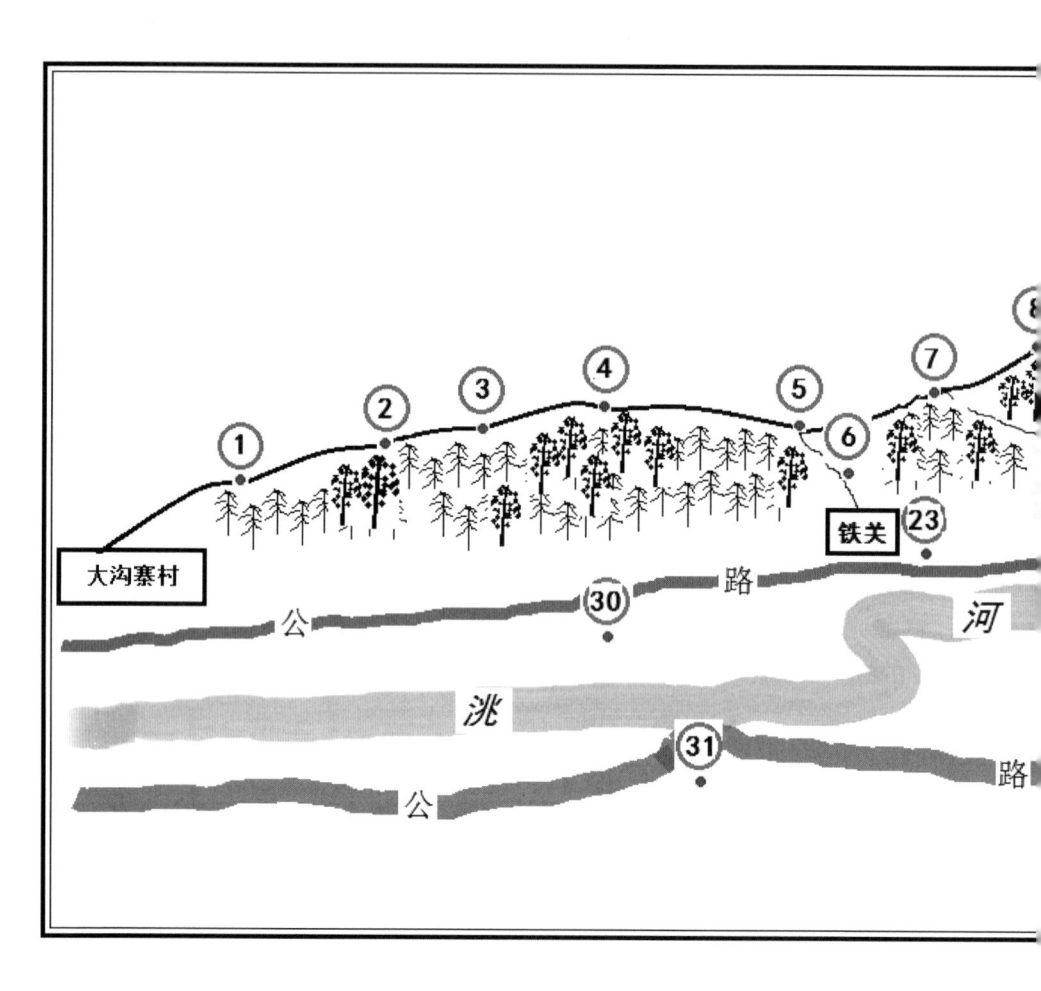

秦长城西起首地崆峒山（今甘肃岷县大沟寨五台山）布防示意图

铁关门村
折家山村
骆驼巷村

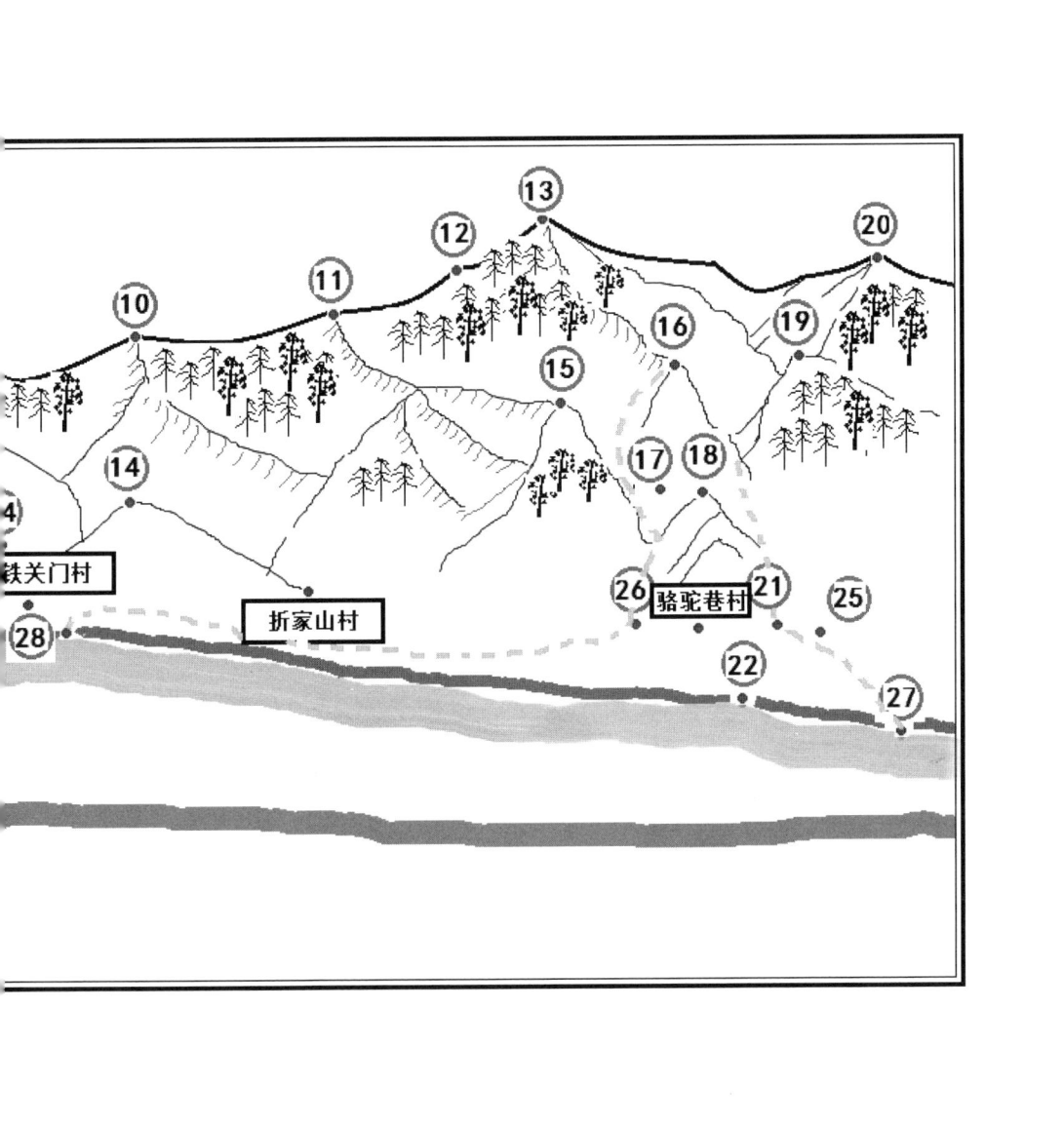

崆峒山布防示意图第 17 号位置标本（内部）

此图为笔者及研究团队在崆峒山布防示意图第 17 号位置挖掘标本照片，属战国时期秦瓦。记录时间地点的是内部，没有文字的是瓦背。

崆峒山布防示意图第 17 号位置标本（外部）

此图为笔者及研究团队在崆峒山布防示意图第 17 号位置挖掘标本照片，属战国时期秦瓦。记录时间地点的是内部，没有文字的是瓦背。

21号位置现在是关老爷殿，其地底填埋有一层秦瓦秦砖残件。

22号位置在骆驼巷村洮河岸边，原为一座巨大的烽燧遗址，在20世纪70年代尚存，呈圆形，底座直径达18米，高近30米，有通道宽约1米从底部攀缘而上至顶部，为黄土夯筑。1978年秋天洮河发生百年难遇的大洪水，河面暴涨近10米，若干村落及沿河公路被淹，此烽燧被洪水冲毁大半，剩下少半被当地群众于21世纪初期平毁，并在其址上盖6间平顶砖混房。在距离其遗址南30米处曾有丰富的秦瓦遗存，均被当地老百姓填埋地下，有一片完整筒瓦保存。

骆驼巷村秦砖秦瓦

23号位置为关城所在地，即万里长城西首起第一座关城遗址，现在残存南边墙体一段，长300米左右，底宽15米左右，高1~3米，西面墙体痕迹尚在，成为20厘米左右高的地埂。东面与北面墙体遗迹已经无从查看。南面墙体紧邻山坡底下，有护城壕尚在，从此墙体东端断断续续至骆驼巷村长2000米左右，如24号位置所示。

25号与27号、26号与28号虚线所示即"巷道",从山底下深沟延伸至洮河岸边,表面看是自然形成的排水沟,但通过调查,至20世纪70年代"农业学大寨"运动之前,此两条沟均宽约5米,深约4米,显然是人工深挖所为,并非自然形成,而且很规整。"农业学大寨"运动之后,被严重破坏,特别是26号至28号段被改道填埋,平整成了农田,丧失了当初的面目。实际这两条"巷道"即长城配套设施中的马道,具有护城的作用。25号位置以西山底下台地上是寺洼文化遗址,有密集的寺洼陶片及石斧等遗存。

29号、30号位置是两处天然形成的水池,常年不干涸,是洮河"S"形太极图案两边的鱼眼,这是古代道家最为看重的圣地基本特征。可惜在"农业学大寨"运动期间30号位置水池被填埋成田地了,十分遗憾。此地在唐宋及之前为全国最为著名的崆峒山圣地,是有其原因的。

31号位置在洮河对岸的迭麻咀临洮河岸边,原有关城和墙体,并有一尊高达3米的石碑,在中华人民共和国成立初期尚在,关城一面墙体至20世纪80年代初期才被平毁。31号关城设置与对面秦长城西首起地系列设置是配套的、不可或缺的综合防御体系。

以上即秦长城西首起地崆峒山布防大概说明。

2. 秦长城西首起地岷县境内布防

秦长城西首起地岷县境内布防也是极具特色的,洮河就是绵延不断的墙体,然后在两岸要塞位置设置关城与烽燧、壕堑。另外还延伸至县城南面,直至麻子川镇岭峰村。这里的正东100余千米就是秦国大后方、祖茔所在地——礼县大本营。岭峰所在地正是幡冢山最靠西面的一段,海拔高达2700多米,再向南、向东海拔呈直线性下降,且均是秦国属地,无须设防。而岭峰以西兼及巴仁河与录沙后寨梁上以西与西羌相通,不得不防。

以下按照编号分别说明相关遗址的设防情况。

不规则的长长粗线即为洮河。1号位置即大沟寨、铁关门、骆驼巷遗址,此略。

2号位置即十里镇墩背后村,此遗址夯层已经漫漶不清,轱辘村山顶有直径16米左右,残高不足3米的烽燧遗址。

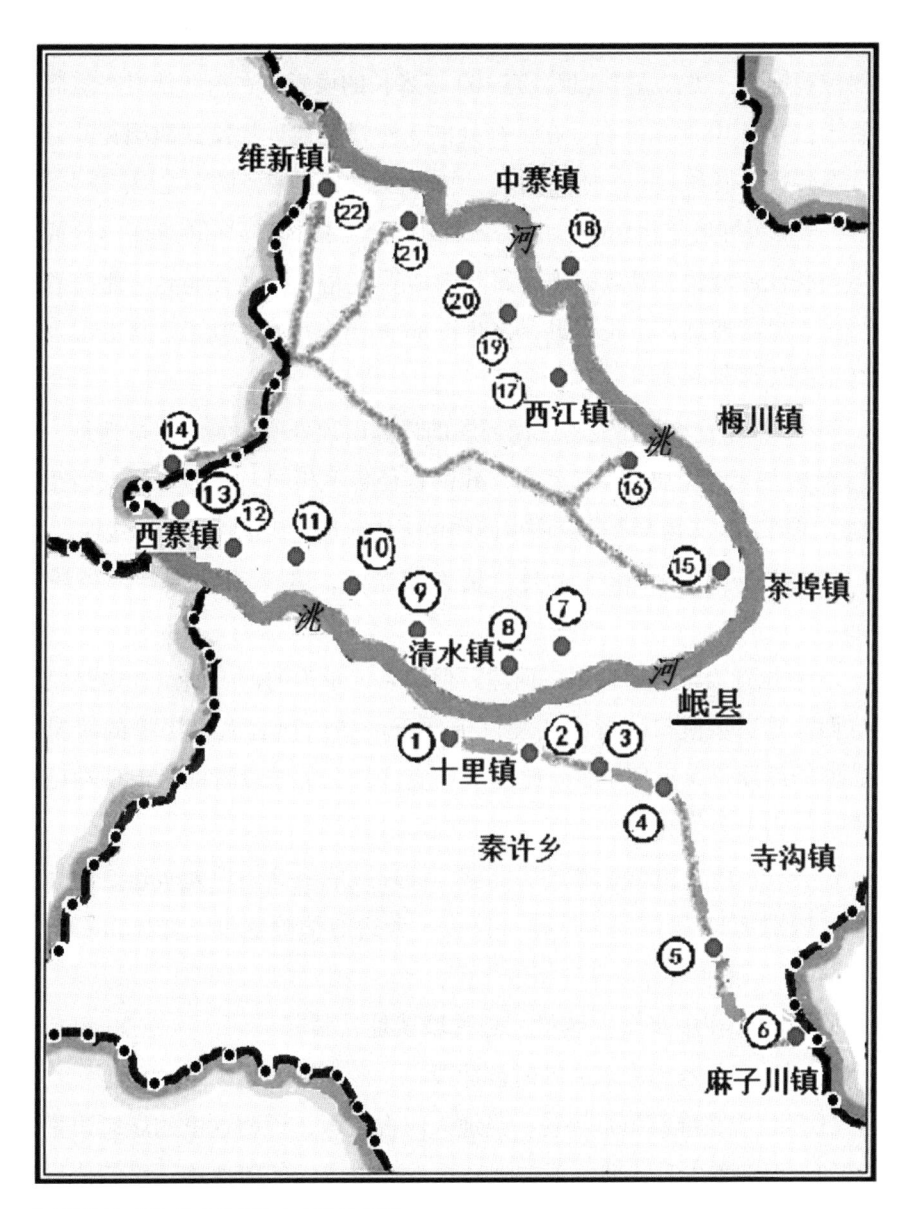

秦长城西起首地甘肃岷县境内布防示意图

3号位置有烽燧遗址。

4号位置即中堡村与阿阳村相连接的西河桥位置，原有黄土夯筑墙体，直通两个村落的山脚下。中堡段很早被毁，阿阳段被完全毁净才是五六年前的事情。当地人把这堵墙叫作白土墙，说明土质纯净。

5号位置为寺沟镇录沙村寨子梁，有6座烽燧从半山腰起直至最高顶的险要位置排列，还有城障遗址，有100多米长的壕堑，在山凹处有夯筑墙体近百米，夯层10厘米左右。在最高处的3座烽燧遗址均捡到战国瓦片、秦瓦，秦砖残件很多，完整的有一件。说明此处曾经是重点防御之地。

6号位置即麻子川镇岭峰村，该处山坳的两端均有烽燧遗址，是黄河流域与长江流域的分界点，南面属陇南地界，北面属岷县地界。北面紧邻烽燧还有城障遗址，呈长方形，南北长80米，东西宽120米。从夯层判断为各个时代多次修建。

7~13号位置均是在能够三面环顾的最高山顶处所建筑的烽燧遗址，夯层均为10厘米，土质纯净，残高与残留直径各不相同。13号位置在西寨镇冷地口，第二次文物普查时定西市博物馆工作人员在遗址捡到秦瓦残件。

14号位置在西寨镇关上村，是关城遗址，紧邻关城还有两条壕堑遗址。

15号位置当地人叫钉塞、西津，但地名记录为的西、西京，这是错误的。西津是当年渡口位置，从渡口延伸至最高山顶有人工深挖的壕堑遗址，断断续续长5千米左右。此地当年应该是有关城设置的，但现在已毫无遗迹。山上多处有烽燧遗址。

16、17、19、20号位置均为能够三面环顾的最高山顶处所建筑的烽燧遗址，特别是17号位置烽燧遗址巨大，旁边有城障遗址，墙体由石块砌成，与15号遗址山脊最高处相连。

18号位置在中寨镇古城村，是关城遗址，紧邻洮河，占地20亩，在1958年引洮工程水库聚水失败时被冲毁。

21号位置在维新镇卓坪村，当地人叫古城壕，说明这里的壕堑边是有古城的。但随着岁月流逝，现在已经看不到古城的任何遗迹，壕堑依然清晰可见，绵延3000多米。在此壕堑多次出土秦瓦及瓦当残件。

22号位置在维新镇坪上村，当地人叫铁城。该城遗址巨大，被历代反复重建利用，特别是宋代作为"铁城国"国都使用，因此秦时的遗迹已经很难见到。此地的壕堑蔚为壮观，与古城壕的山脊最高处相连，也与西寨镇关上村壕堑的山脊最高处相通。

3. 秦长城西首起地总体性防御布局

下图是在我们实地考察的基础上，再仔细对证甘肃省文物考古研究所原副所长边强先生著《甘肃关隘史》中的大量考古信息绘制而成的。边强先生对秦长城在这一带布防持否定意见，但其所列举各个关隘遗址出土文物标本如粗绳纹秦瓦残片信息可取之处很多。因为很多遗址或被水淹或由于历史因素被平毁，已经无从查看，该书的例证是考古所长期积累的结果，尤为可贵。

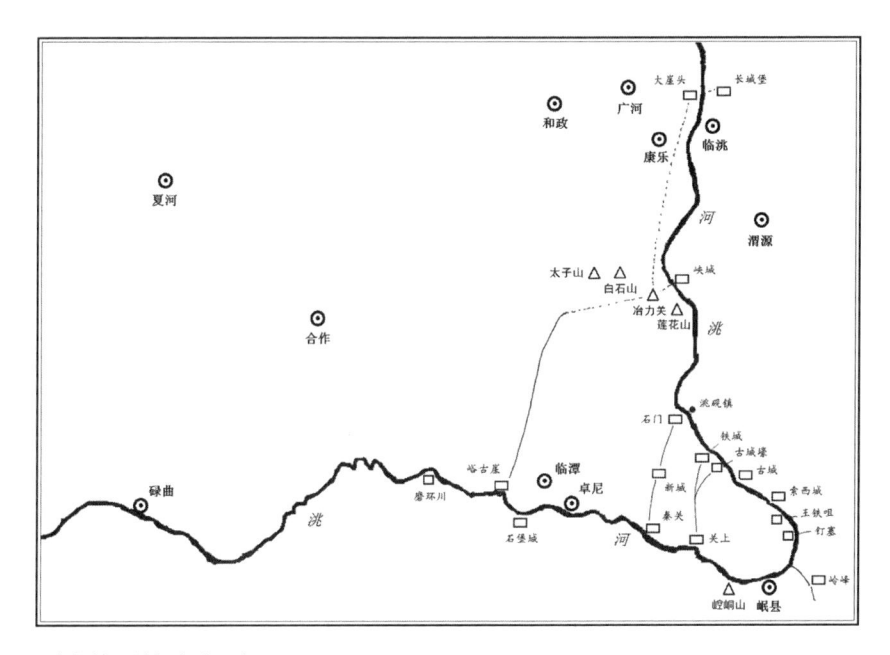

秦长城西首起布防示意图

这里仅介绍纵贯洮河南北两岸的三道防线的布防情况，详细遗址考古已经有专文发表，此不赘述。

第一道防线，从岷县西寨镇关上村起至岷县维新镇铁城，两头分别从洮河岸边深挖壕堑至山巅，再利用沟壑连通两地，总长约30千米。

第二道防线，从临潭县总寨镇秦关村起，穿越新城镇，继续向北至临潭县石门乡石门村，总长约40千米。从秦关村这边有延伸到洮河岸边的三条壕堑逐次至山巅聚焦为一条壕堑。

第三道防线，起于今卓尼县阿子滩乡那子卡村洮河北岸的峪古崖，自西南向东北，蜿蜒曲折，至临潭县八角乡北部山顶与康乐县接壤处的安龙关，全长约 150 千米。沿线险要关口，设有隘口、烽墩、暗门及城堡，至今旧迹仍断续可见。① 从康乐县安龙关，途经槐树关、土门关、莫尼关、积石关等 24 关，连成一线，与洮河下游今临洮县境内的大崖头遗址相通，距临洮县大崖头遗址约 60 千米。如此计算第三道防线总长应在 210 千米左右。大崖头遗址与长城堡遗址隔洮河相望。

关于第三道防线的重要性，《洮州厅志·形胜》有明确记载：

> 洮地三面临番，松潘连界，接蒙古边境，一墙②之外，直通青海黄河。西控诸番，东屏两郡，南俯松叠，北蔽河湟，西南之要害也。金锁即属，石门扼吭可恃西山，号为玉笋。传火先觇要知险，以人固量必虑在先机，诚能增九条丹巴之戍，谨白石黑松之峰。则洮阳奠盘石之安，秦陇保金汤之固矣。③

4. 明代烽火台与秦长城的设置是截然不同的两种形制

明代烽火台从今天卓尼县城开始沿洮河至岷州城，再南下翻越麻子川岭直至今宕昌与武都交界处角弓结束，是一个有明确目的仅起到传递信息作用的防御体系，再没有其他任何配套的防御设施。从卓尼县城至岷县的西寨冷地口以西为当时的洮州地界，从冷地口以东至角弓为当时的岷州地界。这是洮河以南的布防。其判断的依据就是现场考古与时代性的夯层，在烽火台周围看不到一处有相同夯层的其他建筑设施遗迹。所有明代烽火台夯层多在 20 厘米左右或以上，且夯层清晰，一目了然。这些烽火台均设置在临河岸、临山脚不太高的山嘴咀凸处。在洮河以北、以西没有烽火台设置，却在秦长城壕堑断开的两山间夯筑有相连接的墙体，这些墙体绝大多数呈南北向布防，因为秦长城壕堑的走向总体为南北向。秦长城烽燧多设置在山峰最高处能够三面环顾的险要位置，其夯层漫漶不清，均在 10 厘

---

① （清）张彦笃主修，包永昌总纂，张俊立校注：《洮州厅志校注》，中国文史出版社，2013 年，第 7 页。
② "一墙"即指该防线。
③ （清）张彦笃主修，包永昌总纂，张俊立校注：《洮州厅志校注》，中国文史出版社，2013 年，第 106 页。

米左右。

5. 明代边墙是在秦长城壕堑基础上修筑的

甘肃省文物局对整个卓尼、临潭境内的边墙的认定，均不含壕堑，单纯指两山间所筑的墙体，而顺着墙体的两面沿山脊而上的壕堑不在保护范围之内。这样认定的合理之处在于，分布在深沟两山之间的墙体从夯层判断是明代所筑，起到了拦截和管控的防御功能；不合理之处则是壕堑不能被忽略，其具有突出的防御功能，是墙体防御不可或缺的组成部分。现存所有墙体所筑的位置，不是在山顶烽燧之下，就是在紧接两边壕堑的断头上，这是一个完整的防御体系，没有一处墙体不与壕堑相连接，这道断断续续长100多千米的壕堑，不应该被分割开来对待，更不应该被忽略不计。这里就涉及如何认定的问题。

本文认为壕堑就是秦长城，理由有四：一是符合我们在前面分析的秦长城最基本形制"壕堑"的文献记载。二是与岷县现存的壕堑形制相同。三是这一带壕堑规模非常大，是连接洮河南北开口最大的拦截面，有些特殊地段有特殊布防，有志在必得、防守无误之寓意。四是只有秦朝具有修筑这样大规模、高规格防御工事的能力和需要，其余历代王朝均没有这样的需要，也没有足够的国力支持修筑此类工事。秦朝之后直至明代，封建王朝才开始对整个甘南地区拥有实际管辖权。但由于在这一区域有生番熟番之别，肯定需要有效管控。洪武十二年（1379）成立洮州卫，由岷州卫节制，其民众与岷州民众均为岷州后氏家族住持的当时西北最大的皇家寺院——大崇教寺灯油户，免交国税。岷州卫、洮州卫驻军总计11200名，实行屯田制，分散在各个重要关口和人口相对密集的村落，并把陕西宝鸡一带村民整村迁移到洮、岷二州，配合屯垦驻军作为"样民"来教化当地土著居民。在明代，自从唐后期至元末把控西北军、政、宗教的班丹扎释家族于洪武二年（1369）投靠明王朝，被赐"皇后"之"后"一品姓氏，岷州、洮州以至河州卫、西宁卫均以后氏家族为主实行管控，其管理卓有成效，除出现过短期十三番谋反的不安定外，整个明代时期的这四州区域是安定祥和的，无须严防死守，堵死通道，没有秦长城建筑时期的现实诉求。修建边墙进行有效管控是必要的，因此布防在山脊数百千米长的壕堑只能是秦长城遗存。洮州边墙对秦长城壕堑的再次利用，既说明秦长城壕堑仍然具有防御功能，更说明明代夯筑边墙者防患于未然的国家治理高超智慧。但不应忽略明代所筑墙体，是对秦朝所筑墙体的再次修复这一可能性。因为洮河一带高寒阴湿严重，秦时墙体早就丧失防御功能，明代在其基址上重新修筑墙体不是不可能。

6. 关于今临洮与古临洮的关系问题

《尚书·禹贡》把全国分为九州，岷县属雍州地。秦穆公三十七年（前623），"秦用由余谋伐戎王，益国十二，开地千里，遂霸西戎"。① 从此，岷县地域便进入了秦国版图。秦孝公十二年（前350），"集小乡邑聚为县，置令、丞，凡三十一县"，② 岷县就成了秦国最西边的门户县级单位——临洮县。从此，岷县自战国时秦国正式设县至北朝西魏，县名始终叫临洮。西魏文帝大统十年（544）置岷州，领同和郡（后改为临洮郡），遂改临洮县为溢乐，为州治所在。北朝沿用西魏旧制。隋朝建立后，开皇三年（583）罢临洮郡，以其地属岷州。大业三年（607）复置临洮郡，领11县，郡治在美相（今临潭境内）。溢乐又改用临洮旧名。义宁二年（618），复置岷州，再次改临洮为溢乐。唐代的岷县，最初沿袭隋临洮郡建制，后归陇右道管辖，行政区划为岷州。从此，临洮冠名岷州。直至民国二年（1913），才改称为岷县，中华人民共和国成立前为国民政府甘肃省第一行政督察专员公署驻地。但是，在文人习惯中，他们仍然喜欢称岷县为临洮，这种习惯直至临洮这一称谓被其他地方冠用为止。

在历史上还有两个地方名为"临洮"，一个是今临潭县，"天宝元年（742），改为临洮郡，管密恭县，党项部落也，寄治州界"。③ 说明唐代在岷县的洮河上游即现在的临潭地界建制过临洮郡，郡治所在地应该就是现在的临潭县城。但这个时间段并不长，"乾元元年（758），复为洮州"。④ 说明在洮州成立临洮郡时间总计为17年，其余的时间仍以"洮州"称谓为主。

---

① 二十四史（简体字本）《史记·秦本纪》，中华书局，1999年，第140页。
② 二十四史（简体字本）《史记·商君列传》，中华书局，1999年，第1766页。
③ 二十四史（简体字本）《旧唐书》，中华书局，1999年，第1122页。
④ 二十四史（简体字本）《旧唐书》，中华书局，1999年，第1122页。

另一个是今临洮，北朝西魏时增置临洮郡，后周被废。宋熙宁后亦曰临洮郡，金改曰临洮府。元因之。明仍为临洮府。清仍旧。但在历史上的称谓唯"狄道"最为持久，故当乾隆十年（1745）州志完成后仍命名为《狄道州志》，而非《临洮州志》，并注明其命名的理由："临洮之名始于秦，而境在今之岷州。唐之临洮郡，今为洮州厅。陇西名郡自汉始，唐亦有陇西郡，乃即今之陇西。且或以为州为路为军，或以郡领县，纷纭更互，猝难考详，核之弗精，奚以示于狄志，不得辞也。"① "狄道，溯秦汉以来，历为附郭邑。"②

综上来看，"临洮"的称谓在各个时段是清楚明了的，并不含混，并非泛指。

陈守忠先生在《甘肃境内秦长城遗迹调查及考证》中对文献中战国秦长城"起临洮"的记载提出了自己的看法，认为"起临洮"的临洮，是泛指一个地区。凡洮河流域之岷州、洮州、狄道均可称为临洮，事实上也都曾有此称谓。③

陈守忠先生所言是不负责任的，甘肃省文物考古研究所以此为据是不严谨的。秦汉时期的"临洮"就指今天的岷县，今天的临洮在秦汉时期就"狄道"一个称谓，二者的关系清清楚楚，而且"狄道"是"临洮"的附邑。"临洮"被其他二地冠名均在魏晋以后。也就是说"临洮"在秦汉时期是唯一的称谓，专指今天的岷县。在狄道建立郡治，仅是汉代才有的事实。《读史方舆纪要》"卷六十·陕西九·临洮府"多处载明：

> 《禹贡》雍州地。春秋、战国时，为西羌所居。秦属陇西郡。汉属陇西金城郡。
>
> 狄道县，附郭。汉置县，为陇西郡治。后汉因之。
>
> 狄道故城在今府治西南。汉所置也。
>
> 临洮城府西南二百二十里。汉县，属陇西郡，南部都尉治此。后

---

① （清）呼延华国：《狄道州志》卷一，宣统元年（1909）刻本，第1页"序"。
② （清）呼延华国：《狄道州志》卷一，宣统元年（1909）刻本，第1页"序"。
③ 甘肃省文物局、甘肃省文物考古研究所：《临洮战国秦长城山丹汉、明长城调查报告》，甘肃人民出版社，2007年，第130页。

汉因之。①

这里的"汉置县""汉所置也""汉县"一再强调狄道的县级建制是从汉代开始的，在秦代仅是"临洮"即今岷县的附邑，属于陇西郡治理范围。作为陇西郡治所在地在狄道也是从汉代才设置的，说得非常清楚。秦时的陇西郡治所在地在临洮（今岷县），而非狄道（今临洮）。

三、正确认识长城认定与学术问题

长城的认定，核心是遗址的认定。对遗址的认定，人们容易犯经验性、习惯性错误。比如长城就应该是一段段长长的墙体，非此，就不是长城。没有长长的墙体就认定没有长城。

事实上，当我们冷静思考，认定问题的出现是情有可原的，本质上属于时代局限性问题。时至今天，我们把它分别定格在特定战国时期的秦国与统一六国后的秦朝时空，在全国大版图上通盘审视其合理性，会发现我们之前对秦长城遗址的认定存在漏洞或悖论，需要由国家文物局牵头，组织国家力量将万里长城西首起地及整个甘肃段遗址作为公案来处理，使之得到彻底解决。秦长城遗址在甘肃段的存在、秦长城西首起于古临洮今岷县是不可否认的，对其研究与认定不是"有无"的问题，而是如何通过研究加以证实的问题。

岷县通过努力，已调查清楚秦长城遗址遗存及布防格局，发表了《秦长城首起于岷县的文献梳理与调查考证》《秦国临洮县与陇西郡地望及秦长城西首起关系考》《秦国陇西郡郡治所在地考》《秦长城西首起遗址考》《"犬丘"考》等学术成果。《中国长城百科全书·岷县长城（卷）》亦将出版发行。希望国家文物部门对岷县的考察与研究给予实证。

（本文原刊载于《遗产》集刊第 5 辑）

---

① （清）顾祖禹：《读史方舆纪要》，中华书局，2015 年，第 2863 页。

秦长城西首起地在岷县原因探析

——兼议战国秦长城与大一统秦长城两个不同时期西首起地的问题

张润平

摘　要：秦长城西首起地是秦朝研究无法回避的一个问题。史书记载均在古临洮今岷县，遗址考察与史书记载完全吻合。笔者通过研究，总结了10个秦长城西首起地选址在岷县的理由，认为秦长城西首起地的设置不是简单的线性墙体，而是具有高度整体性、层次性的防御系统。岷县是秦国最西部的门户县治郡治所在地，西秦岭与岷山、昆仑山穿插交会之地，秦国老巢礼县之西的紧邻，是秦国西部安全的命门之地，地理与地形特殊，位置要害，具有把控从西、从北来犯之敌的统摄功能。而今临洮古狄道在岷县之北，不具有这样的把控功能。秦长城西首起地非岷县莫属。

关键词：秦长城；西首起地；岷县；原因；探析

岷县即战国至秦朝时期的陇西郡临洮县。秦长城西首起地在岷县的历史记载，从《史记》《汉书》《后汉书》《水经注》《隋书》《旧唐书》《新唐书》《通典》《括地志》《元和郡县志》《元丰九域志》《资治通鉴》《方舆胜览》《读史方舆纪要》等，各个不同时代的分别记载足够丰富。秦长城西首起地在岷县的遗址同样非常丰富，依然能够随地可见。我们的遗址考察研究成果《秦长城首起于岷县的文献梳理与调查考证》《秦国临洮县与陇西郡地望及秦长城西首起关系考》《秦国陇西郡郡治所在地考》《秦长城西首起遗址考》《"犬丘"考》分别发表在《丝绸之路》2019年第4期、

2020 年第 1 期、2020 年第 2 期，中国长城学会专业刊物《万里长城》2020 年第 2 期及《中国长城文化学术研讨会论文集》（中国书籍出版社，2020 年 8 月），受到中国长城学会肯定，由中国长城学会主编的《中国长城百科全书·岷县长城卷》一书也即将出版。

一、秦长城西首起地为什么在岷县？

秦长城西首起地为什么要落脚在岷县而不是其他地方？

要明白这一问题，首先要清楚秦国当时的西部边关地带是哪里，其次要清楚秦国在西部边关地带有没有必要设防，最后要清楚在西部边关地带最需要防范的是什么，最需要保护的是什么。这是大前提，必须要弄清楚。

具体综合考察秦长城西首起的防御布设，秦国的设计是以洮河为中轴，以白龙江源头与渭河源头区域为两翼，作长城西首起的防御设置。崆峒山（今岷县十里镇大沟寨村五台山阳巅沟梁）控扼白龙江源头区域及更西向甘南草原西羌来犯之敌。崆峒山相关联的秦许乡阿阳西河桥、中堡，寺沟镇录沙村寨子梁，麻子川镇岭峰村均有防御设施。在岷县西北部的狄道（今临洮县），不仅管控着西北的狄羌，还有正北方渭水源头区域的狄人，这一带海拔稍低，属于黄土高原的南面边缘地带，农业经济发达，族群众多。狄道正北的黄河以北又是匈奴出没的核心地带，在狄道不能没有设防。整个洮河流域是秦人早期的势力范围，渭河流域是秦人从进入周朝诸侯国开始逐步向东一个一个兼并后的势力范围，两者有时差关系。对白龙江流域源头区域的把控应该稍迟于对洮河流域的把控，早于对渭水流域源头区域的把控。秦长城西首起的设置就是为了总摄这三条河流及相关联山脉水系人类的通道。秦人在未进入周朝诸侯国之前就对这一带经营了数百年，可以说苦心孤诣。有了此牢不可破的基础，才有了秦人后期统一全国的力量。

具体分析，原因有十：

一是秦国的老巢在礼县，岷县相邻礼县之西，确保老巢安全，是秦国首要考量因素。岷县不保,紧邻岷县东面的秦人世代祖居地礼县唇亡齿寒,肯定也将不保。礼县不保,秦人的根基就会地动山摇。因此在岷县必须设防。

二是陇西郡治所在地就在当时的临洮,并非当时的狄道(今临洮)。狄道置陇西郡是汉代。在秦代,从战国至秦朝,狄道一直是当时临洮的边地附邑,郡治所在地不可能设置在边地附邑——狄道的。岷县的西面是居无定所的广袤无垠的湿地草原住民——西羌,岷县的北面是狄人和匈奴,均不得不防御。

三是岷县之西就是"羌中",秦人不可能不设防。岷县是秦人最西面的门户县,陇西郡是秦人最西面的门户郡,门户所在地是长城设防的重中之重。秦长城西首起只能从最西面门户县治、郡治所在地修起。

四是秦岭是秦人的命脉,西秦岭是秦人的命脉之门。西秦岭的安全就是秦国的安全,就是秦朝的安全。确保西秦岭的绝对安全是长城西首起于岷县的不二选择。

五是岷县是雍梁二州的分水岭,地处咽喉位置,是东西向西秦岭与昆仑山、南北向岷山与祁连山四山交会穿插之地,也是四个方向所在居民交会穿插之地,山大沟深,沟壑纵横,万山林立,在此设防,修筑长城,同样是秦人的不二选择。这一地理地貌特征决定了秦长城西首起建设的思路、格局和框架。

六是秦人设防的人类不仅是北狄,还有从蒙古高原穿越青藏高原入蜀的匈奴及从河西走廊远道而来的胡人,以及正西面类似于明代生番的羌人的入侵。岷县作为北面入蜀、西面入秦的咽喉之地,长城不能不在此首起。

七是由于西秦岭与昆仑山在岷县境内呈东西向穿插,洮河从西向东而至岷县,又折而向北、向西再向北进入黄河,根源就是两山撞击穿插所致。昆仑山在岷县东南向穿插而止,西秦岭在岷县西北向穿插而止,穿插深度近200千米。这样在区域性临界草原湿地范围内,形成了若干段大致呈南北向的横断山体,能够起到防御上的拦截作用。秦长城就把这样的横断山体连接起来,修筑防御工事,能够起到事半功倍、一夫当关万夫莫开的功效。这正是秦长城在洮河喇叭口的正西面修筑三道拦截工事的奥秘所在。

八是渭水是秦人赖以发展的母亲河，紧贴秦岭由西向东汇成巨流，其源头区域紧邻洮河峡谷地段的峡城位置，是秦人长城西首起布防不得不考量的必然选项。渭水之源也是秦人的生命之源，与洮河之源具有同样的功能与意义，必须保护。这就是秦长城西首起，从东南方的岷县起步沿洮河流域西北方而下到达临洮，又东南下至渭源，再继续向东至陇西进行布防的原因所在，也是秦长城西首起布防的基本格局。

九是在洮河东部紧邻礼县的狼渡滩，海拔在2700~2800米，面积有90万亩，是秦人的西犬丘之地，牧马绝好的湿地草原，其价值类同于今天的国家军火库，一定要确保绝对安全。因此在洮河以西设防、修筑长城，是秦人基本的考量。

十是洮河本身就是一道防御屏障，就是一道由水筑成的长长的墙体。其总流向是由南向北，只是对岷县特别关照，在境内进行了长达83.5千米的大转弯再向北流去的，其开阔的张口面是正西向的广袤无垠的若尔盖湿地大草原，在临近草原的南北断面适当位置修筑壕堑、城障、烽燧等相关防御设施，形成若干段防御拦截面，才能确保洮河防御线万无一失。

时狄道今临洮，在岷县的正北面，礼县的西北面，如果秦长城西首起于今临洮，那么秦人祖籍地的西边门户地岷县就敞开给西羌，任由西羌自由穿梭来犯了。而这是绝对不允许的。

如果秦长城西首起于今临洮，那么其地理位置必须要求有一夫当关万夫莫开的特点与功能。今临洮境内的西起点南屏村长城堡平缓低矮，一不险要，二不是关口，历史上也没有"关"的地名传承，不具有首起地的价值与功能，只能作为境内过路段的起点。长城的首起地，需要系统性综合设防。而在今临洮看不到系统性综合设防的布局，全是单纯线性布防，这正是过路段长城设防的特征。今临洮以西、以北是蒙古高原边缘带，是西秦岭北部末梢端的一个点，不具有"首"的捍领功能，不可能是首起地。

历代典籍特别强调秦长城的"西首起"，很多学者往往忽略"首"的含义。"首"绝不是一条线就能够解决的问题，就如北京八达岭明长城的设置就是多角度多层次布防，秦长城西首起，就是万里长城之首，要能够承担和具备捍领与涵盖万里长城的体量和功能。通过研究，秦长城西首起地的布防设置就具有这样的体量和功能，是具有高度整体性、层次性的防御系统。从首起地就是如此，顺着沿途直至终端的设置，莫不如此。对于早期的秦长城来说，好多遗址已经毁损殆尽，只有断断续续的壕堑、关城、烽燧尚能够看见，特别是壕堑不容易毁损殆尽，还能清晰地看到其壮观的一面。

秦长城西首起地的防御设置，是一种把洮河进行了全封闭式的防御。对"首"的防御，应该是全方位的。首起点，肯定是最要害的点。

明代充分利用秦长城的设施，再加以改进补充完善，在两山间壕堑下方对接处或悬崖下夯筑的墙体便是，文物部门把这些墙体统叫作"明代边墙"。而绵延不绝长达100多千米的壕堑则是秦长城的遗存，在明代依然具有防御功能，不然，这些边墙就不必修筑在两山的壕堑之下或壕堑的接口处了。

如果把秦长城西首起所在地作为龙首相比的话，崆峒山是龙首核心部位，从秦许二郎城分支的岷县县城东北龙望台与麻子川镇岭峰村就是龙须，从岷县二郎山起直至今临洮县洮阳镇边家湾大崖头遗址，总为万里长城西首起之"首"的组成部分。龙首的大致轮廓就是东面以洮河为界，西面以临界草原的西秦岭、岷山、迭山、祁连山穿插交会形成的横断山体为界，这个范围内均为龙首部位，是岷山与祁连山、昆仑山与西秦岭或起首或末梢端的接合部，这个部位具有总摄功能，是秦岭与岷山、昆仑山的枢纽。从今临洮县洮阳镇边家湾大崖头洮河对岸的南屏村长城堡算起的今临洮县境内长城段正属万里长城的脖颈部位。由此可以看出秦长城西首起地的选址是煞费苦心又极其高明的，把东南西北族群的防御与互动总在这里能够做到有效把控。岷县之地是秦国当时西部安全的命脉之地、命门之地，也是秦国整个大版图安全所系的命门之地。岷县崆峒山（今十里镇大沟寨五台山）正处锁芯位置，具有开关锁芯的功能。因此，秦长城西首起之地非岷县莫属。

二、战国秦长城与大一统长城西首起地

下面再讨论一下战国秦长城与大一统长城两个不同时期西首起地的

问题。

早在 1927 年就完稿、于 1933 年出版的《中国长城沿革考》，作者王国良先生明确判断：

> 至于西头，诸说都说起于临洮，《括地志》且特指明起岷州——今岷县——西十二里；是秦长城西起于今甘肃岷县，自无疑虑。……然则秦长城西起于今甘肃岷县，东行经狄道固原隆德等地，包六盘山而北走，再东经环县而入陕西境，东过绥德，渡黄河，历山西河北境，到山海关转向东北，横贯辽宁南部平壤县南可无疑了。以上，叙述秦长城的起讫。……总之，秦筑长城，上承燕赵之旧，下立历代北防之基，工程之大，在古代实算首屈一指！近之苏彝士巴拿马诸工程，或可同他抗衡，余则望尘莫及了！①

成稿于 1963 年、出版于 1979 年的《中国长城建制考》，作者张维华先生也明确判断：

> 综上所述，秦昭王时所筑之长城，其所在方位，大体可寻出矣。首起于今甘肃岷县之西南，北行，经临洮、渭源之境，直达皋兰。再由皋兰东行，越陇山，入固原县境。复东北行，入合水县与环县之境。自此再东北行，入今陕西之鄜县境。再东北，经延安县而入绥德县境。再东行，达于黄河西岸而止。②

> 至其内边，在西北部者有二：一为自今兰州东至包头，沿河而置之一边；一为因秦昭王时之长城而缮治者，起自今甘肃之岷县，东至今陕西绥德之东北达于黄河。……此即始皇时长城之大概也。③

从这里可以看出，战国秦长城与万里长城的西首起地均在岷县并不是问题。但今天为什么还要讨论这一问题？因为由于之前在岷县秦长城遗址没有被国家文物行政部门认定，导致《西北通史》《甘肃关隘史》与最新版《辞海》等产生错误认识及国家文物局遗址认定上的缺失，负面影响不小。

---

① 王国良：《中国长城沿革考》，商务印书馆，1927 年，第 32 页。
② 张维华：《中国长城建制考》，中华书局，1979 年，第 118 页。
③ 张维华：《中国长城建制考》，中华书局，1979 年，第 136 页。

一是 2005 年出版的《西北通史》对战国秦长城西首起地的认识为：

> 秦汉临洮、狄道均城临洮水，既然今岷县无长城遗址，而今临洮所存长城遗址虽时断时续，一直可以向东北追溯，则长城起始点的临洮，不在今岷县，而在古狄道，即今之临洮县无疑。①

对万里长城西首起地的认识为：

> 蒙恬于三十二年略取河南地后，立即"自榆中并河以东属之阴山，以为三十四县，城河上为塞"；"悉收河南地，因河为塞。""城河上为塞"或"因河为塞"的起点即"榆中"，榆中，在今甘肃兰州市境黄河南岸。从榆中沿黄河而下至阴山，充分利用了黄河天险，在津渡处筑航城设县，修筑了 34（或 44）座县城，派兵戍守。②

二是 2011 年出版的《甘肃关隘史》对秦长城的认识：

> 为区别于后来秦始皇时修筑的长城，通常把秦昭王时期所修的这段长城称作秦战国长城。该长城西起今甘肃临洮，经渭源、陇西、通渭、静宁，过宁夏又经镇原、环县、华池进入陕北后达内蒙古自治区准格尔旗托克托县黄河对岸，全长约 1250 千米，在甘肃境内历八县，达 800 多千米。……秦统一全国后，其边界又向西北扩展，故甘肃境内以前所修战国长城就多在秦境以内，遂失去了原来的军事防御意义，便日渐废置。③

三是国家文物局《关于甘肃省长城认定的批复》（文物保函〔2012〕941 号），只认定了战国秦长城"东起华池县，经环县、镇原县、静宁县、通渭县、陇西县、渭源县，西迄临洮县"。对战国秦长城认定上岷县段的缺失和万里秦长城认定上甘肃段的缺失，是违背历史事实的，需要匡谬，以正视听。

四是 2020 年 8 月出版的《辞海》第七版"秦长城遗址"条为：

> 秦始皇在北境修筑拒匈奴的军事防御线遗址。位于甘肃、宁夏、内蒙古、河北、辽宁等省区。秦始皇统一全国后，命大将蒙恬率 30 万

---

① 刘光华主编：《西北通史》（第一卷），兰州大学出版社，2005 年，第 292 页。
② 刘光华主编：《西北通史》（第一卷），兰州大学出版社，2005 年，第 308 页。
③ 边强：《甘肃关隘史》，科学出版社，2011 年，第 85 页。

众北逐匈奴，筑长城，长城"起临洮，至辽东，延袤万余里"。据调查，长城首起甘肃临洮，当经兰州北上，傍黄河至内蒙古临河，自临河以东进入狼山，过固阳后直插大青山北麓。比筑于大青山南麓的战国赵长城北移50余千米。长城继续东延，经卓资、察右中旗、察右前旗、丰镇、兴和、怀安、尚义、万全、张北、崇礼、沽源、赤城、丰宁、围场、赤峰、敖汉、奈曼、库伦，至辽宁阜新，据记载和考古迹象，可抵达朝鲜半岛，全长5000余千米。该长城大多数地段是利用和修缮了原秦昭王长城、赵北长城和燕北外长城。墙体有夯土筑、石砌或土石混砌，残宽2～5米，残高0.3～6米。在长城沿线设有烽燧和障城。为全国重点文物保护单位。

全然否定长城从岷县首起的历史记载。但在该书的"长城"条中却没有否定长城从岷县首起的事实：

春秋战国时各国为了互相防御，各在形势险要的地方修筑长城。《左传·僖公四年》："楚国方城以为城"，长城始见记载。战国时齐、楚、魏、燕、赵、秦和中山等国相继兴筑。秦始皇灭六国完成统一后，为防御匈奴南侵，于秦始皇三十三年（前214年）将秦、赵、燕三国的北边长城予以修缮，连贯为一。故址西起临洮（今甘肃岷县），北傍阴山，东至辽东，俗称"万里长城"，至今犹有遗迹残存。

"秦长城遗址"是本版次新增加的一个词条，显然，撰写者并没有参照"长城"词条。辞书是具权威性的，不容出现自相矛盾的错误。这也反映出学术界对这一问题的困惑。

三、余论

由此可见，对秦长城遗址的进一步研究与落实以及国家文物局的重新认定意义非凡，迫切必要。事实上经过我们考察，秦长城遗址在岷县以至临洮的沿途过路段、西首起地所涉及的另外临潭、卓尼、康乐、渭源四县均有丰富的遗址可供查看。

这里需要强调的是以往那么多秦长城研究学者大都来过岷县考察，没有确定下遗址，原因何在？就在于犯了经验性、常识性错误。他们能够看到的多是明长城或汉长城等，均有赫然醒目的长长的墙体，自然在心目中没有长长的墙体就说明此地没有长城。其实早期长城，不仅是秦长城如此，齐长城、楚长城等都有一个特点，就是以烽燧、障城、壕堑等为主，正如张维华所言：

> 长城二字给人的概念，必是接连不断的一条城墙。其实古人设防，多是因地制宜，且因时而异；没有一定的方式。有的地方建筑长城，也有的地方仅仅设置了烽燧、斥堠、堡垒等类的防御工事。从当时防御工事整体上看，这些都是互相联系的，简称之曰长城，亦无不可。①

张维华的言论是中肯和正确的。从"堑"来看：

> "然后斩华为城，因河为津……"② "因河为塞……因边山险，堑溪谷，可缮者治之……"③ "堑山填谷……"④ "秦堑临洮之险……"⑤

"因河为津""因河为塞""因边山险""堑山填谷"，显然，"河"是第一道防御屏障，"山"是第二道防御屏障，"堑"是第三道防御屏障。岷县的地理特征是沟壑纵横，山高沟深，呈现出来的多是悬崖峭壁，根本无法建筑长长的墙体，洮河就是长长的墙体，然后在关键位置深挖壕堑，修建相配套的障城、关城、烽燧等，就足以抵御来犯之敌了。事实证明"堑"是秦长城的基本形制、基本特征。顺着这一思路，我们的考察非常顺利，在岷县、卓尼、临潭、康乐、临洮等地均发现了这些形制的遗址，有些地段的遗址非常壮观醒目，绵延数十千米乃至百千米，与文献记载完全吻合。我们的考察印证了史书的记载，战国秦长城西首起地与万里长城西首起地均在岷县无疑。

2021 年 4 月 10 日
(本文原刊载于《秦汉研究》集刊第十六辑)

---

① 张维华：《中国长城建制考》，中华书局，1979 年，第 136 页。
② 《史记》，中华书局，1999 年，第 198 页。
③ 《史记》，中华书局，1999 年，第 2210 页。
④ 《汉书》，中华书局，1999 年，第 1192 页。
⑤ 《晋书》，中华书局，1999 年，第 1765 页。

"临洮"地名是因其特殊军事地位而起

——兼议秦国陇西郡治所在地等相关问题

张润平

摘 要：对"临洮"地名的传统解释均为"以地临洮水而名"，这对今天临洮地名的解释是没有问题的，但对秦汉时期的岷县"临洮"地名的解释就不合适了，这样解释严重弱化了岷县"临洮"地名的军事重要地位。岷县"临洮"地名的"临"，不仅仅是"临近"之意，更重要的是"统管、治理"之意。岷县境内的洮河地处四大山系昆仑山、西秦岭、岷山、祁连山穿插交会的要设枢纽锁阴位置，是整个西方世界通往秦国的亚欧大通道上的天然大屏障，是最后一道关卡。统管治理好岷县境内洮河一带，就统管治理好了秦国西部的命脉，确保西秦岭的安全，自然也就确保了秦国的安全。其军事要摄意义非常关紧，一定要做到防御上的万无一失。正因如此，才产生了岷县段洮河流域秦长城要害点上"铁关""铁嘴""铁城""钉塞"等极具严防死守意味的地名，"统管、治理"洮河的命意极其强烈和鲜明，是当时洮河流域"临洮"地名命名的特殊意涵和历史使命。

关键词：岷县；临洮；军事地位；洮河；秦国；陇西郡

临洮地名的出现，是秦国在中国西部崛起的标志。《辞源》第三版"临洮"词条义项②："以地临洮水而名。秦始皇筑长城起临洮，即此。"[1]

---

[1] 《辞源》（第三版），商务印书馆，2018年，第3408页。

"临"字义项②："统管，治理。"① 临洮作为秦国的门户县治也是首次立县并取代"犬丘"之名的行政单位，"统管、治理"之义不应该被排除，"临洮"即"统管、治理洮河"。临洮在秦国及秦朝时期，是一个响当当的县治单位。

《读史方舆纪要》：

> 按洮、岷、河皆古羌、戎地也，与岷、阶等州居山谷之中，为秦、蜀屏蔽。自汉以来，良多故矣，控制之方，岂无所衷乎？乃吾闻阶、文、西固之间，诸羌盘聚，无有宁所，岂非据山谷者易动难静，自昔然哉？盖尝考阶州有羊肠鸟道之险，西固有重冈复岭之雄，而文县接近松潘，苍崖绝壁，阴平故险，实蜀口之要区也。驭羌靖边者，其必先于此。乃若山川名胜，则洮、岷与河州固其尤也。记曰：西倾，岷山之宗也，朱圉、鸟鼠为辅，嶓冢、秦岭为屏，陇首为限，而江出于岷，渭出鸟鼠，汉出嶓冢，河浮积石，洮出西倾，陇出陇首，天下山川，皆其支派，考形胜者，此又不可不知也。②

该纪要着重考订古今郡县变迁，详列山川险要战守利害，对岷县尤其是洮河防御重要性的认识非常明确，十分可贵："驭羌靖边者，其必先于此。"正因如此，康熙四十一年撰《岷州志》载："西控青海，南通巴蜀，东去三秦。"《读史方舆纪要》对全国最重要的20个边地做了重点梳理，"洮河边"列为第九个，特别强调"为秦、蜀屏蔽"，足见其重要程度。这里明显体现出"临洮"所具有的"统管、治理洮河"的意涵。

那么，洮河为什么如此重要呢？因为洮河是中国大版图中心四座大山交汇分界的枢纽，必须要严加统管、治理。洮河在岷县是一个非常奇特的存在，从西南方的西倾山而来，到达东部岷县，在境内绕了一个大弯，又向西而北进入黄河。东西方向昆仑山与秦岭交叉相会，南北方向祁连山与岷山交叉相会，四山穿插纵深约200千米。在此范围内，形成了不少的横

---

① 《辞源》（第三版），商务印书馆，2018年，第3406页。
② 《读史方舆纪要》（第十一册），《舆图要览》卷三《九边总图·洮河第九》，中华书局，2005年，第6133页。

断山体，使得洮河自然而然成为枢纽之锁阴，而钥匙就是岷县。洮河恰好成为此四大山系的分割带、交会带和总摄带，对洮河进行有效把控就成了对这四大山系进行有效管控的核心所在、关键所在、枢纽所在。

洮河流域，是齐家文化的核心地带。"齐家文化所在的地区，正是中亚交通路线的东边尽头。"① 在中国历史上，洮河流域所在地的岷县正是中原通往亚欧大陆的枢纽，也是亚欧大陆通往中原的门户，地理位置极其特殊和关紧。正因如此，秦始皇万里长城从这里筑起，万里长城第一关——铁关遗址至今犹存。

那么，临洮县是从哪一年开始设立的？在历史典籍中没有明确记载，但我们可以从历史事件中推定其年代。

"临洮"这个地名在文献上首次出现，为《史记·秦始皇本纪》"八年，……迁其民于临洮。"② 这个"八年"正是前239年，距离2022年有2261年的历史。这里的"临洮"显然是既成历史的临洮，而非初设性的临洮。《尚书·禹贡》把全国分为九州，岷县属于梁州分界的雍州地。"（秦武公）十年（前688），伐邽、冀戎，初县之。"③ 这是秦国首次设立县制单位的文献记载。"初县之"说明秦武公在邽、冀两地开始设立县治单位，不能说明秦国县治单位是从这两个县才开始的。从秦穆公三十七年（前623）"秦用由余谋伐戎王，益国十二，开地千里，遂霸西戎"④来看，这时的"临洮"县治是应该设立了的，因为作为西戎的腹地、最西边的门户之地不可能不立县治。"遂霸西戎"的"霸"是随着属地政权机构的确立而完成的。这是国家治理的必需。也就是说秦国在西戎的县治应该是随着称霸就开始了，文献中没有反映，不等于没有设立和设置。因为这是立国的标配。再从秦孝公十二年（前350）"并诸小乡聚，集为大县，县一令，四十一县"⑤ 判断，"临洮县"不可能不在其列。"秦昭王时，义渠戎王与宣太后乱，有二子。宣太后诈而杀义渠戎王於甘泉，遂起兵伐残义渠。於是

---

① 许倬云：《万古江河》，湖南人民出版社，2017年，第61页。
② 《史记》卷六《秦始皇本纪》，中华书局，1959年，第225页。
③ 《史记》卷五《秦本纪》，中华书局，1959年，第182页。
④ 《史记》卷五《秦本纪》，中华书局，1959年，第194页。
⑤ 《史记》卷五《秦本纪》，中华书局，1959年，第203页。

秦有陇西、北地、上郡，筑长城以拒胡。"① 说明陇西郡是这个时间段成立的。秦昭王（公元前306—公元前251）在位56年。陇西郡是秦国最早的郡治单位，郡治已经确立了，县治不可能不确立。

如上是我们顺着文献记载的推定。但从历史事实来判断，秦襄公是春秋时期秦国被正式列为诸侯的第一任国君，公元前778年至公元前766年在位。襄公的大墓就在距离岷县东南面近200千米的礼县大堡子山，这是秦国祖茔所在地，秦国的大本营肯定在其附近。那么，秦国的西面门户边地岷县一带县级政权的确立当是必需和必然，也就是说当时临洮县的确立是与秦国的确立是同步的，秦国当时的大本营应该在礼县周围县域包括岷县一带。岷县以西，从秦国到秦朝再没有设立过任何县级行政建制，秦国初期的立国之基少不了临洮县的确立。换句话说，如果当时临洮县没有设立，秦国的成立就缺乏依托。没有临洮县的庇护和对西大门的管控，距离200千米以东的秦国祖茔所在地礼县就不存在安全感，距离80千米外的秦人牧马、种马培育基地——闾井（古犬丘）就随时会被敌方摧毁。这样推理，当时临洮县的确立实是历史的必然，一定是与秦国的成立同期完成的，而且岷县就应该是秦国的大本营所在地。对此，如果还有所质疑，就如质疑当时秦国的成立一样不可理喻。如此，岷县的县级建制时间就应该从公元前778年算起，距离2022年有2800年的历史了。这正符合本文前面对"临洮"地名的解读："临洮"即"统管、治理洮河"之意。而后来两地的"临洮"冠名，其"临"的意义就指"临近"，完全没有"统管、治理"之意涵。秦国在立国前占据的势力范围应该叫"西垂"，立国后才叫"秦国"。岷县一带在秦立国前应叫"犬丘"，在秦立国后才叫"临洮"。由于秦国立国之需，给洮河赋予了国家治理的特定使命，赋予了"统管、治理"之寓意。洮河在秦国国家治理上的军事防御功能不应被忽略，因此才有本文开头第一句的旨意。

岷县自战国时秦国正式设县至北朝西魏，县名始终叫临洮。

那么从战国时期的秦国到统一六国后的秦朝时期，陇西郡的治所究竟

---

① 《史记》卷一百一十《匈奴列传第五十》，中华书局，1959年，第2885页。

在哪里？以往我们仅以"汉承秦制"就简单认定秦时的陇西郡治所在地是狄道，而非临洮（今岷县）。这对很多相关历史事件或事实的认定造成了很大的误导，也导致对很多相关历史认知的混乱。其实只要我们认真检索历史文献，就能够得到史料的佐证。如：

> 洮水又北迳狄道故城西。……又北，陇水注之，即《山海经》所谓滥水也。……又西北迳狄道故城东。……汉陇西郡治，秦昭王二十八年置。①

这里把狄道的建制年代与陇西郡治所在地具体地点说得非常清楚。在狄道的陇西郡治是在汉代开始设置的，它沿袭了秦昭王二十八年（前279）在临洮（今岷县）的郡治，反证秦时陇西郡治所在地不在狄道（今临洮）而在临洮（今岷县）的事实。不然就无须加注"汉陇西郡治"，而直接注"秦昭王二十八年置"了。在《史记》《汉书》中并没有注明陇西郡治设置的准确年限，这里明确记录为秦昭王二十八年置，成为后来史家的核心依据，并与我们前面的推理陇西郡治始置于秦昭王时期相吻合。

> 秦陇西郡、临洮县，即今岷州城。②

这里的陇西郡临洮县是并列关系，说明二者的治所均在今岷州城。

> 长城在今郡西二十里崆峒山。③

"郡西"点明当时的郡治所在地就在今岷州城。

> "今之临洮非秦汉之临洮也。""即秦之临洮境。"④

《狄道州志》作为本土方志的可信度不容忽视。

> 《禹贡》雍州地。春秋、战国时，为西羌所居。秦属陇西郡。汉属陇西金城郡。
>
> 狄道县，附郭。汉置县，为陇西郡治。后汉因之。

---

① 《水经校证》卷二《河水》，陈桥驿校证，中华书局，2013年，第45页。
② 《括地志辑校》，中华书局，1980年，第223页。
③ 《通典》，浙江古籍出版社，2000年，第922页。
④ 《狄道州志·序》影印版。

狄道故城在今府治西南。汉所置也。

临洮城府西南二百二十里。汉县,属陇西郡,南部都尉治此。后汉因之。①

这里的"汉置县""汉所置也""汉县"一再强调狄道的县级建制是从汉代才开始的,在秦代仅是"临洮"即今岷县的附邑,属于陇西郡治理范围。

如上是我们对陇西郡治所在地及设置时间的文献梳理。其实从岷县特有的军事防御地位来判断,陇西郡治所在地非岷县莫属。郡治建制是随着军事防御需要而设的,岷县作为秦长城西首起地肯定有其必然性,需要具备东南西北相互通道的咽喉锁阴总摄功能,前面引用的《读史方舆纪要》载"为秦、蜀屏蔽"就指此理。岷县的西南向是入蜀的大通道,岷县的东西向与西北向,既是秦与羌的大通道,秦与狄的大通道,同时又是秦与亚欧大陆(胡)的大通道,这三个大通道总在岷县为咽喉锁阴位置,均能够被总摄。特别需要明确的是,洮河在岷县是整个西方世界通秦国的亚欧大通道上的天然大屏障,是最后一道关卡。这道关卡不保,秦国的安全将无法保障。这就是要害所在。正因此,岷县段的洮河才被《读史方舆纪要》重点关注。那么,以军事防御为核心的郡治所在地不设在岷县是不可思议的事情。当时的狄道地处岷县西北防御的一个临界点,必须设防,但不是总摄点,不具有总摄功能,因此陇西郡治所在地不可能设在狄道。当时司马迁在《史记》中没有明确注明秦时陇西郡治所在地在临洮,因为这是基本常识,无须注明。但这恰恰给后来学人造成了认知上的困惑,现在需要普及这一历史基本常识。

岷县在西魏文帝大统十年(544)置岷州,领同和郡(后改为临洮郡),遂改临洮县为溢乐,为州治所在。北朝沿用西魏旧制。隋朝建立后,开皇三年(583)罢临洮郡,以其地属岷州。大业三年(607)复置临洮郡,领11县,郡治在美相(今临潭境内)。溢乐又改用临洮旧名。义宁二年(618),复置岷州,再次改临洮为溢乐。唐代的岷县,最初沿袭隋临洮

---

① 《读史方舆纪要》卷六十《陕西九·临洮府·河洮岷三卫》,中华书局,2005年,第2863页。

秦长城西首起地历史研究

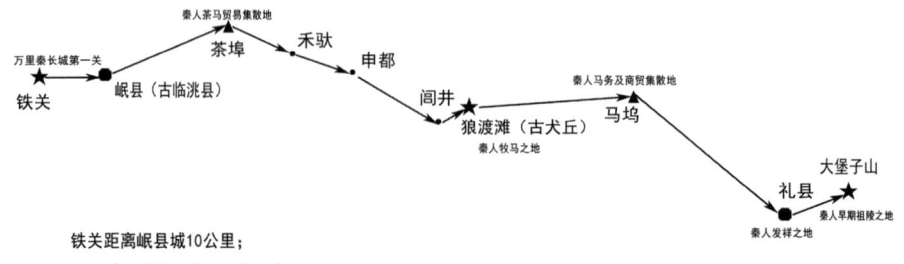

```
       秦人茶马贸易集散地
              茶埠      禾驮
                            申都
万里秦长城第一关                              秦人马务及商贸集散地
   ★ ━━ ●   岷县（古临洮县）            闫井        马坞
  铁关                                  ●                       大堡子山
                                   狼渡滩（古犬丘）                    ★
                                     秦人牧马之地          礼县
                                                     ●
                                                秦人发祥之地  秦人早期祖陵之地
```

铁关距离岷县城10公里；
岷县城（古临洮城）距离狼渡滩80公里；
狼渡滩（古犬丘）距离马坞45公里；
马坞距离礼县城49公里；
礼县城至大堡子山13公里；
铁关距大堡子山197公里。

万里秦长城第一关与秦人发祥地区域示意图

郡建制，后归陇右道管辖，行政区划为岷州。直至民国二年（1913），才改称为岷县，在中华人民共和国成立前为国民政府甘肃省第一行政督察专员公署驻地。

　　在历史上还有两个地方地名为"临洮"，一个是今临潭，"天宝元年（742），改为临洮郡，管密恭县，党项部落也，寄治州界。"①（《旧唐书·洮州下》）说明唐代在岷县的洮河上游即现在的临潭地界建制过临洮郡，郡治所在地应该就是现在的临潭县城。但这个时间段并不长，"乾元元年（758），复为洮州。"②（《旧唐书·洮州下》）说明在洮州成立临洮郡时间总计为17年，其余的时间仍以"洮州"称谓为主。何况这里的"郡治"名称仅是区域性泛概念，并不能取代地域性准概念的称谓名称。

　　另一个是今临洮，北朝西魏时增置临洮郡，后周被废。宋熙宁后亦曰临洮郡，金改曰临洮府。元因之。明仍为临洮府。清仍旧。同样，这里的"临洮郡""临洮府"等称谓名称仅是区域性泛概念，并不能取代地域性准概念的称谓"狄道"之名。今临洮在历史上的称谓唯"狄道"最为持久，故当乾隆十年（1745）州志完成后仍命名为《狄道州志》，并注明其命名的理由：

---

① 《旧唐书》卷四十·志第二十《陇右道·洮州下》，中华书局，1959年，第1636页。
② 《旧唐书》卷四十·志第二十《陇右道·洮州下》，中华书局，1959年，第1636页。

"临洮"地名是因其特殊军事地位而起

"临洮之名始于秦,而境在今之岷州。唐之临洮郡,今为洮州厅。陇西名郡自汉始,唐亦有陇西郡,乃即今之陇西。且或以为州为路为军,或以郡领县,纷纭更互,猝难考详,核之弗精,奚以示于狄志,不得辞也。""狄道,溯秦汉以来,历为附郭邑。"①

1913年由国民政府统一对全国各县重新改名或命名,把狄道州改为狄道县。1928年由于冯玉祥将军驻守西北,其在甘肃省成立了四个新县,还为六个县改名,其中狄道县因"狄"之意认为不利于民族团结,又因其地临近洮河而改为临洮县,冠用至今。

综上看来,"临洮"的称谓在各个时段是清楚明了的,并不含混,也非泛指。今岷县在历史上的称谓唯"临洮"最为持久。

这里,还必须厘清一个关系:区域性的行政区划"郡""府"单位名称并不等同于地方性的行政建制"州""县""道"单位名称,如现在的"安定区"不等同于"定西市",二者虽然同处一地,但"安定区"是地方性特称,"定西市"是区域性泛称。当时的"陇西郡""临洮府"就如今天的"定西市",区域性泛称不能取代地方性特称,不能笼而统之用"陇西郡""临洮府"取代地方性特称"狄道"的存在,更不能以"陇西郡"之名取代"临洮"的存在。从这一关系回头看今临潭被称为"临洮郡",其固有地名称谓是不会被替代的。今临洮被称为"临洮郡""临洮府",其固有地名称谓同样是不会被替代的。因为它们都是行政区划上的泛称,其固有地名称谓照常存在,依然冠用和惯用。

从这个角度来说,今岷县的"临洮"作为县级建制单位称谓,从公元前778年算起,至西魏文帝大统十年(544)止,有1322年的历史。今临潭,作为县级建制单位称谓的"临洮"历史为零,因为在临潭的临洮,是作为郡级建制单位称谓的,并非县级建制单位的称谓。今临洮作为县级建制单位的称谓,从1928年算起,至今仅94年的历史。

因此,《狄道州志》的命名很具合理性。

秦汉时期的"临洮"特指今天的岷县,今天的临洮在秦汉时期就一个

---

① 《狄道州志·序》影印版。

称谓"狄道",二者的关系清清楚楚,而且"狄道"是"临洮"的"附郭邑"。区域性行政区划单位在特定时期是可以移动的,地方性行政建制单位是不可移动的(只能被新的政权所取代)。秦时的陇西郡治所在地在临洮而非狄道,汉时的陇西郡治所在地移动到狄道而非临洮(经常很频繁地改变治地)。秦汉时期的临洮与狄道是不能移动和置换的,临洮可以涵盖狄道,狄道却不能涵盖临洮。

"临洮"被其他二地冠名均在魏晋以后,也就是说"临洮"在秦汉时期是唯一的特称,专指今天的岷县。

附录 1

杜甫发秦州具体行程新考

张润平

摘　要：笔者在研究唐宋期间"崆峒山"属地问题时，发现杜甫诗歌研究学者对杜诗中数量不菲的诗歌意象"崆峒"这一关键词的解读，均存在致命性错误，导致杜甫在秦州期间的 100 多首作品被严重误读，对杜甫近四个月时间内的行程模糊不清，众说纷纭，没有定论。其实，杜甫诗中的"崆峒"地名全指岷州即今岷县的崆峒山，与今平凉崆峒山毫无关系。杜甫到秦州的目的地就是岷县，且流寓整个秋季。这一历史事实在杜诗中有清晰的反映。以诗证史，还原杜甫发秦州至岷州的真实历史，是本文的目的。

关键词：杜甫研究；崆峒；秦州；岷州

在杜甫走向中国最伟大诗人的创作关键期[①][②]，笔者粗略做了检索，发现"崆峒"一词至少出现于 11 首诗中。这样的密集程度是一个不容忽视的现象。但是，不论是《杜诗镜铨》还是《杜甫集校注》等，对"崆峒"地名注释均一笔带过，且多注在平凉，少注在岷县，压根儿就没有意识到这一现象的重要性。其实，杜甫诗中的"崆峒"地名全指岷县的崆峒山，与平凉的崆峒山没有一点儿关系。因为诗中反映的相关联的"西极""边疆""洮云""边塞""昆仑""岷山""洮岷"等意象，准确反映了只有

---

① ［美］洪业：《杜甫：中国最伟大的诗人》，上海古籍出版社，2020 年，第 2 页。
② 朱东润：《杜甫叙论》，人民文学出版社，1983 年，第 70 页。

岷县崆峒山才具备的地理特征。在当时最著名的三大崆峒山中，只有岷县的崆峒山是秦始皇万里长城的西首起地，才与如上列举的关键词自成体系。诗歌的意象是诗人内心反应的直观表达，是藏也藏不住的。"崆峒"一词在杜甫诗歌中集中一段时间内高频率出现并不多见，说明在诗人的内心世界里是独有一番天地的。通过对"崆峒"一词的解读，发现杜甫鲜为人知的一个重大史实：杜甫在到达秦州后，便去了当时的岷州即今天的岷县，并且整个秋天都在那里生活，而后才去了同谷即今成县的。这对杜甫后期创作影响极大，成就了杜甫的边塞诗风。杜甫与高适、岑参一样，创作了数量不菲的边塞诗歌，杜甫理应也是边塞诗人的一员。

一、岷县崆峒山的文献梳理

举凡唐代文献，当时最被世人关注的崆峒山有三处，见汝州刺史卢贞撰《广成宫碑记》：

> 禹迹之内，山名崆峒者有三焉。其一在临洮，秦筑长城之所起也；其一在安定。山皆高大，可取材用，彼人亦各于其处为广成子立庙。而庄生述黄帝问道崆峒，遂言游襄城，登具茨，访大隗，皆与此山接壤。[1]

这里的"临洮"即今"岷县"，并明确是秦长城西首起所在地。卢贞的《广成宫碑记》并不是孤证，还有唐代的《括地志》《元和郡县图志》《通典》，宋代的《旧唐书》《新唐书》"地理志·陇右道"均有详细记载。

《括地志》记载：

> 岷州
> 溢乐县
> 陇右岷、洮、丛等州以西，羌也。
> 秦陇西临洮县即今岷州城。本秦长城，首起岷州西十二里，延袤万余里，东入辽水。

---

[1] 《全唐文》，中华书局，1983年，第3078页。

岷山在岷州溢乐县南一里，连绵至蜀二千里，皆名岷山。①

《通典》记载：

"岷州，今理溢乐县。春秋及七国时并属秦，蒙恬筑长城之所起也。属陇西郡。长城在今郡西二十里崆峒山，自山傍洮而东，即秦之临洮境在此矣。"……溢乐，有岷山、崆峒山。②

《元和郡县图志》记载：

岷州

……

岷山，在县南一里。

崆峒山，在县西二十里。州城，本秦临洮城，……秦长城，首起县西二十里。③

《旧唐书》记载：

岷州下

隋临洮郡之临洮县。义宁二年，置岷州。武德四年（621），为总管府，管岷、宕、洮、叠、旭五州。七年，加督芳州。九年，又督文、武、扶三州。贞观元年，督岷、宕、洮、旭四州。六年，督桥、意二州。十二年，废都督府。神龙元年，废当夷县。天宝元年，改为和政郡。乾元元年，复为岷州。旧领县四，户四千五百八十三，口一万九千二百三十九。天宝，县三，户四千三百二十五，口二万三千四百四十一。

溢乐 秦临洮县，属陇西郡。今州西二十里长城，蒙恬所筑。岷山，在县南一里。崆峒山，县西二十里。④

《新唐书》记载：

陇右道，盖古雍、梁二州之境，汉天水、武都、陇西、金城、武

---

① （唐）李泰：《括地志·岷州》，中华书局，1980年，第223页。
② （唐）杜佑：《通典·州郡典》，浙江古籍出版社，2000年，第922页。
③ （唐）李吉甫撰《元和郡县图志》，中华书局，1983年，第996页。
④ 《旧唐书》，中华书局，1999年，第1123页。

威、张掖、酒泉、敦煌等郡，总为鹑首分。为州十九，都护府二，县六十。其名山：秦岭、陇坻、鸟鼠同穴、朱圉、西倾、积石、合黎、崆峒、三危。①

岷州和政郡，下。……有岷山。西有崆峒山。②

《方舆胜览》记载：

西和州

[郡名] 西岷、崆峒。

[形胜] 秦城起于州界。《通鉴》："秦始皇三十三年，蒙恬斥逐匈奴，收河南地，筑长城，因地形，用制险塞，筑临洮长城，起今州城二十里崆峒山，自山傍洮水而东。"

[山川] 岷山、……崆峒山、在古溢乐县西二十步。③

"岷州"即今岷县。从如上史料可清晰看出岷县的崆峒山著名的缘由，秦长城就建筑在崆峒山上，这是岷县崆峒山有别于其他各地崆峒山的特殊之处。秦长城的著名本身就自不待言，崆峒山由于广成子的神话传说也名扬宇内，二者叠加，成就了岷县崆峒山排名第一的历史地位，其地理坐标与历史标志最为鲜明和显赫。在杜甫时期，岷县的崆峒山是唐朝最西面边塞重镇，其余两地的崆峒山在唐朝腹地，远离昆仑，不是边塞，与杜甫诗歌中"崆峒"的地理属性如"西极""边疆""洮云""边塞""昆仑""岷山""洮岷"等不符。因此，杜甫诗中的"崆峒"只能是岷县的"崆峒山"，引起杜甫的关注与神往也属正常。

二、杜甫来岷的诗歌反映

（一）杜甫来岷的时间节点

首版于1952年、新版于2019年的冯至著《杜甫传》"从七月到十月

---

① 《新唐书》，中华书局，1999年，第683页。
② 《新唐书》，中华书局，1999年，第685页。
③ （宋）祝穆撰，祝洙增订：《方舆胜览》，中华书局，2003年，第1220页。

在秦州（今天水）"，"杜甫在秦州居住不满四月，觅居不成，衣食不能自给"。① 肖涤非、郑庆笃也认为杜甫到秦州是7月至10月间②。洪业认为杜甫"只在秦州待了一个半月"③，其根据是《立秋后题》《月夜忆舍弟》《归燕》三首诗。其实笔者觉得洪业的理解过于牵强。

立秋后题

日月不相饶，节序昨夜隔。玄蝉无停号，秋燕已如客。
平生独往愿，惆怅年半百。罢官亦由人，何事拘形役。

《立秋后题》应该是诗人罢官后的所感，罢官在立秋之前，罢官后看到秋燕的自由，不拘形役，才有了年半百后决策的舒怡感慨。从"秋燕已如客"来看，诗人这时已经是游客了，而且已经到了岷县，因为杜甫已经实现了"平生独往愿"。拿"平生"做对比的"独往愿"本身就说明杜甫这次西行的不同凡响和决策的难能可贵，属于对已到达"独往愿"目的地事实的陈述，是对自己行为的回顾性肯定。特别是第一句"日月不相饶，节序昨夜隔"，正是岷县地理气候特征的准确描述。岷县县城海拔2300米，平均海拔2500米左右，对于"节序"的变换非常敏感。而秦州天水海拔（1000米左右）不到岷县的一半，对"节序"变化并不敏感。而"节序昨夜隔"正说明杜甫至少是在立秋的前一天就到达岷州了。

月夜忆舍弟

戍鼓断人行，边秋一雁声。露从今夜白，月是故乡明。
有弟皆分散，无家问死生。寄书长不达，况乃未休兵。

《月夜忆舍弟》在《杜诗镜铨》中编在《秦州杂诗二十首》之后，属同期作品。诗中的"戍鼓""边秋""未休兵"正说明了杜甫已经到达秦州属地更西向的岷县了。"边秋"正是对唐代陇右道驻防的最西边疆所在地位置的准确描述。"戍鼓"说明诗人就寄宿在戍城内。"寄书长不达"正说明杜甫住这里已经有一段时间了，盼望有书信往来。由于战事，书信长

---

① 冯至：《杜甫传》，北京出版社，2019年，第132页、137页。
② 吕慧鹃等编《中国历代著名文学家评传》（第二卷），山东教育出版社，1985年，第242-243页。
③ [美] 洪业：《杜甫：中国最伟大的诗人》，上海古籍出版社，2020年，第171页。

时间不通达。

归燕

不独避<u>霜雪</u>，其如俦侣稀。四时无失序，<u>八月</u>自知归。
春色岂相访，众雏还识机。故巢倘未毁，会傍主人飞。

《归燕》中的"八月""霜雪"也是只有海拔远远高于秦州（今天水）的岷县所在地才有的景象。这从杜甫的另一首诗《寄彭州高三十五使君适、虢州岑二十七长史参三十韵》中的"陇草萧萧白，洮云片片黄"可以得到印证，因为这是杜甫到达岷县亲眼所见的秋天景致。秦州的平均海拔是1100米，在秋天依然翠绿无比，是见不到"陇草萧萧白"的，当然更看不到"洮云片片黄"。秦州是渭河，不是洮河。洮河的最东端距离秦州有280千米。在秦州8月是看不到霜雪的，但在岷州8月见霜雪很正常。

上面三首诗均是同一时间段所作，以燕作引线，串起三首诗，充分说明杜甫在秋天，而且是在立秋之前就已经到达秦州乃至秦州所辖之地——更西向的岷县了。因此冯至、肖涤非的研究更接近事实。

秦州杂诗二十首之第十八首

<u>地僻秋将尽</u>，<u>山高客未归</u>。<u>塞云</u>多断续，<u>边日</u>少光辉。
<u>警急烽常报</u>，传闻檄屡飞。<u>西戎外甥国</u>，何得迕天威。

该诗前四句描写了岷县的地理特征与边关防御的重要性，后四句描写了防御的人类"西戎"原是同类，"外甥国"意即与内地人时常结为婚姻，有郎舅关系，说明内地与西戎关系一直相通，不应该时有战事。更何况吐蕃当时因为唐朝公主的远嫁，时常自称外甥国，这样边地的族群间亲缘关系就更是难解难分了。"西戎外甥国"正准确点明杜甫当时所在地岷县的地理位置。岷县以西当时就是吐蕃属地，而秦州并不具有这样的地理特征。"地僻秋将尽，山高客未归"，说明杜甫在岷县驻足的时长，秋将尽还没有离开。秦州在当时属于唐朝的腹地，不在"地僻"之内。"塞云""边日""警急烽常报"都说明一个事实，那就是边塞之地，而且"秦州"还能够与"西戎"有关联，与西戎吐蕃相接壤，在当时，这个地方只能是岷县。

（二）杜甫来岷的目的及寄宿处

秦州杂诗二十首之第一首

满目悲生事，<u>因人作远游</u>。迟回度<u>陇</u>怯，浩荡及<u>关</u>愁。
水落鱼龙夜，山空鸟鼠秋。<u>西征问烽火</u>，心折此淹留。

这首为杜甫于乾元二年（759）秋作。"陇怯""关愁""西征问烽火"均反映了诗人在岷县停留期间的所思所感。"因人作远游"说明了杜甫来岷县的缘起，"远游"的目的就是"西征问烽火"。"迟回"说明在这里待的时间较长。很可能是拿着他人介绍信或推荐信直奔秦州最西边郡治所谋求一职的。谢思炜按语"甫至秦陇必有入幕之打算，佐非其所望之人"[1]甚为有理。"问烽火"清楚说明杜甫来岷就是直奔戍边军营谋求一职的。"心折此淹留"是说杜甫心里折服军营，才到这里做了一定时间的滞留。上首诗中"山高客未归"正说明杜甫流寓之地的地貌特征，有可能就是当时崆峒山下的关城内。

（三）杜甫来岷的经历

洗兵马

……

<u>已喜皇威清海岱</u>，<u>常思仙仗过崆峒</u>。

……[2]

作于乾元二年（759）春的《洗兵马》中"已喜皇威清海岱，常思仙仗过崆峒"句，说明杜甫从这年春就有了辞官来岷的打算或者说念头。本诗句寓意深远，一语道破了岷县崆峒山的双重身份：仙道的修身养性之地和西部边关军事防御重地。它原本就是道家圣地和老子西出函谷关的目的地，可由于其特殊的地理位置，从战国秦长城到秦始皇万里长城首起地均

---

[1] 谢思炜：《杜甫集校注》，上海古籍出版社，2015年，第1638页。
[2] （清）杨伦：《杜诗镜铨》，上海古籍出版社，2007年，第215页。注"崆峒"为平凉崆峒山。

在此落脚，和平时期是"仙仗"修身之地，战争时期是军事防御之地。这样的身份，在全国众多崆峒山中，唯岷县崆峒山独有。这正是岷县崆峒山在唐代非常著名的根源所在，尤其让诗圣杜甫魂牵梦萦，常思牵挂，也是岷县崆峒山的恩遇。

寄彭州高三十五使君适、虢州岑二十七长史参三十韵

故人何寂寞，今我独凄凉。老去才难尽，秋来兴甚长。
<u>物情尤可见，辞客未能忘。</u>海内知名士，云端各异方。
高岑殊缓步，沈鲍得同行。意惬关飞动，篇终接混茫。
举天悲富骆，近代惜卢王。似尔官仍贵，前贤命可伤。
诸侯非弃掷，半刺已翱翔。<u>诗好几时见，书成无信将。</u>
男儿行处是，客子斗身强。羁旅推贤圣，沉绵抵咎殃。
三年犹疟疾，一鬼不销亡。隔日搜脂髓，增寒抱雪霜。
徒然潜隙地，有腼屡鲜妆。何太龙钟极，于今出处妨。
<u>无钱居帝里，尽室在边疆</u>。刘表虽遗恨，庞公至死藏。
心微傍鱼鸟，肉瘦怯豺狼。<u>陇草萧萧白，洮云片片黄</u>。
……①

该诗作于乾元二年（759）②，是杜甫驻足岷县不折不扣的例证。"尽室在边疆"再清楚不过地说明杜甫举家来到岷县的历史事实。"陇草萧萧白，洮云片片黄"正是对"边疆"的注脚。"物情"可能是某信物，"辞客"说明自己被辞。"书成无信将"，与《月夜忆舍弟》的"寄书长不达"是对边疆之地书信难以通达的无助之情的抒怀。

寄张十二山人彪三十韵

……
此邦今尚武，何处且依仁。
鼓角凌天籁，关山信月轮。
官场罗镇碛，<u>贼火近洮岷</u>。

---

① （清）杨伦：《杜诗镜铨》，上海古籍出版社，2007 年，第 274 页。
② 谢思炜：《杜甫集校注》，上海古籍出版社，2015 年，第 1718 页。

萧索论兵地，苍茫斗将辰。
大军多处所，余孽尚纷纶。
……。

该诗作于乾元二年（759）①，"官场罗镇碛，贼火近洮岷。萧索论兵地，苍茫斗将辰。大军多处所，余孽尚纷纶"，正说明洮岷防御的不可或缺性。这只有杜甫亲临当地才会有如此近距离的深切感受。但是，杜甫这次显然并没有实现夙愿，原因可能有若干种，而"官场罗镇碛，贼火近洮岷"却是无法排除的一个因素。

壮游

……

河朔风尘起，岷山行幸长。两宫各警跸，万里遥相望。
崆峒杀气黑，少海旌旗黄。禹功亦命子，涿鹿亲戎行。

……

该诗作于大历二年（767）冬，又言为大历元年（766）在夔州作，②距离杜甫离开岷县已经七八年了，把"岷山"与"崆峒"并列起来书写，正是岷县地点的互证。而且对大禹治水在岷县洮河边接受长人赐黑玉书的典故有所引用："禹功亦命子，涿鹿亲戎行。""崆峒杀气黑，少海旌旗黄。"正是对岷县秦长城首起地在唐代依然发挥着不可替代的军事防御作用的准确描述。

喜闻盗贼蕃寇总退口号五首其三

崆峒西极过昆仑，驼马由来拥国门。
逆气数年吹路断，蕃人闻道渐星奔。

该诗作于大历三年（768）③，这里的"崆峒"专指岷县崆峒山，因为"西极过昆仑"的"崆峒"只有岷县的"崆峒山"与"昆仑"相过。岷县崆峒山是整个昆仑山脉最东端的末梢部位，当时吐蕃与大唐军队拉锯战的

---

① 谢思炜：《杜甫集校注》，上海古籍出版社，2015年，第1739页。
② 谢思炜：《杜甫集校注》，上海古籍出版社，2015年，第931页。
③ 谢思炜：《杜甫集校注》，上海古籍出版社，2015年，第2211页。

核心地区就在岷县及其周边一带。因此该诗再次强调了岷县崆峒山的重要性以及其与昆仑山的关系。这里的"国门"应该就是秦长城首起地第一座关城——"铁关门",由当时的唐军把守着,这是唐王朝最西面的一座关城,因此称为"国门"。"拥国门"彰显了秦长城西大门对于保护大唐不可替代的显赫位置与历史地位,再次说明秦长城防御功能在唐代依然发挥着不可或缺的重要作用。

通过如上 10 首诗的分析,我们能够真切感受到杜甫来到岷县的史实。

还有分别作于天宝十三载(754)、天宝十四载(755)、至德二年(757)的《寄高三十五书记》"主将收才子,崆峒足凯歌"、《赠田九判官》"崆峒使节上青霄,河陇降王款圣朝"、《送从弟亚赴安西判官》"崆峒地无轴,青海天轩轾。西极最疮痍,连山暗烽燧"。包括作于乾元二年(759)春的《洗兵马》,又怎么解释?因为在乾元二年秋之前,杜甫并没有来过岷县,对"崆峒"的知识来自哪里?

首先,岷县的崆峒山由于是秦始皇万里长城的西首起地,不可能不著名。前面引用的初唐卢贞撰写《广成宫碑记》就把临洮崆峒山列为第一,这是历史常识,杜甫不可能不知道。其次,杜甫有两个极为密切的诗友高适与岑参,二位都在岷县崆峒山或驻守或留宿过,对这里极其熟悉,每次见面,不可能不详加介绍。高适进入哥舒翰幕府,主要的工作区域就是洮阳(今甘肃临潭西南)、浇河(今青海贵德境)二郡。而当时岷州是总管这两地的,因此高适最多的活动空间应该还是岷州。

考察高适到陇右任职的时间,是从天宝十一载(752)至天宝十四载(755)间,而杜甫诗中最早出现"崆峒"一词是天宝十二载(753)。这不应是巧合,而是必然。因为他们的关系太密切了,高适每次回到长安,无不与杜甫相欢几日,高适对其在陇右的所见所闻所感,特别是已经享誉近千年的雄伟壮观的秦始皇万里长城西首起地崆峒山的景致与形制不可能不述说,当然就不自觉进入了杜甫的诗歌世界中,并令杜甫神往不已。同时高适也有《送骞秀才赴临洮》《送白少府送兵之陇右》《登陇》《自武威赴临洮谒大夫不及因书即事寄河西陇右幕下诸公》《同李员外贺哥舒大夫破九曲之作》等,岑参有《临洮客舍留别》《发临洮将赴北庭留别》《宿铁关西馆》等作品传世。

三、杜甫隐藏来岷州史实信息原因分析

根据《旧唐书》记载:"秦州中都督府,隋天水郡。武德二年,平薛举,改置秦州,仍立总管府,管秦、渭、岷、洮、叠、文、武、成、康、兰、宕、扶等十二州。"岷州"武德四年(621),为总管府,管岷、宕、洮、叠、旭五州"。① 可知当时岷州、洮州等受秦州中都督府辖治,总体上仍属于秦州范围,所辖12个州发生的各种事情均可用秦州概称。同时,岷州又是中都督府的下一级总管府,总管最多时达8个州,面积相当于现在的甘南、陇南、川北、青海东南部这么大的区域。最小时也管辖四个县域。从这个角度来说,杜甫来到岷县,概说来到秦州,并没有什么不妥。就如现在北京某朋友来岷县,给外面人介绍时往往说去了趟甘肃,而不说去了趟岷县。喜欢也习惯拣最具代表性概括性的地名称谓说事,特别是如果还有什么隐私的话,更是如此。这是杜甫来到岷县并没有明确说明具体地名的原因之一。

杜甫在来岷(759年)之前的753年撰写的《投赠哥舒开府翰二十韵》:

今代麒麟阁,何人第一功。君主自神武,驾驭必英雄。
开府当朝杰,论兵迈古风。先锋百胜在,略地两隅空。
青海无传箭,天山早挂弓。廉颇仍去敌,魏降已和戎。
每惜河湟弃,新兼节制通。智谋垂睿想,出入冠诸公。
日月低秦树,乾坤绕汉宫。胡人愁逐北,宛马又从东。
受命边沙远,归来御席同。轩墀曾宠鹤,畋猎旧非熊。
茅土加名数,山河誓始终。策行遗战伐,契合动昭融。
勋业青冥上,交亲气概中。未为珠履客,已见白头翁。
壮节出题柱,生涯似转蓬。几年春草歇,今日暮途穷。

---

① 《旧唐书》,中华书局,1999年,第1118页。

> 军事留孙楚，行间识吕蒙。<u>随身一长剑，将欲倚崆峒</u>。①

从以上作品来看，其"随身一长剑，将欲倚崆峒"充分鲜明地昭示了杜甫早就有投笔从戎，忠贞爱国的情怀，而且表现得情词恳切，充分炽烈。这里的"崆峒"，显然已经不是简单的地名，而是军事防御、保家卫国、建功立业的代名词，贯穿于杜甫边塞诗歌的始终。郭沫若对此首诗的看法，看似刻薄，却不无道理：

> 杜甫称哥舒翰为麒麟阁上的第一人，是"英雄"，是"当朝杰"，而以自己没有成为哥舒翰的部下，深为遗憾。哥舒翰当时任河西节度使，他比之以"崆峒"西边的一座大山，而愿为之保镖——"防身一长剑，将欲倚崆峒！"②

> 《赠田九判官梁丘（在哥舒翰幕中）》诗一首，起句是"崆峒使节上青霄"，所谓"崆峒"和前一首的比喻相同，即指哥舒翰。连他幕下的人，都像天上人一样。接着便称颂哥舒如汉朝的霍去病，他的幕府中人都是曹操幕府中的阮瑀之流。据说收揽了这么多美才，都是出于田九的推挽，因而希望田九也把自己推荐给哥舒。"麾下赖君才并美，独能无意向渔樵？""渔樵"是自比。③

对此，还可参看杨伦笺注：

> 宋玉大言赋：长剑耿耿倚天外。旧唐书：陇右道岷州溢乐县有崆峒山，在县西二十里。倚剑崆峒，盖言欲入戎幕。④

本诗作于天宝十二载（753）⑤，借"崆峒"作为建功立业的平台，再次歌颂了"崆峒"的军事防御功能。

欲在远离长安之地谋得家人安身立命之所应该是杜甫当时的迫切需求，何况精忠报国，建功立业，一直是杜甫的人格所向。杜甫奉儒守官的

---

① 谢思炜：《杜甫集校注》，上海古籍出版社，2015年，第1363页。
② 《郭沫若全集》（历史编第四卷），人民出版社，1982年，第383页。
③ 《郭沫若全集》（历史编第四卷），人民出版社，1982年，第384页。
④ （清）杨伦：《杜诗镜铨》，上海古籍出版社，2007年，第73页。
⑤ 谢思炜：《杜甫集校注》，上海古籍出版社，2018年，第1364页。

家庭教养决定了他的人生抉择标准。因此有这样的决定并不偶然。杨伦的"入戎幕"的判断是准确的。

另外,从《发秦州》"此邦俯要冲,实恐人事稠。应接非本性,登临未销忧"也能看出一个因素。这与《立秋后题》中的"罢官亦由人,何事拘形役"前后呼应,意境统一。对此,曹慕樊的理解更具合理性:

> 诗人心中早已想去更僻远的处所,藏身远害是他当时思想的第一义,谋食还是第二层。老朋友高适在彭州(唐代彭州在今四川彭县或新繁),到蜀依高适可能这时已在心中了。①

从"广德元年(763),杜甫被召补京兆功曹。不应召。"② 可以看出杜甫当时对官场与时局的失望程度,至少在那个时间段他对官场没有多大兴趣。那么,"入戎幕"就成了杜甫的必然选择。但是,显然杜甫此行并没有达到预期目的,因此隐藏来岷信息,也在情理中。

这是杜甫隐藏来岷州今岷县史实的最重要原因。

杜甫从秦州到岷州的行程是一段被隐藏的历史事实,是杜甫人生历程中的一段隐私,今天到澄清的时候了。

综上考证,杜甫来岷是早就有的信念,只是时机未成熟而没有行动。等到乾元元年(758),唐王朝内外交困,长安城已非久留之地,根本无法安居,迫使杜甫在乾元二(759)年春上就产生了从秦州前往岷州崆峒的意念,夏天就动身了,夏末实际已经到达岷州,直至秋末冬初才返回秦州(今天水),再取道同谷(今成县)。

杜甫这次从秦州到岷县的行程,对其创作影响极大,仅如上列举在秦州期间创作的诗歌就能认定边塞诗人的身份,何况日后创作若干诗作均有这一风格,如同样完成于乾元二年的《寓目》《夕烽》《日暮》,还有四年后作的《天边行》《近闻》等。有兴趣的同人可以打开《杜诗镜铨》第六编所收作品,很能说明问题。冯至在分析了杜甫《空囊》一诗后,判断:

> 杜甫穷到这地步,但他的诗却得到意外的发扬。他这半年内的诗流

---

① 曹慕樊:《杜诗杂说全编》,生活·读书·新知三联书店,2009年,第370页。
② 曹慕樊:《杜诗杂说全编》,生活·读书·新知三联书店,2009年,第370页

传下来的约有一百二十首,若是把这些诗从全集中抽出,它们就可以独自成为一集。我们揣想,作者写这些诗是有一定的计划性的。[①]

笔者觉得冯至的揣想不仅独到,而且到位。可惜后来的研究杜甫的专家没有对这一问题引起足够重视,对杜甫在"秦州"期间的诗作没有深耕细作地进行梳理,特别对"崆峒"以及相关联的"昆仑""岷山""洮岷""洮云""塞云""边疆""边云""烽火""地僻"等成体系的诗歌意象没有认真对比考究,导致杜甫研究的大缺憾。

四、结语

综上,杜甫诗歌中的关键词"崆峒"全指今岷县的"崆峒山",与今平凉崆峒山毫无关系。通过对这一关键词的考辨,让我们看到了杜甫研究中一直被忽略的重大问题:杜甫来秦州的目的地并非今天水,而是今岷县,而且在岷县驻留长达整整一个秋季。

最后向甘肃省定西市文史研究员莫邪先生表示谢意。在笔者研究秦始皇万里长城西首起地问题时,莫先生说杜甫有多首诗写到岷县的崆峒山,才有了本文的撰写。

(本文原刊载于《大西北文学与文化》集刊第 4 辑)

[①] 冯至:《杜甫传》,北京出版社,2019 年,第 131 页。

附录2

解读岑参流寓岷县的诗作《宿铁关西馆》

张润平

摘 要：作为唐代著名边塞诗人，岑参的《宿铁关西馆》一诗几乎所有注家均把"铁关"注释为"铁门关"，把"铁关"与"铁门关"混为一谈。其原因是对岑参僚属的"安西府"与"安西节度使"二者关系没有搞清，导致解释混乱。事实是唐时的安西节度使驻地在龟兹，行政中心安西府驻地却在秦州属地岷州总管的洮州。"铁关"在今甘肃省定西市岷县铁关门村，"铁门关"在今新疆维吾尔自治区直辖县级市铁门关市，二者地貌气温差异太大，诗歌的命题与描述也大相径庭，不可同日而语，需要厘清。

关键词：铁关；铁门关；岑参；边塞诗；岷县

自天宝八载（749）与至德二载（757），岑参（717—769）曾两度出塞，其最出色的诗篇，多写于这一时期。第一次是天宝八载冬季至天宝十载（751）春季赴安西，为安西节度使高仙芝僚属；第二次出塞是天宝十三载（754）夏秋间至至德二载初春在北庭，为安西、北庭节度使封常清僚属[①]。这里的关键词是"安西"。当我们参看很多唐代边塞诗时，发现所有注释家对"安西"这一关键词的政治功能和地理位置均没有做认真梳理甄别，就妄下结论，导致对相关诗篇的解读出现严重错误。

[①] 岑参著，陈铁民、侯忠义校注：《岑参集校注》，上海古籍出版社，2010年，第2页。

开元六年（718）开始，节度使常驻安西府城龟兹，由安西都护兼领，又称安西节度使。开元七年（719），西突厥十姓可汗请居碎叶城，四镇节度使汤嘉惠建议以焉耆镇代替碎叶镇，故开元七年以后的安西四镇又是龟兹、于阗、焉耆、疏勒。这里的"安西"不是一个地名称谓，而是一个军事建制。在河西作为一个具体地名出现，是清乾隆二十四年（1759）置安西府，其地点即唐高祖武德五年（622）所置的瓜州所在地。明设罕东卫。乾隆三十九年（1774）改府为安西直隶州。1913年改为安西县。

唐时的安西府不在河西，在陇南岷县以西的临潭境内。

《元和郡县图志·洮州》载：

> 安西府，在县东四十里。周明帝武成元年，行军总管博陵公贺兰祥讨吐谷浑，筑此城以保据西土，后因置博陵郡。隋又为县，属洮州，贞观十二年（638）省县入临潭，十三年（639）于此置安西府。[①]

这说明当时的安西府设在洮河以西的洮州。安西府是行政建制，属政治中心，有固定的地点。安西节度使是军事建制，是随着时局变化，需要根据守卫的要塞而随置，其建制地点是不固定的。这两个概念一定要搞清楚，不能混为一谈。建制不同，功能与职能不同，所设置的地理位置往往会出现不同。

《旧唐书》载：

> 隋临洮郡之临洮县。义宁二年，置岷州。武德四年，为总管府，管岷、宕、洮、叠、旭五州。七年，加督芳州。九年，又督文、武、扶三州。贞观元年，督岷、宕、洮、旭四州。六年，督桥、意二州。十二年，废都督府。神龙元年，废当夷县。天宝元年，改为和政郡。乾元元年，复为岷州。旧领县四，户四千五百八十三，口一万九千二百三十九。天宝，县三，户四千三百二十五，口二万三千四百四十一。[②]

说明岷州作为陇右道的二级"总管府"（一级总管府在秦州），一直总

---

① （唐）李吉甫撰《元和郡县图志》，中华书局，1983年，第997页。
② 《旧唐书·卷四十·志第二十·岷州下》，中华书局，1999年，第1122－1123页。

管洮州，除秦州外，岷州是当时陇右道的政治中心，也就是说岷州周围乃至以西，包括河西在内的政治中心就在岷州，即今天的岷县。政治中心，在地名称谓上具有绝对的代表性和引领性，是文人诗作中喜欢和习惯冠用的。

事实证明，安西节度使与安西府的建制地点不在同一个地方。建制地点由于职能与功能的不同，是分别设置在不同地域的。

唐代的岷县，最初沿袭隋临洮郡建制，后归陇右道管辖，行政设置为岷州。"天宝元年（742），改为临洮郡，管密恭县，党项部落也，寄治州界。"① 说明唐代在岷县的洮河上游现在的临潭地界建制过临洮郡，郡治所在地就是现在的临潭县城。但这个时间段并不长，"乾元元年（758），复为洮州"②。说明在洮州成立临洮郡总计时间为17年，其余的"临洮"命名仍在岷县。短短17年，比起从战国时期就开始传承下来并一直没有中断的岷县所在地"临洮"称谓来说，仅是一瞬，很容易被世人忽略。正因此，绝大多数文人，仍然习惯用"临洮"冠名岷州今岷县。

通过如上的梳理，再看《发临洮将赴北庭留别》《临洮客舍留别祁四》《临洮龙兴寺玄上人院，同咏青木香丛》《临洮泛舟，赵仙舟自北庭罢使还京》四首诗里面的"临洮"所指就一目了然了。显然，对于岑参来说，岷县的影响还是刻骨铭心的，应该是在深切驻留的前提下才会有的感触。作为节度使僚属，由于安西节度使与安西府的军政关系肯定有大量工作交集，需要不断往来交接，更因为岷州作为总管府所在地，与总管府的工作联系不可能不多，甚至有较长时间驻留的经历。这里的"临洮"就是今天的岷县。岑参当年出塞新疆轮台的通道是顺着西秦岭到岷县，再穿越青藏高原到武威，一路向西，回来的路线是原路返回。正因此，岑参有一首专门记录寄宿岷县铁关的诗作，即《宿铁关西馆》：

马汗踏成泥，朝驰几万蹄。雪中行地角，火处宿天倪。
塞迥心常怯，乡遥梦亦迷。那知故园月，也到铁关西。③

---

① 《旧唐书·卷四十·志第二十·洮州下》，中华书局，第1122－1123页。
② 《旧唐书·卷四十·志第二十·洮州下》，中华书局，第1122－1123页。
③ 岑参著，陈铁民、侯忠义校注：《岑参集校注》，上海古籍出版社，2010年，第109页。

此诗作于唐玄宗天宝十三年（754）。首联写骑马日行急速，滴汗成泥，征途艰辛；颔联写夜宿铁关门，因地处偏远，致使心怯梦迷；"塞迥心常怯，乡遥梦亦迷"，抒写诗人在北庭时经常思乡的情感；"那知故园月，也到铁关西"，故园是对往日家园的称呼，这句是写诗人已经到了曾今生活工作过的地方，这个地方就是铁关。因铁关在"临洮"以西，也是陇右道秦州范围最西部的一个关城，因此为"铁关西"。抒写诗人已经距离故乡不远了，聊慰乡情。全诗抒写了诗人从北庭要回长安路过岷县铁关，寄宿在铁关内馆舍里的感受，将一路的辛苦、寒冷、怯惧、慰藉等多种感受融为一体，写出了一个平日身置边境、现在已经返回并到达距离故乡不太遥远的地方的一个军旅之人的复杂感情。

这里需要对铁关门与铁门关做一说明和厘清，二者不是同一个概念，更不是同一个地方。铁关门是岷县崆峒山下秦长城西首起的第一座关城，名字就叫铁关，因是秦长城的西大门，因此又叫铁关门，至今的自然村名依然叫"铁关门"村。而铁门关在新疆，二者距离非常遥远。若干岑参诗注释家均对此问题没有进行细究，就把对岑参从新疆北庭出发时寄宿铁门关时写的《题铁门关楼》的注释，不假思索套用在《宿铁关西馆》上了，这是不对的。

请看《题铁门关楼》：

　　铁关天西涯，极目少行客。关门一小吏，终日对石壁。
　　桥跨千仞危，路盘两崖窄。试登西楼望，一望头欲白。[①]

这里的诗境与《宿铁关西馆》截然不同，二者比较，一目了然。"试登西楼望，一望头欲白"清晰反映出北庭的铁门关之遥远让人能够"头欲白"，且所描述的铁门关的景致与地望极其独特，"铁关天西涯，极目少行客"是对北庭边疆位置的准确描述。而《宿铁关西馆》中的"那知故园月，也到铁关西"正是对已到"故园"的欣喜之情的准确描述。"也到铁关西"，正说明距离"乡"已经不远了，反证此"铁关门"非彼"铁门关"，二者在距离上有极大差距，一个在"天西涯"，另一个已经是"故园

[①] 岑参著，陈铁民、侯忠义校注：《岑参集校注》，上海古籍出版社，2010年，第108页。

月"。岷县属陇右道秦州属地,到了岷县就如到了秦州,到了秦州就如到了长安一样,正因此才有"那知故园月,也到铁关西"的诗情基础。上首诗中"雪中行地角,火处宿天倪"正是对岷县地貌气候特征的描述,海拔平均在 2500 米左右,积雪时间近半年,处青藏高原东端高寒阴湿地带,"雪中行地角"很正常。而新疆的"铁门关"地处天山南麓,塔里木盆地东部,是天山南麓和昆仑山北坡交会的交通要冲,古丝绸之路中段的必经之地,属暖温带大陆性干旱气候,"雪中行地角"很难见到。

如上比较说明这两首诗中的"铁关"与"铁门关"根本不是一回事,诗中表现的时间节点不同,先后顺序不同,景致不同,标题不同,作者当时的情感体验也不同,二者的风马牛不相及是清晰明确的,不应混为一谈。如果是同一个地方,作者是不会用两个不同标题的。标题不同,正说明所写地域不是同一个地方。显然,《题铁门关楼》是作者在安西节度使幕府期间所作,《宿铁关西馆》是作者从安西节度使幕府返程长安途经岷县铁关寓居期间所作,二者的背景情境清晰鲜明,截然不同,各有所指,抒写的明显是不同地方的不同情致。

因此上文列举岑参四首有关"临洮"的诗作就指今天的岷县无疑,《宿铁关西馆》中的"铁关"即今岷县的铁关同样无疑。

2021 年 2 月 10 日初稿,7 月 6 日再改,10 月 10 日三改

附录 3

岷县秦长城遗址考察座谈会综述

2020年五一节假日期间,由丝绸之路杂志社社长、主编、西北师范大学教授冯玉雷倡导、岷县文体广电和旅游局积极响应,成功举办"岷县秦长城遗址考察座谈会",5月2日、3日两天实地考察,4日召开座谈会。

一

岷县县委常委、宣传部部长王晓玲致辞

各位专家、学者、岷县文化界各位同志:

大家上午好!

根据史书记载,岷县是秦长城的西起首,从去年以来,县委、县政府高度重视,专门组织文化界人士对秦长城遗址进行了专题考察。目前已有12处遗址被列为县级文物保护单位。在这项工作中,岷县文化界人士,特别是李先生(李璘),曾任岷县人民政府副县长,付出了半生心血研究秦长城,贡献重大。去年我们邀请中国长城学会董耀会副会长来岷县实地考察,其对我们的前期工作给予了肯定,并在同年举行的全国长城学术研讨会上,邀请我带队参加,进行了发声,对岷县秦长城西起首的定位有了一定的影响。我们的目的是最终要纳入国家长城保护名录,进入"长城国家文化公园建设"体系。

这两天各位专家牺牲了休息时间,在五一节假日期间来到岷县,进行实地考察,非常辛苦。我代表县委、县政府,对各位专家的莅临,还有咱们岷县籍的各位文化界人士，表示衷心的感谢。

谢谢大家！

岷县人民政府原副县长、中国长城研究会会员李璘先生致辞

关于秦长城的修筑、传承和现存的遗址，有关史书的记载是确凿的，秦长城西起临洮（今岷县）至辽东，延袤万余里。《二十四史》里面，秦、汉、三国、魏晋的内容里面都有秦长城西起临洮的直接记载或者间接记载。

世界现存的文明簿，从两三千年到现在传承不断的中国，这个传承不断的目录里面，岷县和秦长城西起点，是目录的节点，我原先基于个人兴趣，在岷县境内和临洮县一直延续到通渭境内，不止一次考察长城，在长城一带，夯层、地势，一些遗迹清清楚楚，几千年前，长城修筑就有统一"施工标准"。岷县是秦长城的西起首，希望参加今天讨论的大家关心地方、关爱地方，了解过去、记住历史、创造未来，谢谢大家！

西北师范大学丝绸之路杂志社社长、主编冯玉雷教授致辞

首先向疫情期间严格遵守国家各项防疫规定，冒着风险参加这次活动的专家学者致敬！向筹备考察和座谈会付出艰辛劳动的岷县各界人士表达敬意！

我想，在春意料峭、国际疫情形势依旧严峻的环境下，参加这次活动要克服重重困难。就我本人已经了解到的情况而言，《丝绸之路》副主编张国荣教授的父亲刚刚做完手术，还在住院中，他安排亲属照顾，依然来岷县参加活动；《丝绸之路》副主编黄兆宏教授的母亲也需要她照顾，但她还是协调出了时间。还有来自西安、天水、陇南等地的学者，我想多多少少都会克服一些困难。大家为什么都对这次活动给予如此大的关注和支持？驱动力是什么？我认为，这正是中华民族知识分子的担当精神，是从神话传说中的尧帝、舜帝、大禹及周文王、司马迁等圣贤和圣者一以贯之的"究天人之际，通古今之变""为天地立心，为生民立命，为往圣继绝学，为万世开太平"的天下为公的慷慨探索精神。

这是我第二次到岷县参加文化活动。第一次是2019年6月17—19日参加"2019年岷县花儿保护座谈会"及相关考察活动。本次活动的主题是探索秦长城起首地问题。秦朝是我国第一个统一的封建政权，秦长城闻名遐迩。关于秦长城起点，由于后代学者对司马迁《史记》中相关记载的误读，缺少必要的实地踏勘，以讹传讹多少年。张润平、刘虎林等已经完成实地考察，采集到重要田野资料，它们将是对文献资料记载的有力支持。

我认为司马迁《史记》中有关秦长城的记载真实可信，因为，作为我国为数不多重视田野考察、坚持真理、具有悲剧性命运的史学家，他用生命和鲜血书写历史。我们此次活动最大的意义，正是以继承司马迁天下为公、求真务实的精神探索学术问题，这是对司马迁的最好致敬！

二

致辞结束后，观看岷县秦长城专题片；由石志平介绍岷县文化遗存保护情况；由岷县博物馆刘虎林馆长做岷县长城遗址介绍；由岷县长城文化研究会会长张润平介绍岷县长城文化及其分布情况，然后由西北师范大学丝绸之路杂志社社长、主编冯玉雷主持进入第二阶段专家发言。

西北大学历史学院教授、中国秦汉史研究理事史党社先生发言

到达史书中记载的崆峒山山顶考察，以我个人的感觉，初步认为我们脚下所在，应是一个古代的烽燧遗址。从位置来看，此处为十里镇南侧的最高处，洮河在此处的流向，从西北—东南方向，转向西—东方向，从这里东望，可以看到今天的岷县县城，即秦时的临洮县所在，向南、向北也有很好的视野；再从山顶遗迹的形制来看，此处为烽燧，大致是可以肯定的。另外，这里发现了大量汉代瓦片，我个人认为，应是作为防御工具使用的，作用同于礌石。初步判断，不一定对。

长城从东周一直到明代，历代都在修，21年来，我也去了许多地点。对于长城的形式，我们所指多是突出醒目的、连续的土石墙体，实际上长城的功用，就是一个由不同形态的部分组成的警戒、防御系统，同时也具有边界的作用。除了土石墙体，这个系统还可有溪谷水门、栅栏、烽燧、障城、壕堑等多种形式。我还要提醒的是战国秦长城即秦昭王长城，与秦始皇长城是不同的两条长城，二者的年代有半个世纪以上的差距，前者的西端起始点学界多认为在今临洮北三十里墩附近；岷县是后者的起始点。

下面分四个方面谈下我对所看到的材料的看法，这仅限于学术的层面。

第一，烽燧。

我们第一天在十里镇骆驼巷考察的山顶，所见遗迹是烽燧毫无疑问，而且西汉时曾加以利用过。至于向上如何看，由于秦汉遗址所存在的经常性的延续现象，这个遗址来自秦，就是可能的。从秦汉临洮（今岷县）地区整个的防御系统来估计，这个地方是个十分重要的节点。

第二，瓦片。

我们考察了多处地点，包括县城及县城以外，还有壕堑遗迹，都有瓦片存在。此前张润平老师曾给我看过部分标本，考察时我也通过网络与国内的考古学者有过交流，这些瓦片的年代，大多在西汉中期以后。但我想，这毫不破坏它们的价值，也与文献记载的秦始皇长城起于岷县不矛盾，恰恰证明了岷县在长城史上的重要地位。

这些瓦片除了年代，还给我留下一个突出印象，就是没有瓦当，除了我们在博物馆看到的出土于古城壕（？）的那块瓦当之外，就是如此。这说明，这些瓦片是作为礌石实用的。在考古遗迹中发现这么大、级别这么高、这么多的瓦片，却没有瓦当，推测应当不是建筑材料，而是另外一种可能，即作为礌石而存在。有意思的是，在战国秦长城上，也发现有大量瓦片而少有或没有瓦当，例如定西地区的战国长城，就是如此，我在临洮窑店乡长城坡就见过。这个作用的瓦片的存在，对遗址的性质，是个很好的说明：这些地点，不是长城，就是与长城属于一个系统的烽燧、障城之类。

有学者认为，瓦片中有少量可追溯到战国，我想，下一步需要对这些瓦片特加重视，重新鉴定年代；同时，那片瓦当也是很重要的，说明出土地有高级别的建筑存在，在岷县这个地方，我们不难把它与秦汉临洮县城联系起来考虑，希望能继续在出土地做工作，弄明情况。

第三，兵器。

我们在博物馆看到了戈、矛等兵器，还有张老师介绍的，在骆驼巷等地有成捆的箭镞曾被发现。这两件戈，年代比较清楚，是战国前后秦的东西，问题不大，可以说明当时临洮与秦的密切联系。

第四，壕堑。

这两天我们看了很多的壕堑遗迹，分布面积较大，但有一个明显的特点，即都与洮河紧密相关，跟河谷连为一体，这是个基本点。岷县的同志认定为长城遗存，这有文献证据，例如秦始皇修长城，常用"城、堑"这样的字来描述，实际指的是长城的两种修筑方式，这也是长城的两种主要形式，前者是土石墙体，秦始皇长城新修者，主要在阳山（今内蒙古包头附近阴山）上，其他很多地方，除了利用燕赵旧城外，还用"堑"的形式，就是堑山以为防御线，作用跟地面上筑墙一样。战国时期秦简公"堑洛"、昭王长城也有斩削山体的情况，大概这是秦人习惯的一种长城修筑方式。

令人最为困惑的是，由于壕堑之中包含物少，所有对说明年代很不利，现在壕堑的年代实际是不好确定的；再从分布地域来说，现在的县城南、北、西都有，若认为县城就是秦临洮，就存在矛盾，因为长城应是向西北防御的，县城南出现长城（壕堑）就比较奇怪。

总之，岷县的同志做了大量前期工作，包括筹办这次考察座谈会，成绩要给予充分的肯定。这些材料，已经部分地证明了文献记载的正确性，为以后探索提供了很好的基础，我们自然要感谢岷县的学者，还有丝绸之路杂志社。

我有以下几点建议。

一是继续做基础工作，对于瓦片、壕堑，要继续请专家来看，甚至用自然科学的方法。

二是继续做资料整理工作，给学界提供更加有深度、更加全面的资料，比如出书、出画册，等等，也可与外界合作。

三是长城是个系统工程，所有资料需要联系起来考虑，同时也需要从地理、交通、族群、政治等层面观察，在后续研究中，希望大家有开阔的视野。

谢谢。

天水师范学院教授、陇右文化研究中心主任、博物馆馆长雍际春先生发言

相对于考古学者，我缺少这方面的专业素养，我就谈几个感想。

第一，秦长城西起首问题具有重要的象征意义。对万里长城西起首的考察和认定，它的象征意义和标志性意义非常大，这是不言而喻的。从很大程度上来说，咱们中国统一国家、统一民族和文化的形成就是从秦王朝开始的，万里长城就是一个很重要的象征。

第二，确定汉临洮县治地对于确定秦长城西起首非常重要。文献史料记载，长城的西起首在古临洮，这是非常明确的。那么，实质上秦长城西起点就有一个很清楚的问题，即临洮县的县治在什么地方？咱们有什么样的文物？有什么明显的遗迹？确定了这一城址，对于研究秦长城西起首是一个非常重要的参照。这两天考察过程中也询问过当地一些人，好像很明确的治地还没有被发现。以后应该加强对古临洮县治的探考和研究。

第三，厘清各遗址的时代和相互关系有助于秦长城研究的深化。这两天咱们看到的很多烽燧、壕沟、城址、关城等一些遗迹，有些东西没有考古发掘很难说一定是秦代的或者后代的。从秦汉到明清，咱们岷县这一带有很多、很重要的历史事件发生，也有很多城址、遗迹。有些遗址可能反复使用过，比如说宋代的堡、寨、关、城等；有些遗址很可能就是在前代的基础上又重修或加固，它有重叠等这些情况存在。

要进一步深化岷县段秦长城的研究，就要把咱们岷县境内的各时代的各类遗址，如以宋代的堡、寨、关、城为例，要把它们之间的关系和其与前后时代的相互关系和位置搞清楚。再如以前秦汉长城或其他的重要城址、关隘，它们哪个时代早、哪个时代晚；哪个地方的壕沟、遗址是什么时候修建的；每个遗址属于哪个时代，这都是相互有紧密联系的。只有综合分析和厘清相互关系，才能更好地探讨哪些遗址属于早期的秦长城，才

能深化研究并加以印证。也可以多邀请一些专家，特别是对长城有研究的专家，来岷县多做一些考察和认定工作。我想，这对于长城研究的深入，对秦长城西起首问题的研究都会有帮助。

我就谈这些感想。

西北师范大学《丝绸之路》副主编黄兆宏教授发言

我对岷县的了解和认知还是从大学时开始的，但是对岷县真正地了解和考察这还是第一次，我是研究历史的，对民俗的研究还是多一些，对长城的问题，通过这两天的考察和向同行们了解、学习，来谈点感受。第一点感受，从大的角度来看，中华民族是一个勤劳的民族；从小的角度来看，岷县的人民也是勤劳的，特别坚韧不拔，（考察当天）70多岁的刘瑶先生爬到山顶上，比我大20多岁，充分地肯定和展示了岷县人民勤劳、坚韧不拔的精神。具体来说，从我接触的材料来看目前的长城，有两个方面，一个是战国秦长城，一个是秦统一长城，也就是秦始皇长城。这两天我们考察的究竟是战国秦长城还是秦始皇长城？考察的是战国秦长城的起点还是秦始皇长城的起点？长城是一个完整的防御体系，由烽、燧、亭、障、壕、堑、沟、墙、关、堡等构成，从先秦时期的长城到明代形成一种体系。我们从秦汉来讲的话，核心地区的长城有墙体，有烽燧。从岷县秦长城遗迹来看，我们看到壕堑、烽燧，具体是哪个时间必须要作一个界定。我要谈的第二点是，长城是游牧民族和农耕民族交融的地方，他们可以互相交流，形成你中有我、我中有你的关系。岷县是一个多民族交融区域，对岷县而言，最早的民族是什么？那么这种最早的民族的形成、发展以及在各个朝代是如何生存的？还有长城精神也值得重视，从李璘先生到石志平局长、张润平老师、刘虎林馆长等文化学者，传承着一种精神，一种情怀，相信在对长城文化精神的探索挖掘过程中会一代代传承下去，同时，随着全国所有从事这方面研究的学者、爱好者对岷县所做的更深了解，必定会使岷县在当归之乡、洮砚之乡等基础上增加新的内涵，将会从长城研究这个角度进行突破。

兰州城市学院副院长莫超教授发言

读万卷书，行万里路。只有这样的研究才是真正经得住考验的、是可靠的。冯玉雷先生说，"把学问做到大地上，把文章发表在田野中"。考察的每个地标、每个遗址，这些东西都是文章。我们现在要做的秦长城的西起首，将来把任务定下来，这也是我们的目标。

从2000年开始，我博士（课题）做岷县方言调查，大概在2002年我拜访了李璘先生，开始研究岷县方言，选的有四个点，分别是县城、梅川、中寨然后又到临潭境内，文章《洮河流域汉语方言的语音特点》，2009年发表在顶尖级的《方言》杂志。岷县的语音特点保留的还是比较多的，跟它的历史文化一样深厚久远，顺洮河语音基本是一致的。从洮河开始，到岷县、卓尼、临潭、临洮，语音方面有很相似的特点，一条河一道文化，一条长城都和洮河有关系，岷县和（古）临洮的确非常重要。从古到今，是民族之间的交汇点，是青藏高原和黄土高原的交汇点，是农耕和游牧民族间的各种交汇点，历史上太重要了，所以这个地方有长城、有壕堑不足为怪，确实需要深入研究。

我不是做考古学的，但是我做语言研究，语言研究要追溯它的来源，它是怎么发生的、怎么形成的。我们看到的壕堑怎么判断它的时间，我觉得要借助于自然科学，我看到一篇文章，是兰州大学地理专业的一个教授来研究甘肃省积石山，将土层用考古学的方法，来解释上古的浑水滔天到底发生在什么时候。他根据土层来研究大河家镇这个地方的土层，再研究出每个土层的时间段，然后研究这个土层的情况和青海循化的土层是什么关系。他就考察出来了，借助这种关系后，文章整版发表在《光明日报》上，是国家的一个重大项目。如果借助这种方法，来解决这个问题将非常简单、非常可靠。

再一个我想岷县的壕、燧、烽火台，烽火台当然很早，昨天我们考证"钉塞"，"钉塞"我觉得"钉"字可能还有别的写法，边塞的"塞"毫无问题，"钉塞"声母韵母都对上才行，可能是氐族的"氐"，原先说是羌族，这是毫无问题的，要考证就要考证氐族和这个有没有关系，这个问题要深入研究。跟这个明代（明初），洪武这个时候有遗址，这里面的军事可能是非常重要的，因为再往前走的话，卓尼、临潭，有个新城，新城的驻军是非常多的，它到岷县，再过去到冶力关、临洮，这一条是汉区和藏区防守最重要的线，临洮那面有防守的军队，那么岷县肯定有很重要的防守力量，古临洮的这个事情我觉得要结合起来好好研究一下。

甘肃省考古研究所副研究员侯红伟先生发言

我非常赞同在我之前发言的几位先生的观点，特别是史老师（史党社）、雍老师（雍际春）的发言，在此我就直接进入主题。

我在文献梳理方面做了很多工作，但是现在主要还是在寻找实证方面，咱们岷县的李璘、张润平、刘虎林等同志做了大量工作，对基础资料也做了一些研究。这两天的考察有几个印象比较深的地方，第一天在考察的骆驼巷、阳巅沟梁，发现了大量的汉代瓦片，有几片可能还略早一些。这两天我还想当时的判断有些贸然，但是就是西汉的东西，没有关系，不会影响我们最终的结果，不影响我们最终的判断。

现在我们还需要做一些考古方面的工作，卓坪古城壕遗址，这个遗址是我目前看到的年代最早的一个，特别是在这里发现了一个早期的陶片、瓦当，特别是瓦当。这个地方应该多重视一下，意义可能更重大一些。刚才大家也提到了，我们发现了大量的烽燧、壕堑，太多了，但是这些我想肯定不是同一个时期的东西，我们怎么样把它做一个鉴别、区分，如果把它作为一类或同一个时期的一起来认定的话，可能难度会大一些。

今后我们的工作不是急于去定性，而是将我们的资料去夯实，真正地从这些资料中来证实秦长城的西起首就在岷县，从考古的实证方面来夯实它，对今后的工作有这么几条建议。

首先是我们的资料中，尽量把我们能收集到的、我们自己跑调查收集到的、包括民间还散落的这些秦汉时期的文物进行收集，或者是我们通过各种渠道把资料收集齐，进行登记和记录。

还是需要很多的标本，对收集到的标本进行整理和清洗，然后进行描述、照相、拓片、记录，尽量做得更规范一些，以便以后资料的规范整理。

还需要建立一个文物登记表，各个时期的标本都需要建立一个登记表，对文物进行梳理。

我刚才说了对年代的判定，大家都提出了很多好的方法，现在考古学家已经基本能解决这个问题了，我们有一个做环境分析的团队，他们通过对土壤中包含的碳元素进行分析，来做一些年代的测试。我们也需要对一些长城遗迹、壕堑进行采样，我看很多壕堑都存在很多的灰层，对灰层作一个采样，尽量把标本采多一些。之后兰州大学董广辉教授可以做环境方面的一个检测，包括年代的判定，基本上是可以做的，当然这会有误差，但是这个大时段是清楚的，这方面需要我们今后做一些工作。

同时，还需要争取一笔资金，来进行后期的考古勘探等工作。

定西市文物局业务科科长、文博副研究员张克仁先生发言

我受定西市文物局局长罗宝科委托，根据市上"五一"假期值班值守工作的相关要求，他本人很遗憾未能参加此次考察活动。在我来之前，他两次叮嘱我，要代表他本人和市文物局，将有些意思和大家作一交流探讨，表示对此次考察活动的关切和支持，下面我简要地说三个方面的意思。

一、要进一步学习和认识《长城保护条例》和《甘肃省长城保护条例》的有关规定。

这两个条例对咱们长城的认定、最后的结论以及如何列入申报单位、国保单位都有详细的规定。所以我希望咱们具体搞秦长城西起首的专业团队、岷县文旅局、岷县博物馆负责相关业务的专业人员、主要负责人，要进一步学习这两个条例，把咱们岷县搞秦长城西起首的专业团队和条例的有关规定紧密结合起来，咱们的相关活动不能完全脱离这两个条例也不能超出其设置的范围。目前，要想尽办法列入省级濒临保护的相关目录，通过《甘肃省长城保护条例》是完全可以列进去的。研究和学习条例，是为了咱们秦长城西起首问题的整体确立。

二、关于秦长城西起首工作初步的判断和相关问题。

咱们考察秦长城的西起首最终的两个目标，第一个是要经过国家文物

局的认定,认定过程肯定是要委托一系列的专家进行考察、论证;第二个是学术层面,就是《中国长城百科全书·岷县卷》和《中国长城百科全书·定西卷》的出版,要围绕这两个问题进行。

三、要注意的几个问题。

一是每一次考察的资料都要准确;二是把陇西县、通渭县的有些标本放在《岷县秦长城文物调查登记表》中,容易和战国秦长城造成混淆,这方面一定要准确;三是秦长城起首段的考察应该划分三个段落,第一个是秦长城起首点的资料收集和整理,第二个是秦长城岷县段的资料收集和整理,第三个是秦长城延伸段的资料收集和整理。往临潭、卓尼方向延伸,往临洮方向延伸,不要在县域的界线上停止,一定要有延伸段。按照这三个段落来梳理和划分,包括走向和三个段落中可移动和不可移动文物的描述和论证,在标本的提取和遗址的排序上,整体的段落划分和走向的定位上不会乱。

要尽量注意往后延伸。咱们考察的是秦长城起首,要适当往后延伸,因为咱们的好多标本,上面好多专家都提到了,有汉代的、西汉的,因为咱们的长城有可能延续到西汉。往前延伸容易和战国秦长城混淆,也很容易出错。

所有的东西一开始就要走向专业化、标准化。通过编辑《中国长城百科全书·岷县卷》,现在就要按照国保单位的标准和要求建立档案,明确长城保护遗址牌子和相关资料的具体年代。最后,我代表罗局长向请来的专家、教授、贵宾以及岷县大力做秦长城起首工作的同志们表示感谢和慰问。

西北师范大学《丝绸之路》杂志副主编张国荣教授发言

从史者角度来讲,我们的彩陶文化就是在黄河中上游,洮河又是黄河最大支流之一,洮河就是早期人类文明的一个重要发源地,而且,我感觉这就是一个"风水"宝地。不论秦汉还是隋唐,它都是一个非常重要的地域。这次活动从策划到付诸行动,非常有意义。在现场见证长城遗迹,见证本身就有价值。这是进一步考证的起点,非常好,有了问题,就有了一个明确目标，以后可能有更好的研究方法。刚才，莫超校长讲到这种考证要综合多学科研究方法，例如自然科学、考古学、语言学、历史学等。岷县石志平局长、张润平老师非常投入，已经做了各种基础工作，令人钦佩。但目前发现的实物证据还是有些少，必须组织进一步考古挖掘和考察研究，要多发现一些实物。通过文献研究它总会有些偏差，实物鉴定最可靠。据我所知，追溯中国美术史的考证，目前最有效的方式还是实物。比如说考证汉代的问题就得是汉代的实物，不能用汉代实物来说明秦代问题，必须是那个时代的。秦代就要用秦代证据，汉代就得用汉代证据，而且还得是实物。我看到有关甘肃古代史的资料，最早的两个关于岷县、临洮长城起点的考证，观点和今天的考证不一样，差别还很大，为什么呢？因为他们引用的文献不一样，所以文献的考证并不可靠。我曾看到有个英国人说了这么一句话："什么东西可以证明人类进入了早期的文明阶段？"他说："一块愈合的股骨。"这块愈合的股骨能够证明人类最初的文明，即人与人之间的怜悯之情。我就想我们可能要把视野放得更宽一些，在开放的、立体的空间当中进行考证工作。这个考证工作不仅仅是秦长城起点，还是文化考证。它不仅仅对当地社会经济发展起到积极作用，对文化融合与传承也有积极的作用。我们这次活动因此也具有非同寻常的意义。

宁夏海原长城学者李世翔发言

长城作为一个庞大的古代军事防御建筑，由主线和支线组成。咱们定西市境内的岷县、临洮，渭源等地境内存在的长城，首先要分清楚它是主线还是支线，分属哪个时代。秦长城已经2000多年了，能保存到现在，是一件很不容易的事。由于岷县植被比较丰富，2000多年以来有些斩坡、墙体已经被各种树木和植物生长、农田建设等自然因素破坏了，寻觅考证起来很困难。咱们可以按照火线走向来辨别，什么叫作火线？火线就是沿长城修筑的烽燧线。相对于长城墙体，烽燧因为体积比较大，又处于高处险要之地，保存状况要好一些。不同时期的火线走向不同，但是大致都以长城即当时的国境线为起点。通过这两天考证，在咱们岷县我发现有先秦、秦、宋、明等时代的遗址存在。这些遗址需要当地的学者开展大量的工作，首先把长城火线的走向梳理清楚，然后再考证长城的走向，还有一个，是战国的、秦代的，还是宋代明代的烽燧都要分清楚。

根据两天的实地考察，我说一下个人之见。第一天我们去的铁关门，那道山坡无论是发现的秦瓦，还是烽燧，都是一些局部的证明，重要的是我发现一段不长的斩坡痕迹，就可以证明沿着那道山脊，的确存在秦代防御建筑。

还有我们去的铁城山坡上中间那条壕沟它不符合斩坡规定，而恰恰就是靠在另一侧通往山顶的壕堑就是斩坡，这是秦汉时期的斩坡，毫无疑问。咱们要剔除这些干扰咱们正确的研究方向的因素。这是以我的经验来判断的。

对长城的起点，在现有的基础上，我们要持续考证，不能武断认定。这两天走的岷县一些遗址一定有长城存在，就看是主线还是支线。我们还得继续求证，这是需要数年的事，不是一天两天就能说清楚的。

《兰州晚报》记者彭维国先生发言

我近年关注甘肃地方文化研究较多，做过很多的田野调查。此次来岷县考察，我发现岷县关于秦长城方面的资料比较翔实，地方文史学者做了大量工作，既有田野调查遗址，又有丰富的文献资料。但是在文字材料处理上，尽量平和一点，多说观点、多说证据，不说态度，以实事来证明秦长城的起首在岷县。

再一个，我建议岷县申报确定秦长城工作一步一步地来，先用"四重证据"法把我们文献的证据和实物的证据固定起来，形成一个完整的证据链，这方面需要考古专家做大量的工作，因为证据是很有说服力的，这是秦长城西起首确定的关键。就像张克仁先生前面说的，国家的长城认定条例标准就是咱们"高考"的考试大纲，按照考试大纲来做，我们就能过去。按照考试大纲来做，这是一种最好的方式，我们的目的就是认定秦长城的西起首在岷县。还有一个问题我提个小建议，咱们要避免和临洮战国秦长城混淆，在对外宣传方面把这个概念让外界弄清楚，不然会形成一种误区，让不了解的人感觉岷县和临洮县在抢秦长城。

天水师范学院文学与文化传播学院余粮才教授发言

一、长城作为冷兵器时代的产物，是中国人民爱好和平的象征。秦长城西起首问题在学术界争论较多，且悬而未决，因此，我们今天在这里实地考察并研讨秦长城的西起首问题，其意义非常重大。

二、我们这里讨论长城西起首，首先必须解决的问题是秦朝临洮治地问题。秦长城"起临洮至辽东"，全长万余里，秦朝的临洮治所在哪里，是我们必须解决的首要问题。我们在来之前，张润平老师把他关于《秦国陇西郡郡治所在地考》（《丝绸之路》2020年第1期）一文发给我们，经过认真学习，并就相关问题查阅了资料，赞同他提出来的"秦国陇西郡的核心位置就是岷县"这一观点，我们考察所见到的岷县长城遗迹，也是对这一观点的有力支持。

三、应做到秦国长城遗址与秦国行政地图的相互印证。我们都知道，秦朝统一文字，有文字记载，在那时，其疆域基本上可以说是确定的。秦朝修筑的长城，至少有两层含义，一是抵御外族，具有军事方面的意义；二是它本身就是当时的边界。因此，我们可以通过秦国地图去考察秦长城西起首问题，同时，也可以通过考察的遗址与研究的成果去进一步修正秦朝的地图，起到相互印证的作用。

四、对这两天考察所见到的长城遗址要科学鉴定，以确定准确的年代。这两天考察了长城遗址，也见到了遗址中出现的一些文物，但每问及这些文物及遗址的年代问题，大家都似是而非，没有一个定论。因此，我们应该按照前面几位专家所讲到的，对这些文物和遗址进行科学的考古鉴定，准确确定其年代，对秦长城西起首的研究具有非常重大的意义。

五、考察秦长城，要厘清秦朝之前及之后各朝代所筑长城的关系。从小我们在历史书中就学到，秦朝修万里长城，当时修筑了一部分，同时将战国时期不同诸侯国修筑的长城连接起来，形成万里长城，之后历朝历代都有长城修筑的情况，它是有延续性的。因此，它是一个非常复杂的问题，我们从复杂的线索中能够找出秦长城的西起首，本身意义非常重大。我们这次考察的岷县长城遗址，历朝历代的长城都有可能存在，我们发现了这些遗址，就要用科学的手段将长城这些的具体情况弄清楚。

六、对比已发现的其他地区秦长城遗址研究岷县长城遗址。秦朝修筑万里长城，广征民夫，在当时是一件大事，在长城修建的问题上，也应该有一个标准。我们可对比不同地区发现的秦长城遗址研究岷县长城遗址，找出其中的相同点和不同点，对岷县长城遗址的科学认定具有非常重要的意义。

天水师范学院历史文化学院晏波副教授发言

甘肃境内长城遗址很多，修建时代从战国一直延续到明代，时间跨越千年，长度也超过上千千米。我们说万里长城，主要针对秦长城而言。秦长城西边起点到底在哪里？这个是最基础也是很重要的问题，我们今天在这里研讨也是为了这个问题而来的。我想主要有三个问题需要注意：

第一，文献记载秦临洮县治所需要落实。秦长城的起点《史记》记载的是"西起临洮，东至辽东"。唐朝《括地志》《元和郡县图志》等史书上都认为秦朝临洮县为当时岷州，也即今天的岷县，县西二十里有秦长城。文献上说的这个问题，关键是咱们怎样去落实唐朝岷州州治在哪里，这个问题搞清楚了，秦长城的西起点就可以结合实地调查发现的长城遗迹断代确定。

第二，弄清秦及其他时代长城的走向和它的防御组成部分。当然秦长城西边的起点，我们不仅是找到这一个点，还要找到秦长城在整个县境是如何走向的，主线、支线、延伸段都需要调查研究清楚。此外，长城墙体及其防御设施是很多的，秦长城也不例外。秦长城的亭障、烽燧、壕堑、墙体在岷县境内是在哪一位置分布的，需要进行详细的定位。岷县地方政府文化工作者做了大量的前期调查工作，包括这两天的考察，我们发现确实有些是秦代长城的遗迹，当然也有汉代的甚至汉代之后的城墙、堡寨以及壕堑。这就需要我们去把调查的这些遗迹进行剥离，规范现在的调查研究方法。

第三，希望政府能够加大投入。我们很高兴看到岷县文广局、岷县长城协会很多同志在过去的多年调查县境内及周边的长城遗迹取得令人钦佩的成绩。这些成绩的取得，离不开县政府的支持和个人兴趣爱好的激发，尤其是地方历史文化爱好者的推动。希望咱们政府能够继续把这个工作谋深做实，从政策、资金上给予足够的支持，把岷县长城调查与研究做得更好。如果做得好的话，还能成为岷县的一张文化名片，对促进地方文化旅游产业也是很有意义的。

甘肃省地方史志学会副会长、陇南市地方志办公室二级巡视员罗卫东先生发言

第一句话，作为一名长期从事地方历史文化研究的工作者，我对岷县的历史文化特别关注，特别是岷县秦长城西起首问题，对这些年来报刊上发表的东西，我都注意到了。这次实地考察以后，我非常有信心，虽然是我一生中爬的最大的一座山，但收获非常多。

第二句话，就是一个建议，在岷县秦长城研究中要把考古资料的研究和文献资料的研究紧密结合起来，不能只重视考古资料不重视文献资料，也不能只重视文献资料不重视考古资料，这样才能得出可信的结论。

第三句话是表个态度，我下一步要把工作重点放在研究如古临洮县治所的问题，还有岷州的建制沿革问题等，为岷县的秦长城申报成功做出自己的贡献。

陇南市政协文化文史委副主任焦红原先生发言

对秦长城起首地问题，谈三个方面的感受或者观点。

第一个方面，我想的是，一定要对岷县秦长城所属年代进行判定，它到底是战国长城还是秦长城。这里面有个较大的误区，好多人一说秦长城，很容易把秦国和秦朝混为一谈。因秦国属于公元前221年前秦人建国时的一种历史称谓，秦朝是公元前221年统一六国后的历史朝代，这是两个有很大不同的概念。

第二个方面，要弄清楚古"临洮"在今岷县的确切治所问题。前面几位专家和老师已经谈到了，就是秦昭王二十七年（前280），设置陇西郡，郡治为狄道、岷县属陇西郡。今岷县建制最早可追溯到秦王政八年（前

239），时称临洮，因濒临洮水而称临洮县。问题是，此时临洮的治所到底是在今天的岷县城，还是别处？如在今岷县城，有考古学实物、遗址遗存的证据吗？如不在今之岷县城，又在何处？有何实证？

第三个方面，要重视先秦时期秦人在定西岷县及陇南西和、礼县活动联系的研究。早期秦穆公三十七年（前623），岷县进入秦国版图，也就是说，在秦统一六国之前，有好长一段时间，岷县系秦国属地。秦人从秦族部落到后边为周朝的附庸，再到后来建立自己的国家，其过程坎坷漫长。我常说，秦人的童年、少年时代是在甘肃陇南度过的。有好长一段时间，今甘肃陇南西和、礼县及天水市甘谷、武山一带，是秦人的主要活动地区。

秦人跟陇东、陇南地区的关系特别密切，秦人先前有四大陵园，第二、三、四陵园即雍城陵园、芷阳陵园、始皇陵园早已清楚，但第一大陵园在哪，一直是个谜。后来的考古发掘证实，今甘肃陇南礼县的大堡子山，就是秦人的第一大陵园，这一发掘，也被评为2006年中国十大考古发现之一。说这些话，就想表明一个观点，咱们在考察研究秦长城西起首地的时候，一定把研究的视野放宽一点、视角放大一点，要和秦人早期的历史联系起来。秦先祖在陇南待过好长一段时间后，才从西陲之地西犬丘迁到了汧渭之会的宝鸡，再不断东迁，最后定都咸阳。

西北师范大学《丝绸之路》副主编杜永仁先生发言

长城不仅是中国古代的军事防御工程，而且是中华民族古老文明的丰碑和智慧结晶，象征着中华民族精神。这次参加考察，我看到很多秦长城在岷县以及向周边地区延伸的遗迹和文物证据，感触很深。我觉得立足秦长城起首地岷县来研究秦长城，应放眼于战国时期的国内形势、秦王朝时期的整个中国。这样就有了更为宏阔的视野。我们对未来的研究成果充满信心，建议从现在开始就考虑在对长城文化遗产进行研究、保护的同时，如何开发利用。举一个例子，2019年8月，辽宁雨桐玉文化博物馆以展示岫岩玉文化和雕刻巨型玉雕《玉雕长城》《中华民族大团结玉雕图谱》为契机，在玉文化和长城文化价值发掘、探索新时代玉文化长城文化科学保护和合理利用方面具有开拓意义和推广价值。岷县底蕴深厚，秦长城除了军事作用外，也是长城内外民族文化交流之地，它凝聚了中华民族自强不息的奋斗精神和众志成城、坚韧不拔的爱国情怀，利用好秦长城文化，弘扬和传承民族精神，从而更好地服务于岷县及全国经济文化建设，也应该提上日程。

陇学研究院院长高天佑先生发言

两点感受

一是深挚的文化情怀，真诚的文化担当，感人至深。

二是深厚的文化资源，坚定的文化自信，充满希望。

三点认识

关于"岷县秦长城西起首地"这一重要学术观点，起初我是表示怀疑的，经过最近两天的实地考察，听了相关人士介绍，看了相关文物标本，更重要的是通过亲身体验和对岷县境内洮河流域两岸山川地理形势的观察思考，现在的确坚定了认识和信念。

一是对中国"长城学"研究领域的一个新开拓。"岷县秦长城西起首地"的学术观点一旦确定，并且获得公认，那无疑就是又一个重大学术发现，轰动效应在所难免。果真如此，就可以把学术界的目光聚焦到我们西部岷县，因为这里有可能就是"秦长城之母"，有可能就是"中国长城之源"，其学术价值和历史意义不言而喻。这无疑是对"长城学"研究领域和内容的一次开拓，是对我们甘肃古代文化遗产最好的宣传，也是对岷县悠久历史文化的一次最好展示。

二是对甘肃古代历史文化的一个新发现。我觉得如果经过我们大家的不懈努力，最终如愿以偿，使"岷县秦长城西起首地"的学术观点能够得到国内外学术界的确认，这无疑有利于推动我们甘肃省华夏文明传承创新工程在咱们定西市，以及在岷县的深入实施；那么，由此而带来的社会经济效益，尤其是对于大力推动岷县文化旅游产业的开发，其价值和意义必然是不可估量的。

三是对岷县地域文化的一次深挖掘。作为千年古县，岷县境内所蕴藏的文化资源自然很多，但可能都缺乏作为高品位大文化的唯一性和世界性。今天的岷县，我们如此看好、重视秦长城文化的挖掘整理、研究宣介，应该说，我们现在可能找到了一个方向，而且是一个正确的方向。"秦长城西起首地"这个金字招牌对于岷县文旅事业的至关重要性，其千钧之重和战略意义之大，应该不言而喻。

工作建议。

第一，以文物保护为前提，认真做好各项基础性工作。

第二，以项目建设为抓手，争取国家、省、市立项支持。

第三，以学术研究为重点，推动地方文旅产业长足发展。

第四，以遗迹考古为突破口，深化历史文化认同，打牢文旅产业基础。

三

第三阶段会议总结仍由冯玉雷主持。

史党社

高（天佑）主任刚才已经总结得非常到位，对于整个会议的认识是完全恰当的，非常中肯。我想对这个研讨会简单总结一下，我们这个座谈会分前后两段，前段考察后段座谈。这一切的前提都是领导的态度，他们对我们的工作非常支持，主要与石志平局长、张（润平）老师、刘（虎林）馆长有很大的关系，这是值得肯定的。秦长城是个伟大的贡献，他们做了非常好的基础工作，基础很重要，所以领导的重视很重要。我们所讨论的话题，实际还是在岷县当地学者的基础上稍微拓展了一下。我们前两天主要是野外踏勘，剩下的就是会议。今天的会议，虽然对于某些议题还没有展开，实际上这两天我们在这个过程中私下也有交流，也有了不同的感受，可以在以后继续讨论。三天的学术成果总的来看，是非常丰厚的：首先是文献分析古临洮在今岷县，大家基本上没有异议，刚才有两位学者提出，临洮县的县城附近是否有秦始皇长城，这可以进一步讨论，我个人认为秦始皇长城西端在岷县问题不大,至于到底在岷县哪里,需要探索。对秦始皇长城西起首地在岷县的肯定,应是本次会议学术成果之一,接近于达成共识。这个问题,我们已经有了一些证据,下面要做的,应是深化、固化证据。另外,本次会议也有很多其他收获。比如张克仁提出长城探索、保护,要符合《长城保护条例》精神,这是非常非常好的建议。高主任也提出此事的项目化、经营化,这些事情必须要有依托,秦长城西起首的考察工作,要符合国家的政策、形势以及大政方针。我个人的探索角度,只是一种非常直接的学术研究,学理研究,是做一切长城工作的基础。我想说,张(润平)老师做得非常好,我们应该继续往前走,我们这次会议开得非常成功,还是要感谢岷县的这些同志,谢谢!

天水师范学院陇右文化研究中心主任、博物馆馆长雍际春教授

刚才史教授已经总结得很到位,我简单总结几句话。

第一,一个感谢。首先感谢岷县的长城学会,包括石局长、王部长的大力支持,让我们大家在这两天对岷县的秦长城遗址做了一个全面的考察。考察活动的组织和今天考察座谈会非常成功。我作为一个参与者,也代表大家,向咱们岷县的同志表示感谢!

第二,一个肯定。就是说对于岷县秦长城的研究,首先是咱们岷县的同志做了大量的基础性调查和研究工作,为大家开展秦长城考察和研究奠定了基础。就像刚才高天佑主任说的,有可能咱们的考察和研究工作会成为中国长城文化的新开拓,那么,这个基础首先是岷县的同志们奠定的。

第三,一个共识。在咱们的座谈会上大家达成了一个共识,就是秦长城的西起点肯定在岷县,我觉得这是毫无疑问的。能达成这么一个共识很重要,虽然我们在座的人不多,也来自不同的行业,但有一些很权威的专家,有这么一个共识也非常重要,对咱们深入开展研究工作也是一个很好的起点。

第四,是处理好几个关系。通过这次考察和学术交流,我觉得今后在秦长城的研究中,我们大家还需要厘清和处理好这么几个关系。比如说,古临洮与今临洮的关系;战国长城与秦始皇长城的关系;在岷县段长城和秦长城，还有中国长城体系的研究中，要注意整体与局部的关系、个别研究与综合研究的关系；还有研究方法与手段的关系，文献记载与考古发掘的关系，保护开发与遵守条例法律的关系等。我认为大家在以后的考察和研究工作中，要注意把这几个关系处理好，才会促进秦长城的研究不断深入。

这是我的一点儿感触，不一定对，谢谢。

岷县文体广电和旅游局党组书记、石志平局长

各位专家、学者：

今天的会议议程已全部结束了，由于内容丰富，大家踊跃发言，时间已经超过12点，占用了大家宝贵的时间。但是各位为了"岷县秦长城西起首"文化定论，还是认真地探讨。

在此，我想说以下三点。第一，我代表东道主感谢来自四面八方的专家、学者，你们放弃五一假期休息而来考察，为岷县秦长城文化挖掘、弘扬付出艰辛的劳动。

第二，由于咱们岷县地方偏僻，经济落后，加之其他各方面的原因，对大家的招待和安全筹备等方面有不周到之处，希望能够谅解！

第三，大家谈论的古临洮与今临洮的关系，已经非常清晰，没有什么可质疑的，古临洮就是今天的岷县，史书及相关文献记载得非常清楚。在郡西十二里左右的崆峒山，就是西起首的秦长城，我觉得我们可以非常自信地说就是秦始皇万里长城。当然这涉及一个重要问题，就是岷县进入秦国的版图很早（公元前623），此处长城遗址极有可能是战国长城和秦朝长城的叠加。

下一步我们需要做科学鉴定，测定具体年代。我们将严格按照《长城保护条例》来做好下一步的工作。接下来工作量还很大，还需要各位专家在今后的工作中提供大量的支持和帮助，我们岷县文化界人士一定会为岷县的长城文化工作继续努力，早日使岷县长城遗址列入国家长城体系，为国家的长城体系完整和甘肃省的秦长城体系确立作出应有的贡献。

四

参加本次座谈会的人员,除邀请专家 20 名外,还有岷县文化研究学者及爱好者共计 40 余人。

岷县秦长城遗址考察座谈会合影。包新田摄

秦长城西首起地历史研究

考察队专家学者观察分析捡到的秦汉板瓦残片，从左起分别是甘肃省考古所侯红伟研究员、西北大学史党社教授、陇学研究院高天佑院长。白文科摄

考察专家学者在骆驼山上攀爬。白文科摄

考察专家学者在岷县维新"铁城高庙"遗址合影，白文科摄

考察专家学者在麻子川镇岭峰烽燧遗址合影，此地背面属于长江流域的陇南市宕昌县属辖，正面属于黄河流域的定西市岷县属辖

（本文原刊载于《丝绸之路》2020年第2期）

附录4

秦长城遗址考察日志之一
（1964—2015）

李　璘

【按语】从李璘先生自1964年开始岷县秦长城遗址的考察至今，历时达57年，经过第一代以李璘为代表、第二代以张润平为代表、第三代以白文科为代表的三代学人持续不懈的努力，终于调查清楚了秦长城遗址在岷县及相邻县域的布防格局与遗存情况。如下以日记形式详细罗列考察过程及发表文章、出版专著情况，真切反映他们的孜孜追求与所取得的成果。

——张润平

考察和研讨历代古城，是我文化情趣的一个重要方面。自1964年以来，历经半个世纪，所及古城包括长城、卫城、堡寨及烽台等附属设施，考察范围除本县境内和邻近各县外，还远及河西、新疆、内蒙古等地。依据历次考察笔记，按年序罗列，权为日志，是为数十年古城考察的串集。

1964年

8月：陪同甘肃省考古工作队张学正队长等2人，探访秦长城起址。前后两日，走访台子公社和十里公社干部，观察大沟寨五台山走向及山形地貌，察看铁关门寨墙及洮河岸边明代烟墩。

1982年

8月8日：考察西江红城，观形制，测遗存墙址，获取数据。

8月9日：考察红莲寺寨墙及周边地形。

8月10日：考察维新元山坪铁城遗址及磨沟河（又称边墙河）边墙遗存。边墙横截河谷，至两面山坡与堑壕相接，沿盘龙山壕沟通向山顶，其处有一形体完整的明代烟墩。

1986年

3月13日：探访八达岭长城，数日后，又探访慕田峪长城。

1991年

7月12日：陪同西北师范大学王宗元与李并成教授察看五台山走向及铁关门寨墙后，又探察梅川古城和西江红城。

9月18—20日：出席北戴河中国长城研讨会，就秦长城起点发表个人意见。

9月21日：探访山海关关城和老龙头长城遗存。

1992年

4月27日：往清水乡，走访地方人士，了解境内古城遗存，在乡长寇全生引领下往观"迷和城"遗址，无存。往关上村，踏勘熟羊城，取量数据，观察洮河两岸烟墩8个。

8月3日：踏勘临潭县黑松岭堡寨。堡呈四方，边长35米，残高2~5米；察看临潭县新城镇洮州卫城及古儿占边墙遗存。

8月10日：踏勘临潭县达加闇门和甘卜塔闇门边墙，均沿山脊而筑，至坡地，便与堑壕相接。

8月11日：踏勘临潭县关洛闇门与俄藏闇门边墙，形制同前。关洛边墙内侧有堡城一座，俄藏边墙内侧有堡城三座。

8月17日：沿朱家沟西侧登岷山，历经五峰，第三峰有一残断烟墩，第五峰有一两圈式堡寨，残高2米许，外圈内径87米，内圈略呈椭圆，内径75米。此前，在朱家沟东侧沿山脊攀登十三峰，无所见。

1994 年

7月15日：踏勘渭源县北山池平村至陈家梁秦长城遗址，步踏百余米，长城残高 1~1.3 米，有村民提供完整秦瓦一件，捡得秦瓦残片 27 件。

8月3日：考察秦许乡鹿儿坝后沟梁顶堡寨。堡呈正方形，边长约 30 米，东西两侧有护壕，堡墙基宽 4 米，残高 2~4 米，夯层 7~9 厘米，相关资料显示为宋代堡寨。堡内外散落有绳纹瓦件的现象值得注意。

10月7日：踏勘关上村熟羊城及盖背沟两侧堑壕。熟羊城南北墙垣 52 米，东西 72 米，残高 1.5~4.5 米；盖背沟南侧堑壕长约 200 米，北侧长约 600 米。

1995 年

1月2日：约陈国林同上二郎山，考察 1936 年二郎山战斗遗址，为工事群、掩体、碉堡残迹等拍照。

4月16日：往北城墙箭营段，察看岷州卫城被毁现场；在西郊窑场河东侧某住户家中，察看被作为院墙保留的古城遗址。

按：在 1991 年 11 月 17 日召开的中共岷县县委常委（扩大）会议上，时任县长的邱玉川提出平毁作为本县文物保护单位的岷州卫城北垣，以城墙夯土加高城北道路路基，与会者中，笔者本人表达异议，有一人赞同，其余全部默许。历经几个年头，除县委办公楼北侧尚留残段外，此段城墙皆被夷为平地，提供为某些单位和私宅用地。

4月18日：探察麻子川分水岭烟墩。

4月19日：探察野狐桥烟墩及冷地口东西两侧烟墩。

6月27日：现场考察岷山乡迭马咀烟墩。

8月27日：登临洮县宿郑坪长城岭，考察秦长城遗址，沿山脊断续约 1600 米，残高 2~4 米。

10月10日：考察通渭县第三铺乡长城湾秦长城遗址，长城沿北坡越岭而过，向南坡伸延，断续数百米，最大残高约 3.5 米，南坡墙体被盘山公路反复切割，惨不忍睹。

10月13日：考察通渭县甸湾城墙梁秦长城遗址，断续约1540米，山顶有两级式望台。

11月5日：考察陇西县福星梁沙漠湾长城梁秦长城遗址，从上川至白家湾约560米，沿山脊而筑，残高2~4.5米。

1996年

2月4日：考察西寨烟墩，位于该村西北山坡，依坡筑平台，烟墩筑于基台之上；考察甘寨村堡寨遗址，位于村西农田中，东西长45米，南北长13.6米，最大残高3.5米，夯层17~20厘米。

3月21日：考察宕昌县何家堡边墙，横截溪沟，长约50米，高4.5~5米，夯层11~14厘米。察看宕昌境内烟墩12座。

6月10日：考察渭源县北山陈家梁至马家山一线秦长城遗址，断续约6000米，残高0~4米，有12座烽燧遗迹，经长期风化，多呈圆锥体坡面，存高5~12米，烽台坡面遗瓦较多。

6月25日：考察卓坪古城壕，壕沟依山脊，下延至洮河滩头，与山脚前缘的胡道直交。捡得秦瓦两件。

7月12日：考察十里乡铁关门堡寨，为周长约百米的闭合堡寨，墙基宽2米许。继往骆驼巷，沿山道攀爬至折家山高峰，又沿山脊下行，历13峰至五台山，又下行2峰共15峰至大沟寨村，除五台山庙寨之外，未见任何城址或墩台遗址。

8月29日：至关上村，再探熟羊城遗址，步踏盖背沟南侧堑壕，上行约200米。

9月11日：察看岷州卫城箭营段拆除进展情况。

9月18日：踏勘卓坪古城壕及胡道。古城壕存深4~9米，底宽4~11米；胡道上接古城壕，下通马莲滩，形制与古城壕同。在胡道内捡得秦瓦残片。

10月28日：考察关上村盖背沟堑壕，从北侧攀爬至山顶，壕深2~3米，上行300米后逐渐浅出，深1~2米。

11月3日：登张家坪村北的小山子，考察小山堡。环周约300米，随山形削壁为障，并加筑墙台。

11月7日：溯洮河西行，从冷地口至卓尼县城，有明代烟墩15座，其中3座在平地，12座位于两岸山坡平台。

11月14日：查勘古城壕山脚以下壕段，下越村庄，至洮河台地边缘。

11月18日：考察巴仁寨遗址，在寨墙底部捡得秦瓦残片。

12月26—28日：往返武都，专程探察岷江两岸烟墩。计数并确定位置。

1997年

8月18日：探察将台堡遗址，最下层有新石器时代堆积，采得石斧及残断石器9件，在坡间捡得秦瓦5件，有秦汉亭障遗址。

10月13日：考察关上盖背沟北侧即滚木坡堑壕，总长近600米，壕深2~4米。甘南州博物馆馆长李振翼称，曾发现秦筒瓦和半两钱币，存疑。

11月6日：再探古城壕，自山脚至壕顶。再次捡得秦瓦残片。

12月20日：考察东山纸房寺堡寨，为明代所筑。堡寨呈椭圆状，有角墩4个，现有3墩尚存，纵轴160米，至70米外有二层台及墙体，是为内堡，即堡中堡。

12月21日：往和平小学，察看岷州卫城西北两垣交接处。西垣残长10米，北垣仅3米，残高2.8~3米。

2001年

9月18日：考察吐鲁番交河古城及高昌古城。

9月20日：在哈（密）巴（里坤）公路97、93及30千米处考察烽台3座，并踏勘巴里坤古城。

10月1日：踏勘和田古城。因古城内为驻军机关，不得入内，只能绕城察勘。

10月4日：专程往别迭里山口中国与吉尔吉斯斯坦国界中国一侧，察看一座唐代烽火台，取得数据，堪称中国西部第一烽。

10月5日：考察新和县克孜里埃肯吐尔烽火台，为土坯砌筑，梭梭柴夹层，形制独特。

10月6日：考察克孜尔尕哈汉烽燧，高16米，台体完整，为自治区文物保护单位。继而又考察库车老城。

2002年

5月3日：应县公安局包性副局长之约，往文斗乡洼木池村，探访洼木池古城，走访村民，并赴山场巡察，未见任何古城遗址。

12月6日：往二郎山下某回民家中，察看二郎山脚出土的4件巨型秦瓦，与临洮秦长城遗址出土的完整秦瓦为同一类型，取量数据。

2003年

5月11日：探察二郎山脚"古城背后"。有古城残迹一段，长4米，墙体厚1.6米，残高2.8米，夯层约16厘米。

2004年

4月25日：往临潭县新城镇，探察洮州卫城，踏察南垣部分墙体后，遇雨而止。

5月23日：再次察勘洮州卫城，探察前后城，全面获取数据。

6月20日：复往洮州卫城察补缺漏后前往卓尼县羊巴村，踏勘羊巴古城即石堡城，获取相关数据。发现唐代瓦件。

10月19日：于临夏市探访河州古城残段。

2005年

8月12日：依次考察通渭县河南村张八爷堡子、安家堡子、潘家堡子、张家堡子、南山坪废堡、西关刘家堡子及通渭县故城残段。

8月13日：上午，往通渭县什川乡古城村，踏勘北宋古城以及八里湾堡子和长城湾堡子；下午，考察鸡川北宋古城址及李家坪堡子。至此，已探察2城10堡。通渭县的古堡遗存有1000多座，建议通渭县申报"中国千堡之乡"。

9月5日：考察安西（现改称瓜州）破城子，为唐代古城，系全国重点文物保护单位。

9月6日：上午，考察安西锁阳城，为唐代古城，保存较完整，城垣大部分成形，为全国重点文物保护单位。下午，探察安西桥子乡桥湾古城，是为清代前期所筑，有康熙帝惩贪的故事传说。

9月7日：考察安西西湖乡戈壁荒漠汉长城遗存及南沙窝1号、27号和35号汉烽燧。

9月8日：探察敦煌48号即西碙燧及阳关烽燧；考察玉门关外大方盘城和小方盘城。

9月11日：往内蒙古额济纳旗，依次考察黑城、大同城、红城子、甲渠侯官遗址及14号和15号汉烽燧。

9月13日：考察嘉峪关外长城端点及相距四里以外的第一墩和第二墩，继又探察悬臂长城，实为近年来新筑墙体。

2006年

8月15日：再次探察瓜州（原安西，是年改称）锁阳城和破城子。

2008年

8月30日：踏察二郎山脚古城址及头寨子和三寨子碉堡基台，取量数据。

12月1—2日：出席北京"首届中国长城论坛"，安排做大会发言。

2009年

3月20日：考察梅川镇荼住路和山咀即锦鸡咀堡。荼住路堡呈不规则形，墙体残高1~2米，东西长约120米，南北最大宽度60米，有角墩1，墙台2；山咀堡为上下两阶式，残高1~3米，上下阶各有墙台2。

4月4日：探察临洮三十里墩秦长城遗址后，径往洮河西岸，考察大崖头墩台及堡寨遗存，夯层中掘得明清遗瓦。《人文定西》中称其为秦长城遗址是错误推断。

6月25日：考察茶埠乡二麻沟丁黄咀堡遗存，因车出现故障中途返回。

6月26日：探察二郎山脚古城背后城址残迹。

6月28日：再往二麻沟丁黄咀，山脊有两级式夯筑堡墙，主堡呈圆弧形，山咀处有障墙及望台。

7月6日：再探张家坪村南的小山堡遗址。

11月7日：踏勘二郎山碉堡基台和其他土遗址。

2012年

3月27日：鉴于西北师范大学教授王三北信口开河，指称筑于1936年的头寨子和三寨子碉堡基台为秦长城烽火台，登二郎山，专程探察断代物证。在头寨子墩台中心部位，掘得一清末至民国年间的砖块，以证该"专家"之荒唐。

2013年

8月8日：察勘岷山玉女祠空心小堡，观其形制，取量墙体及环壕数据。

10月13日：引领央视记者刁杰等，探访卓坪古城壕，并接受现场采访。

2014年

5月28日：再访卓坪古城壕，踏巡壕体，取量数据，测定高程及经纬度。

10月21日：又一次考察经莲寺及与之一溪之隔的鸡冠石崖遗址，县博物馆刘虎林与包新田同行。在红莲寺踏勘长约百米的堡墙一段，存高约4米，面宽1.2～1.4米，有宽8.8米的墙台，夯层8～20厘米；鸡冠石崖有残墙一段，沿山脊而筑，存高约2米；墙体厚0.6米；夯层10～18厘米，形制与红莲寺略同，均为明代以后的堡寨建筑。

10月23日：再探铁关门堡寨，有刘虎林、包新田同行。寨墙最大存高约5米，周长百米余，夯层8~15厘米，夯层中掘得筒瓦、板瓦及瓦当残片5件，为明代遗瓦。

10月25日：探访中堡寨子，位于该村东头迭藏河源流南河与西河交汇处，寨墙存高4米余，周长残存约300米，民间传称为於敖派参将所筑，与宕昌阿坞寨子同期，并有故事传说。夯层中掘出明代瓦片，在寨外南侧农田中捡得秦瓦残片。

2015年

3月31日：往县委办公楼北侧，踏访岷州卫城被毁后唯一的残留，即卫城北垣残段。2014年11月24日，陪同省图书馆地方文化资料采录组拍摄卫城残存，看到此段卫城墙体被一段装饰性青砖城墙"保护"起来，据说此工程被纳入灾后重建项目。今往现场取量相关数据：卫城残段长88米（步踏）；最大残高约10米。青砖装饰城紧贴卫城墙体，同长88米；高3.4米，其中雉堞高0.53米，雉堞射孔正对县委办公楼；墙面宽1.3米，含0.25~0.3米的排水沟；东端墙面砌筑一青砖小碉堡，高3.57米，含雉堞0.52米，南北宽2.92米（中宽，下同），东西宽4.23米。

2015年4月17日

（本文原收录在李磷著《退耕文存》，甘肃人民出版社，2015年，第165-178页）

附录 5

秦长城遗址考察日志之二

张润平

1. 2010年5月期间张润平受时任维新乡党委书记的石志平邀请前往考察铁城高庙壕堑遗址。

2. 2012年11月23日张润平受李闹勤之邀请，李森老师陪同考察五台山长城遗址，发现明代万历三十六年"南无白衣大悲观世音菩萨圣池山四台殿宇"竣工庆贺丝质文书一件。

3. 2015年6月6日张润平受李森邀请、石天使陪同考察大沟寨长城遗址，顺五台山上去，至后寨子处下山，从大沟出去。

4. 2016年7月18日张润平受李森邀请、颜万智陪同考察大沟寨长城遗址，顺五台山上去，至后寨子处又上两座山峰，灌木中无法穿越，只好下山，从大沟出去。

5. 2017年6月26日张润平与白文科考察西寨镇冷地口、清水镇迭麻嘴长城烽燧遗址。

6. 2017年9月8日张润平与李森、兰州大学博士刘洋考察大沟寨大沟道人湾等民间信仰遗迹。道人与崆峒山是一个密不可分的组合体，不得不考察。

7. 2018年11月20日张润平与李森、王力华、徐卓、冯亚飞、颜万智、杜云中、姚志明上五台山考察，其中姚志明贡献崭新30米卷尺一盘。这是响应县委宣传部号召，由文广局正式出面组织的首次对岷县秦长城遗址的考察，拉开了全面进行全县秦长城遗址考察的序幕。

8. 2019 年 4 月 24 日张润平、刘虎林、后永乐、包新田考察十里镇五台山系列遗址，并接受李森捐赠战国青铜兵器及等相关标本。

9. 2019 年 4 月 25 日张润平、刘虎林、后永乐、包新田考察十里镇小卧龙村南山寨子等遗址。

10. 2019 年 4 月 26 日张润平、刘虎林、后永乐、包新田考察十里镇铁关门—墩上、十里镇墩背后—墩台、十里镇墩背后—窑址等遗址。

11. 2019 年 4 月 28 日张润平、刘虎林、后永乐、包新田考察茶埠镇山那村洼路沟古建残存遗迹、茶埠镇西京村插牌嘴、茶埠镇西京村跑马巷、茶埠镇西京村斜坡等遗址。

12. 2019 年 4 月 29 日张润平、刘虎林、后永乐、包新田考察维新镇铁城闇门堡、维新闇门堡之上烽燧（F1）、维新烽火台之上墩台 1、维新烽火台之上墩台 2、维新铁城边墙、维新铁城壕沟、维新铁城遗址、维新闇门堡至烽火台壕沟遗址、维新闇门堡山下沟底墙体残存、临潭县陈旗镇草场门村大禾驮北山村入户采访、维新卓坪墩台、维新卓坪壕沟等遗址。

13. 2019 年 5 月 11 日张润平与马爱军、李才景考察清水沟通往维新镇卓坪村与西江镇青山沟村的低山梁，并考察山脊石砌墙体遗址。

14. 2019 年 5 月 30 日刘虎林在麻子川文昌帝君庙发现秦长城烽燧遗址。

15. 2019 年 6 月 13 日张润平、刘虎林、包新田考察梅川镇红桥堡遗址。

16. 2019 年 6 月 29 日张润平与李开红考察西江镇王铁嘴烽燧遗址。

17. 2019 年 6 月 30 日张润平、刘虎林、后永乐、包新田考察临潭县洮滨乡秦关村、西寨镇关上村熟羊寨、临潭县洮滨乡上川村堡寨、临潭县洮滨乡上川村山上壕沟、临潭县洮滨乡总寨大深沟遗址。

18. 2019 年 7 月 1 日张润平、刘虎林、后永乐、包新田、李森考察五台山阳巅沟梁最高烽燧遗址。

19. 2019 年 7 月 1 日张润平、刘虎林、后永乐、包新田考察麻子川文昌帝君庙遗址。

20. 2019 年 7 月 3 日张润平与冯亚飞考察关上、秦关、骆驼巷遗址并航拍。

21. 2019 年 7 月 5 日刘虎林、包新田考察中寨镇马崖东元山堡寨、中寨镇马崖壕沟等遗址。

22. 2019 年 7 月 8 日刘虎林、包新田、龙冬梅、后盼盼采访长城学者李璘先生。

23. 2019 年 7 月 12 日张润平与冯亚飞、徐卓考察五台山阳巅沟梁烽燧遗址并航拍。

24. 2019 年 7 月 27 日张润平与白文科在骆驼巷进行田野调查。

25. 2019 年 7 月 22 日刘虎林、包新田、龙冬梅、后盼盼在大沟寨采访李森老师。

26. 2019 年 7 月 23 日刘虎林、包新田、龙冬梅、后盼盼接受十里镇龙峰村刘杨忠、张国文捐赠标本。

27. 2019 年 7 月 29 日刘虎林、包新田、龙冬梅、后盼盼采访十里镇龙峰村刘应熊老人。

28. 2019 年 8 月 7 日刘虎林、包新田考察秦许乡八卦楞遗址、秦许乡后沟梁（镇岗寨）遗址。

29. 2019 年 8 月 8 日张润平、刘虎林、包新田与央视记者调查五台山长城遗址。

30. 2019 年 8 月 14 日张润平与马爱军、李才景考察西江草滩村烽燧遗址。

31. 2019 年 8 月 15 日张润平与李才景考察西江王铁嘴壕堑遗址。

32. 2019 年 8 月 19 日张润平陪同清华大学建筑学院党安荣教授考察铁城高庙秦长城遗址。

33. 2019 年 8 月 20 日张润平与马爱军、李才景考察钉塞壕堑及烽燧遗址。

34. 2019 年 8 月 27 日张润平与电视台记者李志强考察大沟寨秦长城遗址并航拍。

35. 2019 年 10 月 26 日张润平与李才景考察钉塞壕堑遗址。

36. 2019 年 11 月 4 日张润平与唐爱勤考察钉塞烽燧遗址。

37. 2019 年 11 月 19 日刘虎林、后永乐、包新田、李志康在西北师范大学参加岷县秦长城资源调查报告会。

38. 2020 年 1 月 19 日张润平与徐卓、冯亚飞、苗菁等考察大沟寨大沟道人崖遗址。

39. 2020 年 3 月 8 日张润平与白文科从鹿峰村后沟梁步行至阳巅沟梁考察秦长城烽燧、后沟梁城障等遗址，开始为"五一"期间考察队考察探寻路线。

40. 2020 年 3 月 14 日张润平与白文科、杨峻坪延伸到卓尼县木耳镇考察秦长城遗址。

41. 2020 年 4 月 9 日张润平与苗菁、包强考察后沟梁烽燧遗址，并为"五一"期间考察队考察探寻最佳路线。

42. 2020 年 4 月 10 日张润平陪同兰州市原人大常委会主任、长城文化研究者蒙自福先生考察墩上、关上、秦关秦长城遗址。

43. 2020 年 4 月 15 日张润平与苗菁、包强考察岭峰村烽燧与白土坡壕堑遗址。

44. 2020 年 4 月 26 日张润平与苗菁、王玲从骆驼村上山到达阳巅沟梁烽燧考察，并伐木取道，确定最佳考察路线与安全措施。

45. 2020 年 5 月 2 日带领考察队考察五台山秦长城系列遗址与西寨镇关上村、临潭县洮滨镇秦关村秦长城遗址。本次考察，李世翔认为在五台岗山脊处散落的三个排列有序的石块堆正是当年燃放烽烟的墩台，当时应该有五个墩台，临山脊两边的墩台已经被毁坏了，中间三个遗迹还在。这又是一个新发现。

46. 2020 年 5 月 3 日带领考察队考察维新镇铁城高庙秦长城系列遗址与麻子川镇岭峰村相关秦长城烽燧与城障遗址。

47. 2020 年 5 月 6 日张润平、王玲、包强考察中寨镇古城村遗址。

48. 2020 年 6 月 10 日张润平与包强考察十里镇十里村墩上古城遗址。

49. 2020 年 7 月 12 日张润平、李才景、石天使考察岷山铺子山新城遗址。

50. 2020 年 10 月 16 日张润平、刘虎林、包新田、张克仁（定西市文物局科长）考察临洮县秦长城遗址。

51. 2020 年 10 月 17 日张润平、刘虎林、包新田、张克仁（定西市文物局科长）考察渭源县秦长城遗址。

52. 2020 年 10 月 18 日张润平、刘虎林、包新田、张克仁（定西市文物局科长）考察卓尼县秦长城遗址。

53. 2020 年 11 月 17 日张润平、刘虎林、包新田、苗菁考察卓尼县秦长城遗址。

54. 2020 年 11 月 18 日张润平、刘虎林、包新田、苗菁考察临潭县秦长城遗址。

55. 2021 年 3 月 15 日白文科、李才景考察临潭县阿子滩长城遗址。

56. 2021 年 3 月 23 日张润平、白文科考察临潭县新城古城遗址。

57. 2021 年 3 月 27 日张润平、白文科、李才景考察临潭县扁都、新城长城遗址。

58. 2021 年 3 月 28 日张润平、白文科、李才景考察寺沟镇绿沙村秦长城遗址，有重大发现。

59. 2021 年 4 月 18 日张润平、李才景考察铁关遗址，有重大发现。

60. 2021 年 4 月 28 日张润平、李才景考察十里镇骆驼巷遗址，发掘秦瓦若干，数量惊人。

61. 2021 年 5 月 11 日张润平、白文科、李才景考察迭麻嘴秦长城遗址。

62. 2021 年 6 月 6 日张润平、后小东考察宕昌县八力镇古城遗址。

63. 2021 年 7 月 22 日张润平、冯玉雷（西北师范大学教授、《丝绸之路》杂志社社长、主编）、石志平考察铁关、骆驼巷遗址。

64. 2021 年 7 月 30 日张润平、周智奇、常生荣（国防部退休少将）考察岷县、临洮、卓尼秦长城遗址。

65. 2021 年 9 月 1 日张润平、岷县政协王得臣副主席、文史委包福同、杨宝明考察岷县秦长城遗址。

66. 2021 年 9 月 2 日张润平、岷县政协王得臣副主席、文史委包福同、杨宝明考察卓尼县、临潭县秦长城遗址。

67. 2021 年 10 月 30 日张润平、李才景、雷玉平考察麻子川镇岭峰村秦长城遗址。

68. 2021 年 11 月 8 日张润平、白文科、刘虎合考察西江镇草滩村垭山遗址。

69. 2021 年 11 月 10 日张润平、贾瑞祥（中央民族歌舞团国家一级编导）考察铁关遗址。

70. 2021 年 11 月 15 日张润平、苗菁考察西寨镇刘家堡秦长城遗址。

71. 2021 年 11 月 16 日张润平、苗菁考察清水镇清水村秦长城遗址。

72. 2021 年 11 月 17 日张润平、苗菁考察西江镇草滩村、莆洞村、婆婆庄秦长城遗址。

73. 2021 年 11 月 25 日张润平、苗菁考察麻子川镇、宕昌县岭峰村凤凰山秦长城烽燧遗址。

74. 2021 年 12 月 5 日张润平、李才景、苗菁考察麻子川镇占扎路村秦长城烽燧遗址。

（本文 2020 年 5 月及以前的内容原刊载于《丝绸之路》2020 年第 2 期）

附录 6

学术成果

张润平

1.《对秦长城西起临洮即今甘肃岷县的再认识》，李璘著，发表在《丝绸之路》1992 年第 2 期。

2.《临洮地望变迁及秦长城起址的推断》，李璘著，收录在《耕余集》，甘肃人民出版社，1995 年。

3.《我的古城观》，李璘著，收录在甘肃人民出版社。

4.《秦长城西端遗址探索》，景生魁著，发表在《甘肃社会科学》1994 年第 1 期。

5.《岷县秦长城遗址考察》，景生魁著，发表在《丝绸之路》1996 年第 2 期。

6.《秦长城西起点——铁关门》，发表在《甘肃史志》2013 年第 4 期。

7.《秦长城首起于岷县的文献梳理与调查考证》，张润平等著，发表在《丝绸之路》2019 年第 4 期。

8.《秦国临洮县与陇西郡地望及秦长城西首起关系考》，张润平著，发表在《中国长城文化学术论坛论文集》，2010 年。

9.《秦国陇西郡郡治所在地考》，张润平、白文科著，发表在《丝绸之路》2020 年第 1 期。

10.《秦长城西首起遗址考》，张润平著，发表在《万里长城》2020 年第 2 期。

11.《"犬丘"考》，张润平著，发表在《丝绸之路》2020 年第 2 期。

12. 2020年"五一"期间，岷县邀请西北大学、西北师范大学、天水师范学院等专家学者进行了秦长城遗址考察与学术研讨会，专家发言及论文摘要发表在《丝绸之路》2020年第2期。

13. 《关于对秦长城西首起地在岷县被否定问题的检讨》，张润平著，发表在2021年《遗产》第5辑。

14. 《秦长城西首起地在岷县原因探析》，张润平著，发表在2021年《秦汉研究》辑刊。

15. 《中国长城百科全书·岷县长城卷》，张润平主编，由凤凰出版集团江苏科学技术出版社出版发行。

16. 《秦长城西首起地历史研究》，张润平等著，由研究出版社出版发行。

2021年12月18日

后　记

历时两年多的岷县秦长城遗址考察与研究可以告一段落了。

回首往事，还真是感慨万千。秦始皇是伟大的，由秦始皇发号施令建筑的万里长城同样也是伟大的。我们为之能够做点事情甚觉欣慰。经历的艰辛无须在此说，人类的正能量还是需要发扬光大的。短短两年多时间内，我们不但完成了岷县秦长城遗址的考察与确认，发表了10篇论文，40多万字的中国百科全书大系中国长城支系《岷县长城卷》也将出版。

在此需要对本书另两位作者做一下说明。

石志平敢于担当，勇于担当，更主要的是善于担当，不仅如此，还读书精到，视野宏阔，思考深远，每每不乏指导性的真知灼见。白文科善于读书，勤于思考，长于从大地理视角判断问题，这是长城考察与研究基本的素质。从2015年开始，我们利用周末和节假日跑遍了岷县及周围的山山水水，特别是2019年以来，他的周末基本都用在了对岷县秦长城遗址的考察上。

担当除了困难与麻烦，还有风险。考察除了艰辛与时间的付出，还需毅力。对于文科来说，还全是自费——自己开车，自己加油。

没有石志平的担当支持，我不可能短时间内调查清楚岷县全境以及相关县域秦长城遗址遗存。没有白文科长期拉我深入洮河流域做深度考察，我不可能有足够深远宏阔的视野来审视秦长城西首起遗址遗存的全貌。

这种担当精神与奉献精神是人类最为宝贵的品格。这两种精神的动力就来自对家乡深深的爱。有句话说：能扛事的人，请深交一辈子。与能扛事的人为伍是人生的幸事。

值此书出版之际，我诚恳邀请他俩署名为共同作者，共享成果，觉得这是对这种精神最好的褒奖与纪念。这是种正能量。正能量需要永远捍卫和弘扬。在此，向他们二位致敬致谢！

一项宏大的事业往往需要若干德者贤者的相佐才能完成。近三年内，诗人苗菁女士、李才景老师稍有闲空就自费开车陪同我牺牲节假日做考察，在此致以敬意和感谢。

中国长城学会副会长、河北地质大学长城研究院院长、著名长城专家董耀会先生百忙中给拙著赐序，使之蓬荜生辉。因董耀会先生的胆识，把岷县秦长城遗址在还没有被国家行政部门确认的情况下果决地纳入《中国长城百科全书》大系，令人感动和敬佩！还有《中国长城百科全书》主编王鹤然先生对我从事秦长城研究给予耐心细致的指导，我及岷县人民都应该向他们致以崇高的敬意与深深的感谢！

我认为对于各论文中貌似重复的相同史料与类同论述包括图片没有做必要删削，这是考虑到各文章引用与论证的角度不同，文气各异，如果做了删削，定会影响阅读，同时也缺失了文章发表时的原貌，并非强充篇幅。特此说明，望读者理解为盼！

张润平

2021 年 9 月 25 日